IDEOLOGIA E FEMINISMO

Coleção Clássicos Brasileiros das Ciências Sociais
Coordenador: André Botelho

Dados Internacionais de Catalogação na Publicação (CIP)
(Câmara Brasileira do Livro, SP, Brasil)

Alves, Branca Moreira
  Ideologia e feminismo : a luta da mulher pelo voto no Brasil / Branca Moreira Alves. – Petrópolis, RJ : Vozes, 2025. – (Coleção Clássicos Brasileiros das Ciências Sociais)

  Bibliografia.
  ISBN 978-85-326-7107-3

  1. Ativismo (Aspectos legais) 2. Feminismo – Aspectos religiosos 3. Ideologia – Aspectos sociais 4. Mulheres – Identidade 5. Mulheres – Participação política 6. Votos (Eleições) – Brasil I. Título.

24-226067   CDD-323.340981

Índices para catálogo sistemático:
1. Mulheres na política : Brasil : Ciência política   323.340981

Aline Graziele Benitez – Bibliotecária – CRB-1/3129

BRANCA MOREIRA ALVES

IDEOLOGIA E FEMINISMO

A LUTA DA MULHER PELO VOTO NO BRASIL

Editora Vozes

Petrópolis

© 1980, 2025, Editora Vozes Ltda.
Rua Frei Luís, 100
25689-900 Petrópolis, RJ
www.vozes.com.br
Brasil

Todos os direitos reservados. Nenhuma parte desta obra poderá ser reproduzida ou transmitida por qualquer forma e/ou quaisquer meios (eletrônico ou mecânico, incluindo fotocópia e gravação) ou arquivada em qualquer sistema ou banco de dados sem permissão escrita da editora.

Conselho Editorial

Diretor
Volney J. Berkenbrock

Editores
Aline dos Santos Carneiro
Edrian Josué Pasini
Marilac Loraine Oleniki
Welder Lancieri Marchini

Conselheiros
Elói Dionísio Piva
Francisco Morás
Teobaldo Heidemann
Thiago Alexandre Hayakawa

Secretário executivo
Leonardo A.R.T. dos Santos

Produção editorial
Aline L.R. de Barros
Anna Catharina Miranda
Eric Parrot
Jailson Scota
Marcelo Telles
Mirela de Oliveira
Natália França
Priscilla A.F. Alves
Rafael de Oliveira
Samuel Rezende
Verônica M. Guedes

Editoração: Débora Spanamberg Wink | Piero Kanaan
Diagramação: Editora Vozes
Revisão gráfica: Fernanda Guerriero Antunes
Capa: Érico Lebedenco

ISBN 978-85-326-7107-3

Este livro foi composto e impresso pela Editora Vozes Ltda.

"Toda a História das mulheres
foi escrita pelos homens."
Simone de Beauvoir

Às companheiras

Sumário

Agradecimentos, 9
Oferecimentos, 11
Apresentação – Clássicos Brasileiros das Ciências Sociais, 13
  Ideologia e feminismo no Brasil, 16

1 – Introdução, 19
  1.1 Em busca de nossa História, 19
  1.2 Algumas premissas básicas, 24
  1.3 Plano da pesquisa, 30

2 – Ideologia, 35
  2.1 Especificação do conceito, 35
  2.2 Consciência de classe e consciência de categoria social, 45
  2.3 O papel do intelectual orgânico, 55
  2.4 Discriminação contra a mulher e feminismo, 59

3 – História, 81
  3.1 O movimento sufragista americano: resumo, 81
  3.2 O movimento sufragista brasileiro, 104
  3.3 Os sufragismos americano e brasileiro: semelhanças e diferenças, 157

4 – Ideologia do debate sufragista brasileiro, 171

4.1 O debate sufragista no Congresso e na imprensa, 171
4.2 Atitudes do sufragismo brasileiro para a mulher trabalhadora, 189
4.3 Falam as militantes, 200

5 – Conclusões, 219

5.1 A ideologia liberal e o sufragismo, 219
5.2 As propostas do movimento feminista atual, 223

Posfácio, 235

Bibliografia, 251

Feminismo, 251
História, 254
Ideologia, 257
Jornais citados, 259
Referências usadas na apresentação e no posfácio, 259

Agradecimentos

A Heleieth Saffioti, orientadora, amiga e companheira. Supriu as falhas da minha formação transformando nossos encontros em verdadeiras aulas, abrindo-me sempre novos caminhos. Soube exercer essa difícil função, orientando sem tolher, respeitando as ideias e enriquecendo-as.

A Rose Marie Muraro, companheira pioneira na luta, na coragem e na paixão, a quem devo a primeira edição desta tese.

Às militantes sufragistas e aos outros entrevistados devo a própria tese. Sem eles, este trabalho não teria sido possível.

Nossa geração começa a redescobrir suas antecessoras e a reconhecer o que lhes devemos. Às sufragistas e feministas, que de Mary Wollstonecraft a nossos dias vêm se sucedendo na luta pela emancipação, o único agradecimento possível é continuar o caminho.

Oferecimentos

Esta tese é parte e fruto do movimento feminista. É, portanto, de nós todas, companheiras desta jornada dolorosa, comovente e linda. Quero, no entanto, fazer uma dedicatória especial a mulheres muito próximas e muito amadas, de três gerações que partilham esta nova força de nosso sexo:

A Branca de Mello Franco Alves, mulher de uma geração cerceada, que superou nos últimos anos de sua vida os condicionamentos de classe e de sexo, engajando-se na luta em defesa dos direitos humanos e da justiça social, dentro da Igreja renovada.

A Maria Helena Moreira Alves, geração intermediária, de longo amadurecimento e grandes contradições, mas ainda com tempo para mudar e agir. Com ela partilho das alegrias e angústias deste caminho.

A Branca e Anna Luiza Vianna, cujo caminho, embora alargado, ainda lhes exigirá muita luta para a criação de um mundo sem opressões. Pela alegria de viver esta esperança.

Esta nova edição, fico feliz em poder oferecê-la também à geração de meus netos, Luiza Franco, Joaquim Salles, Maria Luiza Zentgraf, Rodrigo Zentgraf, em quem testemunho a visão de mundo igualitária e respeitosa entre homem e mulher que vivem tranquilamente em seu dia a dia, sem sequer se dar conta de que são revolucionários. Sabemos que sua luta continua e que se ampliou em várias frentes. Que mantenham a esperança.

Apresentação
Clássicos Brasileiros das Ciências Sociais

Que país é este? Em cada momento de crise, a sociedade brasileira parece movida por e para essa pergunta – às vezes de modo atônito, outras vezes de modo anômico. Seus intelectuais, artistas e atores políticos a refazem, para si mesmos e para o conjunto da sociedade. E assim tem sido há muito tempo: de José Bonifácio a Emicida, sem esquecer o grupo de rock Legião Urbana, que a prendeu vibrando nas gargantas de gerações desde os anos de 1980.

Bem, considerando o quanto a pergunta já foi feita e refeita na sucessão das gerações, talvez devêssemos, então, começar por outra questão: se vivemos em uma permanente ou reiterada crise de identidade coletiva, por que a crise atual deveria ser levada mais a sério do que as anteriores? E mais: ainda faz sentido continuar refazendo essa pergunta? O que torna a situação mais complexa do ponto de vista social – e mais urgente do ponto de vista das ciências sociais – é que poucas vezes os conflitos sobre "que país é este?" foram expostos de forma tão aberta e violenta como agora, sem que haja, contudo, qualquer consenso significativo quanto a possíveis respostas à vista.

Vivemos tempos de tantas incertezas que é fundamental estarmos atentos para não nos apegarmos às certezas herdadas sobre a sociedade brasileira e sobre a sociedade em geral. A capacidade de duvidar, de estranhar, de tornar o familiar distante e o distante compreensível, que constitui a base das ciências sociais, nunca foi tão necessária. Somos profissionais da desnaturalização, ou seja, é nossa responsabilidade mostrar e argumentar sobre o caráter de construção social dos fenômenos que, dos mais corriqueiros aos mais extraordinários, parecem enraizados no cotidiano, "naturalizados" e transformados em rotinas, às vezes quase automáticas.

Na sociologia contemporânea, inúmeros debates têm girado em torno da questão do "referente" empírico da disciplina. Com a intensificação dos processos globais em todos os níveis, a ideia de que o campo privilegiado de estudos da sociologia seriam "sociedades" fechadas – isto é, totalidades autocontidas e territorializadas, ainda que internamente diferenciadas – passou a ser amplamente criticada. O sociólogo alemão Ulrich Beck (2002), por exemplo, provocava ao afirmar a urgência de abrir o "contêiner do Estado-nação", livrar-se de "categorias zumbis" (categorias baseadas em pressupostos históricos obsoletos) e refundar a sociologia, dotando-a de novas bases conceituais, empíricas e organizacionais como uma ciência da realidade transnacional.

Por outro lado, justamente devido a esse compromisso com a "desnaturalização", não podemos nos refugiar no presente, como provocava Norbert Elias (2005), outro sociólogo alemão de uma geração anterior. O que vivemos hoje, por mais inusitado e opaco que ainda pareça, não se esgota no presente; é, antes, parte de processos sociais mais amplos. A ideia de "processo" é uma chave fundamental para entendermos a crise atual, pois permite, ao investigar as inter-relações entre ações significativas e contextos estruturais, compreender tanto as consequências inesperadas quanto as intencionais nas vidas individuais e nas transformações sociais.

No prefácio de *Os nossos antepassados*, Italo Calvino (1997) confessa seu desejo pessoal de liberdade ao escrever, ao longo da década de 1950, as três histórias "inverossímeis" que compõem o livro, buscando se distanciar da classificação de "neorrealista" atribuída a seus escritos anteriores. Com sua trilogia, Calvino procurou, acima de tudo, sugerir três níveis diferentes de aproximação da liberdade na experiência humana, que "pudessem ser vistas como uma árvore genealógica dos antepassados do homem contemporâneo, em que cada rosto oculta algum traço das pessoas que estão à nossa volta, de vocês, de mim mesmo" (p. 20). Mais do que o caráter imaginário da "genealogia" (certamente relevante, mas não surpreendente, já que toda pretensão genealógica carrega consigo uma boa dose de bovarismo), a confissão de Calvino revela, especialmente quando se considera o contexto em que escreveu – "[...] Estávamos no auge da Guerra Fria, havia uma tensão no ar, um dilaceramento surdo, que não se manifestavam em imagens visíveis, mas dominavam os nossos ânimos" (Calvino, 1997, p. 9) –, o quanto, em momentos particularmente dramáticos no plano social, a busca por uma perspectiva que conecte a experiência presente ao passado pode funcionar como "um impulso para sair dele" (do presente) e, assim, enxergar com maior clareza as possibilidades de futuro.

Essa peculiar reflexão de Calvino sobre a utopia, em que a reconstrução do passado desempenha um papel crucial na construção do futuro, volta e meia me ocorre quando reflito sobre o tipo de trabalho intelectual envolvido nas ciências sociais. Isso, sobretudo, porque as interpretações do Brasil são elementos fundamentais para entender a articulação das forças sociais que operam no desenho da sociedade, contribuindo para movê-la em determinadas direções. Ou seja, não se pode negligenciar a relevância dessas formas de pensar o Brasil no âmbito da "cultura política", pois muitas delas deram vida a projetos, foram incorporadas por determinados grupos sociais e se institucionalizaram, ainda hoje informando valores, condutas e práticas sociais.

Assim como ocorre em relação aos antepassados inverossímeis de Calvino, são as relações sociais e políticas em curso na sociedade brasileira que nos convocam constantemente a revisitar as interpretações de que ela foi objeto no passado, e não o contrário. Afinal, nas interpretações do Brasil, podemos identificar (e nos identificar com) proposições cognitivas e ideológicas que ainda nos interpelam, uma vez que o processo social nelas narrado – em resposta às questões e com os recursos intelectuais disponíveis em seu tempo – permanece, em muitos aspectos, em aberto. Do ponto de vista substantivo, convenhamos, esse processo encontra sua inteligibilidade sociológica na modernização conservadora que, feitas as contas dos últimos anos, seguimos vivenciando. É a partir dela que a mudança social tem se efetivado, ainda que muitas vezes mantendo praticamente intactos ou redefinidos noutros patamares problemas seculares.

O que vivemos, o que não mais vivemos e o que ainda não vivemos estão sempre ligados a um processo mais amplo, do qual o presente é apenas uma parte – e, frequentemente, uma parte opaca para a maioria de nós. Mais do que um simples registro factual sobre a formação histórica, as interpretações do Brasil funcionam como dispositivos narrativos que possibilitam acessar esse processo que afasta e também aproxima presente e passado, surpreendendo a "sociedade" se pensando em momentos de crise.

O universo dos clássicos das ciências sociais é dinâmico, como já pude discutir noutra oportunidade (Botelho, 2013). O cânone só existe porque é simultaneamente resultado e motivo de conflitos. Recentemente, no debate internacional, novas posições e autores vêm sendo propostos para tornar o cânone menos eurocêntrico, menos masculino, menos branco. É uma alegria para nós, e para a Editora Vozes, participar desse momento propondo uma coleção que reúne grandes expoentes das ciências sociais (em *lato sensu*) brasileiras, ou seja, da periferia do capitalismo, mas que superam as expectativas da divisão internacional do trabalho intelectual assentada na geopolítica do conhecimento. Os títulos selecionados não são meros exemplos de estudos de casos; eles interpelam teoricamente as ciências sociais como um todo. Uma alegria adicional é iniciarmos a coleção com o trabalho de três grandes cientistas sociais mulheres.

Ideologia e feminismo no Brasil

Num momento marcado pelo incremento da visibilidade política das identidades feministas no Brasil, mas também pelo aumento dos feminicídios e ameaças aos direitos das mulheres que pareciam assegurados, é muito importante voltar ao livro de Branca Moreira Alves. Pioneira dos estudos voltados ao tema de mulheres e política no Brasil, esta obra, publicada originalmente em 1980, analisa o processo que culminou na conquista do direito ao voto das mulheres em 1932. Branca Moreira Alves se debruça sobre o contexto brasileiro e, ao mesmo tempo, desenvolve uma importante comparação com as lutas pelo voto feminino ocorridas na Inglaterra e nos Estados Unidos. Nesse sentido, como observa Clara Araújo no posfácio feito especialmente para esta edição, o livro se inscreve também no rol dos primeiros trabalhos a fazer uma aproximação analítica entre a luta sufragista e os movimentos feministas que eclodiram em torno dela. Além de contar a história dos movimentos que a historiografia identificou como da primeira onda do feminismo, este livro agora reeditado permanece também paradigmático sobre o alinhamento da abordagem com o feminismo como perspectiva teórica e analítica. Temas que só agora ganham maior vigor nas pautas acadêmicas.

André Botelho
Universidade Federal do Rio de Janeiro

1
Introdução

1.1 Em busca de nossa História

O estudo da categoria sexo feminino em geral tem sido ignorado pelos cientistas sociais e, quando abordado, é raramente enfocado em sua especificidade, mas sempre como parte de algum todo que se quer explicar. Apenas recentemente, por influência do recrudescimento do feminismo nos países desenvolvidos, tem surgido nos meios acadêmicos um maior interesse pela mulher como objeto específico de pesquisa.

Os livros de História praticamente não registram a presença do "segundo sexo", deste "produto intermediário entre o macho e o eunuco" (Beauvoir, 1949, p. 13), a não ser quando circunstâncias excepcionais colocam algumas mulheres em posição de comando, quase sempre através de sua relação com um homem, comandante por direito próprio. Esse silêncio torna-se mais inexplicável quando esconde um movimento no qual se envolveram várias gerações de seres humanos, aos milhares, lutando pelos interesses de 50% da população e englobando diversos países. A imprensa e os historiadores, como que mancomunados, conseguiram maldizer e esconder a força desse movimento, ridicularizando-o e/ou diminuindo a sua importância. Foi preciso que as próprias mulheres, ao se conscientizarem da injustiça secularmente perpetrada contra seu sexo por uma cultura que o condena ao silêncio da História, fossem buscar o seu passado escondido e ressuscitassem as vozes de suas companheiras.

Despertei minha própria consciência para a necessidade de quebrar esse muro de silêncio ao procurar a Dra. Bertha Lutz, a fim de entrevistá-la para uma pesquisa que se esboçava, sem relação direta com o sufragismo. Mostrando-me o arquivo da Federação Brasileira pelo Progresso Feminino (FBPF) e relatando sua atuação, disse-me ela: "É preciso escrever esta História. Eu não tenho mais tempo". Senti nessa frase o apelo de uma mulher que passara a vida agindo, sem tempo para registrar suas ações, e que reconhecia que a historiografia tradicional masculina não a viria procurar, nem aquelas que com ela trabalharam. Suas atividades formavam um relato pouco importante para os registros da história do sexo dominante.

Ainda naquela entrevista reconheci a necessidade de me informar a respeito da luta feminista do passado e, no caso do sufragismo, de conhecer os movimentos americano e inglês, símbolos de uma campanha renhida que se irradiou para além de suas fronteiras.

O movimento brasileiro descende diretamente deles e, em especial, do americano, razão pela qual considerei importante traçar um breve esboço da história sufragista nos Estados Unidos.

A história da luta pelo voto naqueles países é uma longa e cansativa sucessão de campanhas para petições, abaixo-assinados, plebiscitos, eivada de insucessos e de frustrações, pacientemente levada a cabo por três gerações de mulheres. Tanto a resistência empedernida do Congresso americano e do Parlamento inglês como a violência que caracterizou a etapa final da luta em ambos os países são surpreendentes, e só comparáveis à persistência com que as mulheres enfrentaram os obstáculos, década após década.

Milhares de mulheres foram mobilizadas pelo sufragismo. Sua revolta causava espanto e hostilidade, revelados pelo ridículo ou pela agressão com que se tentou sufocá-la. A força da imprensa burguesa sexista conseguiu deformar a imagem dessas mulheres corajosas, num ataque de tal forma uníssono que os ecos desse importante movimento político se limitaram às caricaturas com que o ridicularizavam. Foi uma vitória quase completa, que conseguiu por algumas décadas esvaziar de conteúdo a luta feminista.

1 Introdução

Também no Brasil aqueles que registram a História forçaram ao esquecimento a luta sufragista. Aqui não se mobilizaram massas tão vastas – por razões diversas, que serão discutidas adiante. No entanto, um grupo de mulheres decididas e atuantes conseguiu romper os condicionamentos que cerceavam e restringiam as atividades de seu sexo, fazendo uma opção de luta não apenas individual, mas também coletiva, e engajando-se nesse movimento tão ridicularizado e hostilizado. Saíram do silêncio a que estavam condenadas por serem mulheres. Uniram-se para enfrentar uma luta política, coisa inédita para seu sexo. Durante mais de uma década foram pacientemente influenciando a opinião pública, enfrentando um obstáculo sutil e impalpável – a imagem tradicional da mulher, mistificada por adjetivos que mais escondiam a sua condenação à passividade. Sua luta foi registrada nos jornais, nos anais do Congresso, nessas fontes de onde se escreve a História. O debate está ali, e foi lá que o encontrei. No entanto, a historiografia brasileira, se e quando se refere ao decreto de 1932 ou à Constituição de 1934 concedendo o sufrágio feminino, geralmente silencia sobre o movimento, deixando crer que as mulheres se tornaram eleitoras por uma dádiva generosa e espontânea, sem que tivessem lutado ou demonstrado qualquer interesse por esse direito.

A ligação entre o público e a História passa necessariamente pelo filtro do pesquisador. Esse filtro tem a marca da elite que o manipula. Por essa razão ainda não se fizeram ouvir tão claramente as vozes das minorias[1] quanto o coro entoado pelas classes e categorias sociais[2] dominantes. Estas falaram através dos séculos em nome de todos. Hoje já existe a consciência da necessidade de recuperar a história das minorias, num estorço empreendido a partir de si mesmas, legítimos[3] porta-vozes de sua experiência.

Meu objetivo principal ao escrever uma tese sobre o movimento sufragista no Brasil é acrescentar algo a esse campo tão pouco

---

1. Sejam quantitativas, sejam sociológicas.
2. Para especificação do conceito de categorias sociais, cf. o capítulo 2.
3. Não utilizo o termo no sentido de excluir da análise da dominação de sexo ou de raça a contribuição de membros do sexo e raça dominantes, desde que ideologicamente identificados com a luta. Afirmo, contudo, a necessidade de o processo conscientizador ser elaborado a partir dessas categorias sociais, pois só elas podem se libertar a si mesmas.

conhecido e participar, ao lado de milhares de outras mulheres, da recuperação de nossa história. Com isso espero contribuir para o processo de conscientização da mulher, parte essencial e primeiro passo no sentido de sua libertação. Assim, além de abordar o assunto sob o prisma histórico-político, pretendo discutir também, buscando discernir a ideologia que transparece dos debates sobre a mulher e o voto, qual o papel que tem para a sociedade a manutenção dos padrões de dominação nas relações entre os sexos.

Procurei nesta pesquisa levantar a história de um movimento pouco conhecido, que se desenvolveu no Brasil durante a última década da chamada República Velha, ao lado de outros que caracterizaram aquele período de transformações. Focalizo especificamente a luta pelo sufrágio feminino liderada pela Federação Brasileira pelo Progresso Feminino, herdeira das experiências sufragistas inglesa e americana. As reivindicações desse grupo encaixavam-se no pensamento liberal burguês, considerando o sufrágio o instrumento básico de legitimação do poder político e concentrando a luta no nível jurídico-institucional da sociedade[4].

No entanto, meu objetivo não se limitou a um relato meramente factual do movimento sufragista. Tratando da História da mulher, estou abordando um tema que não se esgota num momento histórico definido, já que a condição de opressão contém um elemento de continuidade que permite criar uma ligação entre as gerações que se sucedem no interior de um mesmo sistema de poder.

Ao discorrer sobre a luta sufragista caberia discutir a relação Estado-cidadão, colocando a questão do sufrágio dentro de uma perspectiva que analisasse a evolução e o funcionamento do sistema político. Entretanto, o grupo aqui referido contém uma especificidade que indica outro caminho, talvez mais frutífero, para a análise de seu papel social: a especificidade de sexo. A questão do sufrágio,

---

4. Ao lado desse movimento, a luta da classe operária também englobou reivindicações específicas do sexo feminino – incluindo-se entre estas a do sufrágio – expressas através de suas organizações. As limitações de tempo obrigaram-me a restringir a área coberta pela pesquisa. Essa opção necessária excluiu forçosamente do levantamento histórico outras manifestações sufragistas, tais como aquelas originadas nos movimentos de cunho anarquista ou socialista, por fugirem ao enfoque central da tese.

analisada sob o ponto de vista da ideologia de sexo, poderia trazer um enfoque original e mais produtivo para a compreensão de um problema pertinente e que apenas há pouco tem sido levantado no interior das ciências sociais: o problema da discriminação de sexo.

Por esse motivo, busquei analisar o desenrolar histórico-factual do movimento brasileiro pelo sufrágio feminino procurando discernir as características ideológicas que embasavam o debate e que colocavam os contendores dentro de uma mesma visão de mundo, reproduzida em um mesmo discurso (Bourdieu, 1974, p. 203-229). O elemento de união entre os dois campos do debate é, nesse caso, a imagem da mulher e o papel ou função que caberia ao sexo feminino na sociedade. Mais do que discutir teoria do Estado, senti a necessidade de expor algumas questões que pudessem contribuir para a formação de uma teoria feminista. Mais do que analisar a relação Estado-cidadão, pretendo nesta tese analisar a relação homem-mulher. É importante frisar que essa relação não pode ser vista fora do conteúdo mais amplo que a engloba, ou seja, a estrutura social, as relações entre os grupos e classes, e a forma que toma a distribuição de poder na sociedade. Daí a importância dada à dimensão ideológica no que concerne não apenas ao debate sufragista em si, mas também à própria opressão da mulher de uma maneira geral.

Foi ao tomar consciência de mim mesma como mulher – isto é, como parte de um grupo que sofre diversas formas de exploração e inferiorização em nossa sociedade – que escolhi como tema de estudo o sexo feminino. É, portanto, como mulher que enfrento meu objeto de análise e me identifico com ele. Dessa maneira, não posso evitar envolver-me pessoalmente no tema. Diria mesmo que estou engajada, aceitando a conotação política do termo, já que tenho com este trabalho a esperança de poder contribuir para um maior conhecimento da mulher, a partir de uma abordagem feminista. Vejo o despertar da mulher para assumir um papel ativo na sociedade como uma das grandes forças transformadoras do nosso tempo. A luta feminista é parte de uma luta mais vasta, que engloba o processo de conscientização dos grupos desprivilegiados. Nesse sentido, o feminismo trabalha ao lado de outros movimentos de libertação, buscando alcançar o mesmo objetivo: a eliminação dos preconceitos e da discriminação, seja de classe seja de raça ou sexo.

Toda produção intelectual é uma produção engajada, embora nem sempre a ligação entre a ciência e a política se encontre reconhecida e formulada. O cientista, em sua relação com seu objeto de estudo, busca detectar uma forma de ação e de prática social. Estará forçosamente, quer o explicite, quer não, trabalhando para a manutenção ou para a superação do *status quo*.

Consciente disso, gostaria que esta tese, não obstante todas as suas falhas, pudesse ser uma contribuição ao trabalho de análise e compreensão de nossa sociedade, empreendido por homens e mulheres engajados na luta por sua transformação. Trabalho que engloba, principalmente a partir da década de 1960, a análise de outras forças sociais de potencial revolucionário: os grupos étnicos e o sexo feminino. Trabalho que não se limita a buscar o conhecimento por si só, mas se torna o ponto de partida para uma ação prática, visando à superação das estruturas de dominação.

1.2 Algumas premissas básicas

A década de 1920 no Brasil caracteriza-se como um período de transição, de mudança nas estruturas socioeconômicas e ideológicas, com o aparecimento de novas classes sociais (burguesia industrial e proletariado) e o surgimento de movimentos de contestação ao sistema. A ebulição da época reflete-se nas repetidas explosões de revoltas militares e greves operárias. Mesmo no interior das classes dominantes encontram-se sinais de divergência e o princípio de uma divisão que aponta para o esgotamento da "política dos governadores"[5]. Foi esse o contexto histórico no qual se formou o

---

5. Aspásia Alcântara de Camargo (1976, p. 26) assim define essa "política": "Ela se traduz pelo pacto político vigente [...] através do qual o poder central assegura a uma facção regional o monopólio do poder, em troca da lealdade política ao centro, manifesta através do voto de clientela, que cria bases incondicionais de apoio ao presidente da República, por intermédio das lideranças locais".
Complementando essa análise, eis o testemunho de Virgílio de Mello Franco (1931, p. 10), um dos autores políticos da época, comentando a degola dos eleitores: "Campos Sales estabeleceu a chamada *política dos governadores*, transformando, com ela, os governadores em eleitores, de fato, nas representações dos Estados na Câmara e no Senado federais".

movimento sufragista. Ele surge, portanto, quando alguns grupos sociais – representados pelo operariado, pelos jovens oficiais, pelos intelectuais – começam a reivindicar uma maior participação nos centros de poder e decisão política.

Nos casos dos movimentos operários e militares, a pressão se exerce de baixo para cima, questionando-se o controle exclusivo mantido até então pelas oligarquias que comandavam a República. O movimento sufragista, no entanto, não aparece como uma reivindicação das massas, nem pretende colocar-se em oposição ao regime político. Pelo contrário, gerou-se no seio de um grupo da elite, sem atingir mulheres de outras classes sociais, e buscou sempre trabalhar no interior da estrutura de poder, nela procurando seus aliados. Em seus pouco mais de dez anos de luta[6], não conseguiu politizar as mulheres para uma consciência de seu valor como parte ativa da sociedade. Sua penetração foi reduzida, mesmo dentre os membros da própria classe a que pertenciam os militantes.

Essas limitações devem ser compreendidas considerando-se o fenômeno tanto em âmbito político quanto em nível ideológico. Politicamente falando, estariam ligadas ao contexto de um sistema de poder oligárquico exercido sob condições de dependência econômica e cultural com relação a centros hegemônicos externos. A incapacidade de ampliação e comunicação do movimento surgiria, assim, do próprio conteúdo de suas reivindicações. Enquanto outras categorias sociais questionavam as bases do sistema político, o movimento sufragista brasileiro, buscando afirmar seu caráter de movimento apolítico, baseava sua argumentação nas colocações amplas do discurso liberal, focalizando os direitos humanos e atuando sem exercer uma crítica com relação à realidade concreta em que existia.

---

6. Em 1922, a fundação da Federação Brasileira pelo Progresso Feminino; em 1932, a promulgação pelo governo provisório do decreto que permitiu o voto à mulher. Apesar de seu caráter descontínuo, devem-se levar em conta também os movimentos que surgiram na década de 1910-1920: o Partido Republicano Feminino, fundado por Leolinda Daltro em 1910, e as atividades desta e de Myrthes de Campos, levando à apresentação na Câmara e no Senado dos projetos de lei de Maurício de Lacerda e Justo Chermont, respectivamente. Cf. detalhes no capítulo 3.

Influenciado por movimentos originados em países que já haviam passado pela revolução burguesa e encontravam-se em pleno processo de desenvolvimento do capitalismo industrial expansionista, as premissas sobre as quais se fundava não levavam em conta a especificidade de nossa evolução histórica. A atitude acrítica do movimento com relação à realidade em que atuava estava ligada tanto à origem de classe das militantes – que, como membros da elite dominante, seriam mais permeáveis à influência de uma visão de mundo originada a partir dos centros hegemônicos – quanto às próprias limitações do sistema representativo da República Velha. Que sentido poderia ter o sufrágio num regime político cuja estrutura jurídica e institucional não se refletia na realidade socioeconômica? O regime constitucional brasileiro, baseado no modelo político do liberalismo europeu, representava uma tal defasagem com relação às condições concretas da estrutura oligárquica de poder, que a simples obtenção do direito de voto não poderia representar uma mudança significativa na situação da mulher.

Em nível ideológico, essas limitações se revelam pelo grau de subordinação e inferioridade em que se encontrava a mulher na sociedade brasileira. Sua indiferença para com sua própria situação indicava até que ponto ela permanecia subjugada, incapaz de se projetar para fora da esfera reduzida de ação que lhe cabia na sociedade. Recebendo uma educação restritiva, voltada sobretudo para o lar (independentemente de sua origem de classe), a mulher interiorizava a sua própria opressão a ponto de, quando solicitada sua participação política, não apenas se mostrar indiferente ao voto, mas também se manifestar muitas vezes contrária a ele. Essa "internacionalização" ou "interiorização" da opressão, fenômeno comum aos grupos inferiorizados, requer uma análise do papel legitimador cumprido pela ideologia. As relações homem-mulher, que pretendo analisar nesta tese, não se restringem a questões meramente econômicas ou, como se poderia pensar no caso do sufrágio, estritamente políticas. É imprescindível compreender a atuação da ideologia de sexo, mantenedora das bases em que se exerce o sistema de poder patriarcal. Com relação ao movimento sufragista brasileiro, acima das limitações do regime político, o sistema patriarcal ditava restrições próprias que impediam o movimento de penetrar de maneira mais profunda. O debate sufragista não ultrapassou a ideologia dominante, mantendo intacta a imagem da mulher e de sua missão primordialmente feminina de mãe e dona de casa, e revelando-se incapaz de criticar as relações econômicas e ideológicas que fundavam a inferiorização. A socialização da mulher para esse papel penetra fundo demais para que possa ser criticada com facilidade. A essência do que é "feminino" em nossa sociedade tem ligação intrínseca com a maternidade. O debate em torno do voto revela com nitidez essa ligação e a importância que toma o papel eterno da mulher, que deve ser preservado, inatingível, ficando fora do alcance de qualquer transformação. A força da imagem da mulher como ser humano com funções específicas e primordiais de procriação mantém-se ainda hoje, embora questionada pelo novo feminismo. Durante a luta sufragista, essa imagem ressurge com frequência, baseando os debates pró e contra. Em ambos os casos busca-se resguardar a maternidade e as tarefas tradicionalmente femininas de qualquer ataque que a mudança no *status* político pudesse vir a provocar. Tanto os antissufragistas quanto os defensores do voto aceitavam o papel especificamente feminino de criar e educar a futura geração e de dedicar-se aos afazeres domésticos, como esfera própria e típica da mulher. Não havia na mente das sufragistas qualquer intenção de questionar esse papel. A tônica de sua argumentação envolvia as tarefas tradicionais femininas, acrescentando-se a estas os novos papéis, antes especificamente masculinos.

Torna-se nítido no decorrer do movimento sufragista que existem dois níveis de debates que, embora apoiados por uma mesma racionalização ideológica, processam-se em aparente isolamento um do outro: o debate essencialmente jurídico sobre a constitucionalidade da concessão do voto feminino e o debate mais explicitamente ideológico, centrado no papel social da mulher. É evidente que são ambos reflexo de uma mesma representação ideológica sustentada pela sociedade. O verdadeiro cerne do debate situa-se na avaliação que fazem ambas as partes contendoras do potencial de mudança implícito no movimento sufragista. Enquanto os acusadores procuram obstaculizar o que lhes parece ser uma perigosa atitude renovadora, os defensores buscam acalmar a opinião pública certificando-a não só de que a mudança é inevitável, mas principalmente de que será parcial e não afetará a base sobre a qual repousa a sociedade.

Já que se trata de discussão sobre a mulher, essa base é, evidentemente, a família. Assim, a argumentação, de ambos os lados, centra-se na *imagem da mulher na sociedade*. Essa é a linguagem comum, que unifica os pensamentos contendores para além de sua aparente oposição. Segundo a conceituação de Bourdieu, existe um "consenso no dissenso", dado que os indivíduos, fruto de uma dada cultura, embora discordando, estão basicamente de acordo no que concerne à relevância das questões discutidas.

> O desacordo supõe um acordo nos terrenos de desacordo, e os conflitos manifestados entre as tendências e as doutrinas dissimulam, aos olhos dos que deles participam, a cumplicidade em que implicam e que choca o observador estranho ao sistema (Bourdieu, 1974, p. 207).

Na medida em que não se questionam as premissas sobre as quais se baseia a discórdia, não ocorre a ruptura que levaria à construção de uma contraideologia, fundamento de uma práxis revolucionária.

O movimento sufragista brasileiro, como movimento liberal burguês influenciado pela ideologia da classe e do sexo dominantes, não logrou elaborar uma contraideologia. Sua atuação teve limites específicos, e o fim de seu caminho estava claramente marcado: para além do voto e de mudanças na legislação civil e trabalhista, mantinha-se intacto o funcionamento do sistema, em suas relações de classe e de sexo. Por isso teria sido tolerado, sem a repressão sofrida na mesma época por outros movimentos de postura mais radical.

Os limites do movimento situam-se, assim, tanto no nível mais especificamente político – limites do sistema político brasileiro – quanto no nível ideológico – limites criados pela socialização da mulher para um papel de passividade, bem como pela filiação e pela identificação de classe das militantes.

Dentro do quadro político da década de 1920, tendo em vista as relações de poder existentes, em que as decisões eram tomadas por uma pequena elite e o sistema político não tinha nenhuma representação popular[7], o movimento sufragista estava fadado a ser restrito tanto em participação efetiva de militantes quanto em penetração e influência. Além disso, a situação de dominação entre os sexos, com a mulher subordinada cultural e juridicamente ao homem, impedia que se desenvolvesse nela a capacidade de atuação política na sociedade. Estava condicionada a cumprir e aceitar seu papel doméstico como uma missão própria de seu sexo. Os limites criados por uma visão de mundo restrita ao âmbito meramente doméstico impediam-na de atingir uma percepção clara de sua situação inferiorizada.

A tese discutirá a concepção do *papel social da mulher*, utilizando para isso a vasta bibliografia feminista publicada antes e durante a elaboração deste trabalho, com o reviver dos movimentos de libertação da mulher em vários países. Os dados sobre os quais se baseará a discussão foram extraídos dos jornais, dos anais do Congresso e das entrevistas pessoais. Nesses documentos transparecem as opiniões que fundamentaram o debate em torno do voto e é na análise dessas opiniões que se buscará compreender o significado mais profundo, implícito e inconsciente, parte da ideologia da época, com relação à imagem da mulher.

A linguagem, a comunicação e as mensagens que formam uma dada cultura são fruto do modo concreto e específico como se organiza a sociedade. A família, sendo uma das instituições de transmissão dos valores culturais, é parte essencial dessa ordenação. Nela

---

7. Em todo o período da República Velha, participaram de eleições não mais do que 6% da população. Cf. Love (1975, p. 56).

tem papel primordial a mulher, a quem incumbe educar e socializar a geração imatura. Por esse seu papel essencial para a conservação dos valores culturais, a análise das expectativas sociais quanto ao comportamento da mulher, e de sua própria adaptação ou resistência com relação a essas expectativas, é imprescindível para a compreensão do funcionamento da ideologia na organização da sociedade, a fim de caracterizar a possibilidade de ruptura e mudança social.

1.3 Plano da pesquisa

No levantamento da história do movimento sufragista brasileiro, utilizei-me principalmente, além das fontes tradicionais (anais, arquivos, jornais, bibliografia), de informações colhidas com as mulheres que participaram da Federação Brasileira pelo Progresso Feminino. Delas pude obter dados que não apenas complementavam como também superavam as fontes pesquisadas, pelos detalhes fornecidos em relatos e anedotas, pela vivência que essas fontes não poderiam por si só deixar transparecer. Tive, portanto, a sorte de poder colocar, lado a lado, as fontes tradicionais do historiador e a experiência vivida pelos agentes da História.

A entrevista face a face, o diálogo direto, permite ao pesquisador formar impressões que os livros não podem fornecer. O contato com as militantes[8] e a conversa informal que tivemos muitas vezes acerca dos problemas femininos deram-me a possibilidade de conhecê-las de uma forma tal, que a mera leitura de seus escritos ou de relatos de terceiros seria incapaz de substituir.

As entrevistas foram conduzidas de forma aberta, com um roteiro apenas indicativo, seguido ao sabor da conversa, sem uma sequência obrigatória. Minha intenção era deixar falar a entrevistada, levando o assunto para perguntas específicas quando necessário, porém não impedindo que o depoimento tomasse rumos que pareciam não

---

8. Utilizo este termo no sentido de indicar membros participantes de um movimento político, e não no sentido utilizado pela historiografia dos movimentos sufragistas americano e inglês, que identifica militante com o grupo "violento" de sufragistas, aquele que utilizava técnicas de conflito aberto, causando danos materiais, entrando em choque com a polícia etc.

dizer respeito diretamente ao sufragismo. O objetivo era conhecer as pessoas e o que pensavam de uma forma geral. Logo, as ideias que expressavam sobre política atual, ou o relato de fatos ocorridos há pouco em sua vida ou em sua família, forneciam-me subsídios para conhecer suas opiniões e formar uma ideia de sua personalidade. Foram essas entrevistas a fonte mais rica de informações desta pesquisa, no que diz respeito à história do sufragismo brasileiro.

A parte histórica foi levantada tendo como base fontes primárias e secundárias:

a) primárias: arquivos da Federação Brasileira pelo Progresso Feminino; anais do Congresso; descrição do movimento, feita pelas militantes, em entrevistas abertas, sob a forma de relato; descrição das impressões causadas pelo movimento, feita por testemunhas não participantes, de ambos os sexos, em entrevistas;

b) secundárias: bibliografia histórica da década de 1920, a fim da República Velha, da Revolução de 1930 etc.; bibliografia sociológica e política em geral.

Com relação à ideologia, a análise fundamentou-se no debate em torno do voto feminino, conforme se processou no Congresso e na imprensa, com dados obtidos nos jornais do arquivo FBPF, nos anais e no conteúdo do discurso feminista que transparece nas entrevistas concedidas pelas militantes à imprensa e à pesquisadora. Como fonte secundária, referi-me à bibliografia sobre ideologia e feminismo.

O roteiro das entrevistas destinou-se unicamente a dirigir a pesquisadora, não tendo sido visto pelas entrevistadas. Não foi mais do que uma orientação para que não ficassem esquecidos pontos importantes relativos à análise de conteúdo do discurso. As perguntas não se limitaram ao questionário, investigando também detalhes factuais da história do movimento e esclarecendo algumas dúvidas que porventura surgissem no decorrer da pesquisa[9].

---

9. Cf. no capítulo 4, seção 4.3.1, a relação das pessoas entrevistadas.

Roteiro da entrevista

I. Dados pessoais
   a) Nome
   b) Local e data do nascimento
   c) Profissão da entrevistada,
      do pai;
      da mãe;
      dos irmãos;
      das irmãs.
   d) Educação
      1) Curso primário: local: país: cidade:
         tipo de colégio:
         – em casa
         – religioso
         – leigo
         – público
         – particular
         – misto
         – feminino
      2) Curso secundário: idem
      3) Curso universitário: idem

II. Socialização
   a) Relato de sua formação:
      – religiosa
      – social
   b) Atitudes dos pais, família e ambiente com relação à educação e ao trabalho da mulher
   c) Problemas encontrados no colégio, na universidade, no trabalho, por ser mulher
   d) Motivos que a levaram a ter uma profissão

e) Influências que sofreu e que a levaram
   1) a trabalhar
   2) a se interessar pela situação da mulher

III. Ideologia pessoal
   a) Na sua opinião, qual a razão da inferioridade da mulher? Como superá-la?
   b) Como definiria "feminismo"?
   c) O que é o Movimento de Libertação da Mulher?
   d) A senhora está a par dos movimentos nos Estados Unidos e na Europa? De que maneira diferem do movimento sufragista ou se assemelham a ele?
   e) Algumas análises vinculam a situação da mulher a um tipo específico de sociedade. Qual a sua opinião a respeito?
   f) Como deve se realizar a participação da mulher na sociedade?
   g) Deve haver uma divisão social de papéis entre os sexos?
   h) A educação dos meninos deve ser diferente da das meninas:
      – sexualmente
      – intelectualmente
      – socialmente?
   i) Como conheceu o movimento sufragista?
   j) Por que aderiu ao movimento?
   k) Qual foi a reação em seu ambiente (família, amigos, colegas de trabalho etc.) quando a senhora entrou para o movimento?
   l) O movimento sufragista correspondeu às suas expectativas? De que maneira?
   m) Quais eram, a seu ver, as falhas e limitações do movimento?
   n) Na sua opinião, quais os problemas políticos mais importantes da década de 1920-1930?
   o) Qual sua opinião sobre a questão do divórcio?

IV. Ideologia do movimento sufragista
   a) O movimento sufragista tinha outras reivindicações além do voto? Quais?
   b) O movimento tinha uma organização hierárquica?
   c) Como eram delegadas as funções de cada militante?
   d) Como se dava o processo de decisão no movimento?
   e) Como se fazia a seleção de cargos?
   f) Quais os critérios para a participação no movimento?
   g) A que classe social pertencia a maioria das militantes?
   h) Havia homens no movimento? Por quê?
   i) Qual era a estratégia de luta do movimento?
   j) A senhora poderia me dizer quais as diferenças e semelhanças entre o movimento brasileiro e os dos Estados Unidos e da Inglaterra?
   k) Poderia especificar as causas dessas diferenças e semelhanças?
   l) Como o movimento sufragista via os outros movimentos de mudança social na década de 1920 (operários, militares, grupos católicos, intelectuais)?
   m) O movimento sufragista teve o apoio de alguns desses outros movimentos?
   Se sim, de que forma?
   Se não, por que não teve?
   n) Na sua opinião, o movimento teve repercussão na opinião pública?
   o) O movimento teve penetração em todas as classes?
   p) Qual era aproximadamente o número de militantes?
   q) O movimento decresceu após a obtenção do voto. Por quê?
   r) Na sua opinião, o movimento era um movimento de mudança social? Por quê?

2
Ideologia

2.1 Especificação do conceito

O tema desta tese focaliza diretamente o ângulo do ideológico, lidando tanto com o Estado e suas representações jurídico-políticas quanto com a visão de mundo de sufragistas e antissufragistas, refletida em seu discurso. Por essa razão, torna-se imprescindível especificar de que forma o conceito de ideologia está sendo empregado para a análise das relações de sexo em nossa sociedade.

Trata-se de um conceito extremamente complexo, e o âmbito deste trabalho não comporta discuti-lo de maneira mais profunda e abrangente, levando em consideração todas as formas por que tem sido utilizado na literatura sociológica, política e filosófica[10]. Creio ser o bastante ressaltar que emprego o conceito definindo-o a partir de sua manipulação pelo Estado nas sociedades de classes, porque considero a ligação entre ideologia e poder essencial para a compreensão não apenas do próprio conceito como também da luta sufragista e do feminismo em geral – do conceito, por sua função de legitimador das relações de classe; do sufragismo, porque sua esfera de ação se coloca ao nível do poder político como ele é mais comumente revelado: através do Estado e da classe dominante; e do feminismo, porque é na relação de poder homem-mulher, conforme refletida na estrutura da família, que se encontra o cerne da opressão de sexo.

Os homens refletem sua experiência de vida de acordo com seu posicionamento na divisão social do trabalho. A instância ideológica

---
10. A literatura é vastíssima. Cf. a esse respeito Cardoso (1972) e Lenk (1971).

é base comum de percepção do mundo, que unifica até certo ponto as experiências individuais e as congrega num todo, formando com elas uma linguagem – conjunto sistematizado de ideias e de significados – mais ou menos globalmente compreendida por todos os membros de uma mesma comunidade. Forma a tecitura que os une e sem a qual não seria possível à sociedade manter-se em funcionamento. Para sobreviver, toda sociedade é obrigada a institucionalizar e criar meios de reproduzir os padrões de comportamento que a sustentam, sistematizando a transmissão dos valores, isto é, da ideologia.

Na sociedade de classes, esse *conjunto sistematizado de ideias e de significados* é formulado a partir dos interesses da classe dominante, que o utiliza a fim de legitimar a sua dominação. Compõe-se de elementos falsos e verdadeiros, que se apresentam sob uma fachada coerente, mostrando-se como percepção correta da realidade e encobrindo o seu verdadeiro caráter de falsificação. Essa falsificação tem como objetivo manter o estado de desigualdade social, mascarando as contradições geradas pela estrutura de classes. Cria no grupo dominado uma falsa consciência, na medida em que o leva a interiorizar a dominação, aceitando-a como natural.

Entendendo a ideologia como instância determinada da estrutura social[11], ao mesmo tempo fruto e instrumento legitimador das condições materiais de existência, pensamos essa instância em seus dois níveis, a fim de melhor compreender o seu funcionamento: o nível abstrato, em que é aquele "conjunto sistematizado de ideias e de significados", e o nível concreto, no qual a ideologia se revela, através dos fatores que a institucionalizam e a fazem penetrar na sociedade. Em outras palavras, devemos considerar a ideologia ligada a um *modo de produção* determinado e compreender ao mesmo tempo a sua concretização no seio de uma *formação social* específica[12].

---

11. "O modo de produção da vida material condiciona o desenvolvimento da vida social, política e intelectual em geral. Não é a consciência dos homens que determina o seu ser; é o seu ser social que, inversamente, determina a sua consciência" (Marx, 1971, p. 28s).

12. Segundo Marta Harnecker (1972, p. 143-146): "Chamaremos modo de produção ao conceito teórico que permite pensar a totalidade social como uma estrutura dominante, na qual o nível econômico é determinante em última instância" e "chamaremos formação social a uma totalidade social concreta historicamente determinada".

2 Ideologia

Na sociedade capitalista cabe ao Estado o papel de institucionalizador da ideologia. Transmitida através dos *Aparelhos Ideológicos de Estado*[13] (para utilizar o conceito althusseriano, que descreve bem a forma pela qual se opera a penetração), torna-se a herança inconsciente[14] que cada indivíduo aprende em seu processo de socialização e que o leva a conformar-se e aceitar as regras de conduta estabelecidas por sua cultura. Está ligada ao real, às *condições materiais de existência*, porém não o espelha em sua verdadeira condição de base para relações de poder. O indivíduo internaliza o real conforme é revelado ideologicamente, isto é, não como um retrato da própria realidade, mas, ao contrário, a realidade conforme é vivida por ele e conforme é traduzida através de sua experiência individual e da experiência expressa coletivamente por sua comunidade cultural. Nas sociedades de classes, a classe dominante, para manter sua posição de poder, cria os Aparelhos Ideológicos de Estado, mecanismos que operam a penetração de sua concepção de mundo no interior de todas as camadas sociais. Dessa forma, elabora seus valores próprios, transformando-os em valores globalmente aceitos como verdadeiros.

Todo sistema de poder mantém-se através de dois mecanismos reguladores: o uso da violência física e a dominação ideológica. São essas as funções do *Aparelho Repressivo do Estado* e dos Aparelhos Ideológicos de Estado, que se destinam a manipular a ideologia dominante, de forma a reproduzir as relações de produção. Berger e Luckmann (1974, p. 88-89), referindo-se ao processo de socialização, afirmam:

> Segue-se que a ordem institucional em expansão cria um correspondente manto de legitimações, que estende sobre si uma cobertura protetora de interpretações cognoscitivas e normativas. Estas legitimações são apreendidas pelas novas gerações durante o processo que as socializa na ordem institucional.

Divididos analiticamente em duas categorias – Aparelho Repressivo do Estado e Aparelhos Ideológicos de Estado –, são estes que comandam aquele e o utilizam em maior ou menor grau, con-

---

13. A respeito deste conceito e do de Aparelho Repressivo do Estado, cf. Althusser (1972).
14. Sobre o conceito de inconsciente cultural, cf. Bourdieu (1974).

forme for maior ou menor a sua capacidade de fazer penetrar na sociedade a ideologia dominante. Quanto maior a coerência entre a ideologia e a infraestrutura econômica, mais direta se faz a legitimação das relações de produção e menor a necessidade de coação pelo uso da força física.

Assim, as relações ideológicas situam-se, nas sociedades de classes, como relações de poder, em que uma classe tenta sufocar nas outras o surgimento de uma consciência própria, adequada a seus interesses. O verdadeiro antagonismo existente nessas sociedades é camuflado pela generalização de um projeto criado a partir dos interesses de uma classe específica, mas abraçado pelas outras, falsamente levadas a aceitá-lo como projeto próprio.

A penetração ideológica, no entanto, não se processa de modo monolítico, espelhando a ideologia dominante uniformemente em todas as camadas sociais. Vivendo seus diferentes papéis na divisão de trabalho, cada classe ou fração de classe reflete de maneira específica as ideias geradas pelo sistema de poder. Miriam Limoeiro Cardoso (1972, p. 76) descreve de forma clara esse processo:

> [...] a ideologia, mesmo sendo por meio de outras ideologias, se se vincula com o real, com que se relaciona, construindo formas especiais de conhecê-lo. Em realidades diferentes, ideias diferentes são elaboradas. Determinadas condições objetivas ensejam a articulação das ideias em sistemas integrados, coerentes, enquanto outras condições objetivas constituem um empecilho para esta articulação.

A defasagem entre a experiência de vida de cada uma das classes sociais cria diferentes visões de mundo, que, apesar de estarem unificadas pela ideologia dominante, têm necessariamente uma enorme distância entre si. A realidade vivida pela classe dominante, e que a ideologia legitima, em essência é diversa daquela que as classes dominadas experimentam, e que a ideologia dominante distorce. É justamente nessa distorção que busca unificar experiências diversas que se coloca a possibilidade de conscientização das classes dominadas. Veremos adiante como se processa a tomada de consciência, quando se discutir o conceito de *intelectual orgânico*, de Gramsci. No momento, basta enfatizar que a consciência das classes dominadas só se pode revelar sob determinadas condições históricas, quando mudanças nas forças produtivas transformam a base econômica sobre a qual se apoia a ideologia dominante e permitem a formulação de novas propostas. A defasagem criada pelo ritmo rápido de transformação da instância econômica leva a um distanciamento entre a realidade vivida e a realidade legitimada ideologicamente, criando-se condições para que as classes dominadas rompam a ideologia dominante.

Segundo a análise marxista, a transformação revolucionária ocorre quando as relações de produção se tornam obstáculo ao desenvolvimento das forças produtivas (Marx, 1971). Enquanto não houver defasagem entre a determinação superestrutura (ideologia) e infraestrutura (forças produtivas), a concepção do mundo produzida por seu relacionamento recíproco se apresentará como "natural" e será mais provavelmente imune às mudanças. É no momento em que se opera essa defasagem, e em que os comportamentos criados pela base econômica não mais se legitimam em nível ideológico, que surge a primeira ruptura com a visão de mundo apreendida. Para superar essa defasagem gerada pela transformação tipicamente mais rápida da instância econômica, formam-se novas instituições e nova ideologia, adaptadas às novas forças produtivas.

Embora sustentada pela infraestrutura econômica, a instância ideológica tem sua dinâmica própria, que lhe confere uma relativa autonomia. Assim se explica a sobrevivência, numa formação social, de elementos de ideologias características de diferentes modos de produção. A determinação base-superestrutura não é automática, e existe certo grau de independência entre essas duas instâncias. Engels (1959, p. 397-398) descreve essa determinação:

> De acordo com a concepção materialista da História, o elemento determinante em *última instância* é a produção e a reprodução da vida real [...] A situação econômica é a base, porém os vários elementos da superestrutura [...] também exercem sua influência no curso das lutas históricas e em vários casos preponderam, determinando sua *forma*. Existe uma interação de todos esses elementos, em que [...] a instância econômica se afirma finalmente como necessária.

A base econômica determina a superestrutura ideológica, mas é, por sua vez, influenciada por ela, numa relação dialética, em que ambos os níveis têm seus ritmos próprios de transformação.

O conceito de *hegemonia*, de Gramsci, permite compreender melhor a ligação entre poder político e poder ideológico (ou *sociedade política* e *sociedade civil*)[15]. A hegemonia de uma classe social implica o exercício uníssono desses poderes.

> É portanto por sua hegemonia que uma camada social exerce uma dupla função de *direção* e de *domínio*. Dessa forma, ela não somente procura obter um consenso geral pela persuasão, como também busca reprimir o adversário de classe pela *força*. Como se vê, o conceito de hegemonia traz em si uma dupla determinação: a de *ditadura do proletariado* [...]; a de *direção ideológica do proletariado*, de sua capacidade para criar o consenso das massas (Macciocchi, 1974, p. 149).

Com esse conceito é possível compreender a relação entre *ideologia* e *classes sociais*, rompendo-se o círculo vicioso da identificação necessária da *ideologia* com o *Estado* e a *classe dominante*, que colocava o conceito numa camisa de força, sem deixar brechas para a compreensão do processo de mudança.

> Em Gramsci a hegemonia dá conta das relações travadas entre as classes sociais, especificamente fora do terreno da produção econômica. Permite trabalhar com os aspectos da direção cultural e política que envolvem as classes fundamentais da sociedade (Cardoso, 1972, p. 67).

Numa formação social determinada, certas classes atuam como catalisadoras da transformação da sociedade global, efetuando uma aliança com as outras classes ou frações de classe subordinadas, na qual têm a função primordial de representar, por sua atuação, os interesses comuns. A relação hegemônica só é dominante-dominada nas sociedades de classe; quando exercida entre classes ou frações de classes subordinadas, durante o processo comum de libertação,

---

15. Cf. Macciocchi (1974, p. 163).

o conceito toma o sentido de uma liderança daquela classe que incorpora a contradição principal. Não se trata nesse caso de uma relação repressora entre classes dominantes e dominadas, mas de uma aliança objetivada por meios ideológicos que levam ao reconhecimento, pelas outras classes subordinadas, da existência de interesses comuns.

Ao enfatizar a ligação entre *direção* (nível ideológico) e *dominação* (nível político), Gramsci revela concomitantemente a importância do papel dos intelectuais na formação da hegemonia. Não é apenas pela repressão jurídico-policial que se exerce o poder, mas sobretudo pela legitimação desse poder, possibilitada através da penetração ideológica. Os intelectuais têm, assim, o papel de intérpretes e transmissores da ideologia.

Sem a compreensão do conceito de *hegemonia*, não se poderia entender a possibilidade de mudança social. Se a ideologia da classe dominante é uma falsificação da realidade e tem o poder de penetrar por toda a sociedade, levando as outras classes a interiorizá-la, como entender a consciência revolucionária? Como explicar o surgimento da contraideologia libertadora, em contraposição à ideologia da classe dominante? Como identificar o pensamento capaz de delinear uma análise e uma práxis corretas, que atinjam as raízes da ideologia opressora e permitam superar as condições de dominação? São perguntas que o conceito de *hegemonia*, das "relações travadas entre as classes sociais [...] *fora do terreno da produção econômica*", isto é, no *campo ideológico*, permite responder.

Cada classe possui em potencial a possibilidade de gerar uma contraideologia, formulada segundo seus interesses específicos. A possibilidade de realização do projeto de uma determinada classe está relacionada com sua capacidade de generalizá-lo para a sociedade como um todo, identificando com ele as outras classes sociais. Cada uma está ligada à possibilidade de realizar a *hegemonia*, de unir *dominação* e *direção*, e de efetivar a conquista do poder, tendo como veículo as organizações de classe.

A ideologia da classe dominante é necessariamente uma falsificação da realidade, uma mistificação. A contraideologia revolucionária será a oposição a ela, na medida em que buscar revelar a verdade escondida aos olhos dos dominados. A coerência interna de uma contraideologia está na sua possibilidade de conter a verdade histórica: sua capacidade de análise e compreensão das leis que regem o processo social. Uma contraideologia é verdadeira não quando confirmada em âmbito puramente teórico, mas quando transformada em realidade histórica, e objetivada através da conquista do poder (da sociedade política e da sociedade civil). Nenhuma verdade pode ser proclamada de maneira abstrata, mas só se verifica através de uma práxis social concreta. A união entre teoria e práxis é dada historicamente, e só numa situação histórica se pode comprovar a potencialidade da contraideologia libertadora.

É importante enfatizar a ligação entre teoria e práxis: a contraideologia do proletariado só se realiza através da prática revolucionária, pois somente ao superar a sociedade de classes poderá tornar-se realidade. Ele atua como vanguarda, na aliança hegemônica em que dirige a luta junto às classes e frações de classe subordinadas. Sua atuação, porém, está circunscrita à possibilidade histórica da concretização da aliança e de sua realização pela tomada do poder. Aqui percebemos a unidade homem-condições históricas, cada um operando como limite à ação do outro.

> A "libertação" é um fato histórico e não um fato intelectual, e é provocada por condições históricas (Marx; Engels, 1972, p. 54).

Marx e Engels (1972) explicitam em *A ideologia alemã* os limites da práxis revolucionária, sua historicidade. Na sociedade capitalista, essa práxis é dirigida pelo proletariado a partir do momento em que ele se conscientiza, tornando-se capaz de compreender o funcionamento da sociedade como um todo e levando então a cabo uma estratégia de transformação condizente com os seus objetivos de classe. A conscientização é o processo pelo qual uma classe social chega a extrapolar os limites estabelecidos à sua visão de mundo pelos condicionamentos de sua situação específica de classe e globaliza sua percepção da realidade. É o movimento pelo qual ele transcende a particularidade de sua experiência de classe, executando uma análise que lhe dê a perspectiva do todo social e de sua posição nessa totalidade. Nesse momento tem a possibilidade de definir uma teoria e uma estratégia que o levam a ultimar o seu projeto de classe. Na medida em que a classe como um todo torna-se capaz dessa percepção global, superando a especificidade de sua visão de mundo parcial, alcança plena consciência de sua posição nas relações de produção e dá o primeiro passo no sentido da libertação. O conceito de *consciência de classe* engloba a possibilidade concreta de analisar e transformar a sociedade. Foi isso o que fez a burguesia europeia no século XVIII, quando transformou a ideologia liberal no projeto e no veículo de sua realização como classe dominante.

Numa sociedade que tem como realidade histórica o conflito de classes, é objetivo vital de cada classe a manutenção ou a tomada do poder. Daí ser uma questão primordial a capacidade de compreender o funcionamento da sociedade em sua globalidade, a fim de que se possa responder ao desafio histórico proposto pelo desenvolvimento das forças produtivas e das relações de produção.

A ideologia da classe dominante é sempre uma falsificação da realidade destinada à perpetuação do seu poder. A contraideologia formulada pela classe dominada, por sua vez, é sempre uma ruptura com a ideologia dominante e, por isso mesmo, representa uma análise correta da realidade, em que se põe a nu a verdadeira relação de desigualdade e os benefícios que dela retira a classe no poder. Nesse caso, o termo "ideologia" muda de sentido, não sendo mais uma falsificação da realidade[16], mas representando já uma desmistificação, por parte da classe dominada, daqueles valores utilizados para manter a situação de desigualdade. Ao criar sua

---

16. Falsificação esta que contém elementos verdadeiros, que permitem o exercício da mistificação.

própria ideologia, em contraposição com a da classe dominante, a classe dominada gera sua consciência de classe, reconhecendo seus objetivos concretos e a possibilidade da práxis revolucionária.

Nenhuma classe dominada poderá superar sua subordinação de forma estável, sem que seja capaz de gerar sua própria contraideologia, desmistificando a ideologia dominante e traçando uma estratégia de luta. Esse é o sentido da consciência de classe. Através da História ocorreram diversos episódios de ascensão ao poder de classes dominadas. Entretanto, quando essas revoltas não foram o fruto de uma estratégia elaborada através de uma tomada de consciência ideológica, não passaram de explosões temporárias. Tal foi o caso das *Jacqueries*, comuns à Idade Média, e das revoltas de indígenas e escravizados na América Latina colonial. A revolução burguesa, por sua vez, consolidou-se ao criar sua ideologia própria, rompendo e se sobrepondo à ideologia do mundo feudal. Sua ideologia legitimava e permitia o desenvolvimento das relações de produção que cristalizariam o seu poder.

A consciência de classe surge pela desmistificação da ideologia dominante. Vem determinar a práxis revolucionária. A subida ao poder é necessariamente acompanhada pela transmissão da ideologia, que permitirá a continuidade dela – conforme notou Gramsci ao enfatizar, com o conceito de hegemonia, a ligação entre poder político e poder ideológico. A luta de classes tem como campo tanto o nível econômico quanto a instância ideológica. Por essa razão torna-se imprescindível, para o processo revolucionário, compreender a forma como se opera a penetração ideológica.

A análise marxista do conceito de ideologia focaliza o processo de conscientização sob o ponto de vista das relações de classe. Entretanto, a própria complexidade da sociedade moderna exige que ampliemos os conceitos a fim de incluir na análise aqueles grupos humanos cuja experiência de vida não se explica unicamente através de sua posição nas relações de produção, embora sejam eles também vítimas da sociedade de classes.

Ao analisar a sociedade de classes em uma formação social determinada, encontramos uma série complexa de subdivisões, camadas e frações de classe, que extrapola a divisão definida somente ao nível das relações de produção. É evidente que todas essas subdivisões se remetem em última instância à divisão em classes, que se localiza em sua origem e as determina. No entanto, é necessário compreender que à divisão entre possuidores dos meios de produção se acrescentam outras hierarquizações, englobando tanto a sobrevivência de formas de produção pré-capitalistas[17], com suas respectivas "classes sociais", quanto a existência de categorias cuja definição não se esgota no âmbito das relações de classe propriamente ditas. Essas categorias são portadoras de características físicas ou culturais que as distinguem e especificam e que, manipuladas pela sociedade de classes, justificam sua maior exploração. Uma dessas categorias, a mais numerosa e mais longamente oprimida, é o sexo feminino. Outra, os grupos étnicos.

2.2 Consciência de classe e consciência de categoria social

Podemos nos referir a esses grupos como categorias sociais[18] na medida em que constituem forças sociais apresentando interesses comuns que os colocam, no que toca à sua especificidade, em oposição aos membros de sua própria classe social[19]. No que diz respeito ao sexo feminino, a discriminação da mulher localiza-se na superestrutura ideológica, de forma a colocá-la em situação inferior

---

17. Segundo Heleieth Saffioti (1977, p. 31-32): "A concepção de formação social como coexistência de vários modos de produção em que um é dominante implica admitir que cada modo de produção guarda sua identidade própria, ou seja, apresenta autonomia relativamente grande em face dos demais. Torna-se, pois, difícil conceber o caráter dominante de um modo de produção se ele é pensado em termos de coexistência com outros modos de produção, cada um mantendo uma infra e uma supraestrutura peculiares".

18. Cf. Poulantzas (1971). O autor assim define o conceito: "Por *categorias sociais*, poderemos entender, mais particularmente, conjuntos sociais com efeitos pertinentes que podem tornar-se, como Lenine mostrou, forças sociais cujo traço distintivo repousa na sua relação *específica e sobredeterminante com outras estruturas além das econômicas*"; e mais adiante: "a relação sobredeterminante das categorias com estruturas políticas ideológicas de que constituem o efeito específico" (Poulantzas, 1971, p. 95-96).

19. Cf. Saffioti (1977).

com relação ao homem de sua própria classe social. Essa situação de inferioridade gera uma oposição, quando revelada ao nível da consciência – oposição não de classe, mas de sexo. Ao afirmar que "na família o homem é o burguês e a mulher representa o proletário", Engels (1975, p. 80) faz mais do que uma simples analogia ou alegoria. Com essa referência ele aponta para a existência de uma categoria social cuja exploração não se esgota por sua inserção nas relações de produção, mas que tem como condicionamento básico seu papel dentro da família. É essa a posição fundamental da mulher na sociedade. Além disso, não apenas é ela uma das vítimas das relações de classe, como também ela atua, por sua condição de socializadora da geração imatura, no sentido de perpetuar essas relações em nível ideológico.

A discriminação de sexo e de raça[20], concretizada em nível econômico pela apropriação que dela faz o modo de produção capitalista, toma um aspecto peculiar, na medida em que designa grupos humanos identificáveis por características biológicas inatas e indeléveis. Sobre isso observa Heleieth Saffioti (1969, p. 57):

> Incentivar atitudes que discriminam certas categorias sociais significa assumir um comportamento altamente racional (racional com relação a fins) na medida em que esses contingentes humanos constituem reservas de trabalho das quais se poderá lançar mão no momento azado e a bom preço.

Nessas condições, tornam-se esses os grupos mais explorados pela sociedade de classes. A união da exploração econômica justificada ideologicamente por racionalizações biológicas (sexo e raça) afeta mesmo aqueles que seriam os companheiros de classe e, portanto, de luta. Numa sociedade de classes, que por sua própria característica de exploração tem como consequência ser sexista e racista, um operário negro é oprimido pelo operário branco, e uma

---

20. Utilizo o termo no seu sentido coloquial, ligado ao conceito e à prática do *racismo* e do *sexismo*, que quero enfatizar. O termo "raça" não deve ser entendido como conceito antropológico. Refiro-me aqui às minorias discriminadas, que não necessariamente são minorias numéricas, mas sim sociológicas, por sua condição de grupos alijados dos benefícios sociais por parte dos que detêm o poder.

mulher, operária ou não, é oprimida pelo homem de sua classe e sua raça. O sexismo e o racismo acrescentam-se à exploração da força de trabalho, reforçando o isolamento de certos grupos no conjunto da classe operária. O trabalhador branco do sexo masculino tem maiores possibilidades de se colocar no mercado e de usufruir de algumas vantagens a que seu sexo e sua raça – por serem o sexo e a raça dos membros da classe dominante – têm direito na sociedade de classes, sexista e racista. A própria classe dominada, representada pelos homens brancos, exerce uma opressão sobre a outra parcela, representada pelas mulheres e pelos membros de grupos étnicos discriminados.

Os conceitos de *consciência de sexo* e de *consciência de raça* tornam mais abrangente a análise da mudança social. As categorias de sexo e raça, como categorias alijadas do poder nas sociedades de classes, são também forças sociais com capacidade para atuar organizadamente no processo de transformação. Ao acrescentar essas categorias à análise da mudança social, ultrapassamos os limites das relações de classes em seu sentido restrito (posição nas relações de produção), já que sexismo e racismo são manifestações presentes em todas as camadas sociais. Trata-se de fenômenos que, reforçados pela divisão da sociedade em classes e pela consequente necessidade de justificar uma maior exploração de certos grupos humanos, são legitimados pela superestrutura ideológica. Isso lhes dá uma dinâmica própria e uma determinada independência com relação à base econômica.

Importa compreender que as contradições nas sociedades de classes não se reduzem ao antagonismo entre possuidores dos meios de produção e vendedores da força de trabalho. A própria necessidade de exploração gerou outras contradições, como as de sexo e raça, e a análise dos movimentos de libertação não dará conta de abrangê-las, limitando-se ao conceito de classes. A união da teoria e da práxis revolucionária leva a detectar quais as forças capazes de operar a superação da sociedade de classes. Essas forças não se limitam às classes dominadas. Além dos operários (nas sociedades industriais) ou dos camponeses (nas sociedades agrícolas), são também forças sociais capazes de participar do processo de transformação da sociedade as mulheres e os membros de grupos étnicos ou culturais inferiorizados. A luta que não os inclui mostra-se discriminatória e incapaz de realizar a superação histórica de todas as contradições. A eliminação da sociedade de classes é condição necessária, mas não suficiente, para a eliminação do sexismo e do racismo. A influência de relações ideológicas arraigadas na cultura exige um trabalho especificamente dirigido para esse nível, mesmo após a transformação das relações de produção e a superação da sociedade de classes. É evidente que não há possibilidade de se superar qualquer tipo de discriminação enquanto se mantiver a sociedade de classes, opressora e discriminatória por sua própria natureza, por suas próprias exigências estruturais. A superação da sociedade de classes é o primeiro passo no processo revolucionário, mas para esse esforço não se podem isolar os grupos discriminados por sexo e raça. É necessário englobar na luta comum todos os grupos oprimidos, que são, por isso mesmo, forças sociais de transformação.

O nível ideológico transforma-se com maior lentidão e requer um trabalho especificamente dirigido e contínuo. Superando-se a sociedade de classes, serão necessárias sucessivas revoluções culturais, que enfim apaguem os resquícios da ideologia herdada das relações de produção que caracterizavam a formação social anterior.

Marx enfocou, ao analisar o modo de produção capitalista, a sua contradição principal, aquela que é o fio condutor da análise do sistema: a contradição entre o proletariado e a burguesia. A análise marxista a descreve como a origem de todas as outras contradições que caracterizam a sociedade capitalista:

> No processo, complexo, de desenvolvimento dum fenômeno, existe toda uma série de contradições; uma delas é necessariamente a contradição principal, cuja existência e cujo desenvolvimento determinam a existência e o desenvolvimento das demais contradições ou agem sobre elas (Tsé-Tung, 1965).

2 Ideologia

Utilizando-se do conceito de *contradição principal*, é preciso evitar a armadilha em que cai o marxismo vulgar, ao reduzir a ela todas as contradições, esquecendo-se de que, apesar de geradas e determinadas por ela, as *contradições secundárias* têm sua própria dinâmica e seu ritmo específico de desenvolvimento e transformação:

> Na contradição entre as forças produtivas e as relações de produção, por exemplo, o aspecto principal é constituído pelas forças produtivas; na contradição entre a teoria e a prática o aspecto principal é constituído pela prática; na construção entre a base econômica e a superestrutura o aspecto principal é constituído pela base econômica; e as posições respectivas desses aspectos não se convertem umas nas outras. Essa concepção é a do materialismo mecanista, e não a do materialismo dialético. É certo que as forças produtivas, a prática e a base econômica desempenham em geral o papel principal, decisivo, de tal maneira que quem quer que o negue não é materialista; contudo, há que reconhecer que, em circunstâncias determinadas, as relações de produção, a teoria e a superestrutura podem desempenhar, por sua vez, o papel principal, decisivo (Tsé-Tung, 1965, 335-336).

A opressão da mulher não se originou somente com o advento da sociedade de classes, mas manteve-se, embora assumindo características diversas, através dos sucessivos modos de produção por que passou a humanidade em sua evolução histórica. Está enraizada na forma pela qual a sociedade se apropria da função reprodutora e a manipula. O homem se reproduz através da mulher – afirmação tão óbvia que parece acaciana. Contudo, o fator determinante é que o homem só tem garantia da paternidade na medida em que uma série de regras sociais lhe permitem a posse total daquela mulher através de quem deseja se reproduzir. O vínculo materno é *sempre* biológico. O vínculo paterno é *sempre* social. A criança foi reconhecida como produto da mulher porque a participação do homem na geração, não sendo imediatamente visível, foi por longo tempo ignorada – ele prestava contas somente à comunidade em geral. Esse produto lhe pertencia, a ela e à comunidade, e era ela quem usufruía dos benefícios diretos e indiretos da maternidade. O patriarcado, isto é, o regime de dominação da mulher pelo homem, é a institucionalização da primazia da paternidade, com o reconhecimento da existência de um vínculo entre o filho de uma determinada mulher e o homem com quem ela tem uma ligação socialmente definida. A necessidade de garantir essa primazia com a segurança da paternidade levou o sexo feminino ao seu jugo secular. Aí está a origem dos "gineceus", da "função especificamente feminina", dos tabus de virgindade e castidade, dos diversos mitos relacionados com a sexualidade, com a "natureza" feminina, com o papel social da mulher[21].

O modo de produção capitalista apropriou-se da opressão de sexo para intensificar a exploração da mais-valia feminina (assim como a dos grupos étnicos e outros discriminados pela sociedade de classes). Ao legitimar ideologicamente essa exploração econômica, cria nos grupos que se inter-relacionam (homens-mulheres, brancos-negros etc.) uma separação, uma defasagem, que os isola, até certo ponto, em instâncias próprias e específicas. A categoria social sexo feminino, assim como as outras, passa a ter uma história, uma linguagem, uma experiência próprias que a distinguem e unificam como categoria social, obscurecendo a divisão exclusivamente definida em termos de classe. Para a relação sexista, a contradição principal é aquela entre o homem e a mulher, assim como para a relação racista é a existente entre o branco e o negro (ou outras etnias). Isso apesar de a contradição principal da sociedade em que esses grupos oprimidos vivem ser aquela entre burguesia e proletariado.

A sociedade de classes acirrou as contradições de sexo e raça (dentre outras). Estas têm, por sua vez, suas próprias contradições: homem-mulher, branco-negro. Estão determinadas pela contradição de classes, porque foram geradas por ela. Mas, ao criar vida própria, superam essa determinação. O sexismo e o racismo não deixarão de existir pela criação de uma sociedade sem classes, enquanto não for superada a contradição que determina as relações de sexo e raça; enquanto não for superada a relação de poder ho-

---

21. Agradeço a Danda Prado, cujas observações sobre a primeira versão desta tese demonstraram a necessidade de aprofundar a análise da origem da opressão da mulher. É de grande interesse a leitura de seu livro *O que é família*, de 1981.

mem-mulher, branco-negro. São contradições que não se dão apenas no nível econômico, mas também no político e no ideológico.

Sabemos que a ideologia da classe dominante, ao legitimar as relações de poder e exploração, opera penetrando nas classes dominadas de forma que cada indivíduo pertencente a essas classes internalize sua condição inferior. Os Aparelhos Ideológicos de Estado efetuam essa penetração através do processo de socialização. O mesmo ocorre com as categorias de sexo e de raça dominadas, com a diferença capital de que o processo de internalização da opressão se dá em todos os indivíduos desses grupos, seja qual for a classe social a que pertençam. Cria-se assim a história, a linguagem e a experiência comuns a que me referi antes.

Na medida em que a contradição principal é a de classes, e que a ideologia dominante legitima as contradições secundárias para acirrar uma exploração cuja origem é a contradição de classes, é evidente que a *condição de classe* exerce uma influência marcante sobre as atitudes individuais. O fato de ser mulher ou negro não elimina por si só as barreiras de classe. Isso vem demonstrado no próprio movimento sufragista, que teve características classistas. A história, a linguagem e a experiência comuns que menciono estão até certo ponto contidas pela condição de classe. Porém não se limitam a esta. Uma mulher compreende aspectos psicológicos da relação de dominação que lhe impõe o homem, quando relatadas ou observadas na vivência de outra que não pertence à sua classe, apesar das diferenças que existem entre elas. O mesmo ocorre com o negro, ou o colonizado, ou membros de grupos discriminados por características biológicas e culturais que extrapolam sua origem social. Quando uma mulher da burguesia demonstra haver interiorizado sua sujeição declarando-se "antifeminista", dizendo algo como "Mulher deve ser mesmo dependente", "Ela deve agradar ao homem", "Não sabe se defender" etc., e uma mulher operária afirma que "Quem manda é meu marido", estão ambas se sujeitando à mesma condição de objeto, de ser humano incompleto, apesar das suas diferenças de classe. Estão ambas internalizando a sua opressão de sexo.

Anna Freud (1949, p. 148) descreve esse mecanismo de defesa do ego, que leva o indivíduo oprimido a se identificar com seu opressor:

> Nessa "identificação com o agressor" reconhece-se uma etapa intermediária, que frequentemente se dá no desenvolvimento normal do superego. Quando essas crianças – cujos casos descrevi acima – se identificaram com a ameaça de castigo dos adultos, deram um passo decisivo para a formação daquela instância psíquica, internalizaram as críticas sobre sua conduta provenientes do mundo exterior[22].

A mulher, o negro, o colonizado assumem a "colonização", introjetam a imagem inferiorizada que lhes é apresentada e transformam-se ao mesmo tempo nos transmissores da sujeição de seu grupo.

Tanto as mulheres quanto os membros de raças consideradas inferiores são aliados da possibilidade de criar uma visão de mundo própria pela repressão que sofrem por parte da ideologia de sexo e da raça dominantes. Cada categoria suporta uma opressão específica, e não há dúvida de que a mulher é oprimida ainda dentro de sua própria classe e raça, pelo homem que, apesar de dominado, é para ela dominante.

Da mesma forma que o proletariado deve gerar sua consciência de classe, sua visão global da sociedade, a fim de concretizar sua estratégia de luta, também os movimentos de libertação de sexo e de raça devem criar sua teoria, buscar sua especificidade e sua identidade, "limpando-se" das marcas deixadas pela ideologia que lhes foi imposta.

Em todo processo de libertação é de primordial importância alcançar um nível de segurança psíquica (o encontro com sua identidade própria), sem o qual não haverá forças para começar a luta. Nenhum grupo que se encontra subjugado interiormente consegue nem sequer pensar em levantar-se contra a ideologia dominante. Isso é ainda mais claro com relação ao sexo e às raças

---

22. Agradeço à Carmen da Silva a referência e, muito mais do que isso, o companheirismo que cresceu nas muitas horas de conversa em que discutimos os aspectos complexos da discriminação da mulher.

inferiorizadas. Devem em primeiro lugar descobrir os valores rejeitados pela cultura externa à sua, dominar os condicionamentos de inferioridade recebidos, filtrar e separar o "cultural" do "natural" e reconhecer a manipulação operada sobre seu grupo para exploração pelo grupo dominante. Esse processo de recuperação da identidade é imprescindível para a formação de uma ideologia de libertação e tem por isso mesmo sido o enfoque central dos teóricos dos movimentos feministas e étnicos. O *slogan* do movimento negro americano "Black is beautiful" é um exemplo de revalorização pessoal e atinge em cheio a cultura branca, que se oferece como único modelo do belo. Com esse *slogan*, o negro identifica sua própria beleza e constrói o orgulho de si mesmo, primeira ruptura com a autoanulação impingida pela raça branca. A consciência de seu próprio valor é o primeiro passo para a libertação, pois o indivíduo que despreza a si mesmo nem sequer vislumbra a possibilidade de luta. Ao se valorizar, ele se compenetra da injustiça da discriminação e parte para o longo aprendizado de revolta e coragem do qual surgirá sua libertação.

Se o objetivo da ideologia da classe dominante é legitimar sua dominação e mistificar as verdadeiras relações de exploração, da mesma forma o objetivo da ideologia do sexo e da raça dominantes opera no sentido de encobrir as relações de poder e discriminação, levando a mulher e os membros de grupos étnicos inferiorizados a interiorizarem sua condição subordinada e aceitarem como natural o que não passa de uma criação da ideologia dominante. Os condicionamentos inculcados nesses grupos levam-nos a ser os próprios transmissores da mentalidade de sujeição a seus companheiros de sexo e raça. A mulher, por seu papel de mãe e educadora, perpetua a condição inferior de seu sexo. Os membros de grupos étnicos, também por sua vez, ao procurarem identificar-se com a "raça superior", seja por formas de vestir e pentear-se, seja por atitudes e comportamentos, aceitam e assumem implicitamente as qualidades consideradas mais valorizadas, negando as suas próprias.

Albert Memmi, falando da condição dos povos colonizados, reconhece o quanto é fundamental a recuperação da identidade, mutilada e sufocada pelo colonizador. Seu relato do processo angustiante de busca assemelha-se em muitos pontos ao que o sexo feminino e os membros de grupos étnicos inferiorizados sofrem, também eles criados numa cultura que não os reconhece como iguais e que faz deles uma imagem à qual devem moldar-se.

> Criado propositalmente pelo colonizador, esse retrato mítico e degradante termina por ser até certo ponto aceito e vivido pelo colonizado. Adquire dessa forma certo grau de realidade e contribui para criar o verdadeiro retrato do colonizado.
>
> Este processo não é desconhecido. É uma mistificação. É bastante conhecido o fato de a ideologia da classe dominante ser adotada em grande medida pelas classes dominadas. Ora, toda ideologia de luta tem como parte integrante uma concepção do adversário. Ao concordar com essa ideologia, as classes dominadas praticamente confirmam o papel que lhes é designado.
>
> Nas relações coloniais a dominação é imposta por um povo sobre o outro, porém a regra permanece a mesma (Memmi, 1965, p. 87-88).

Mantendo-se as diferenças[23], o papel da ideologia do sexo e da raça dominantes, interiorizada pelos dominados, é o mesmo, na medida em que os leva a aceitar a dominação.

> Assim como o colonizador é obrigado a aceitar o seu papel, o colonizado é obrigado a aceitar ser colonizado (Memmi, 1965, p. 89).

O opressor depende do oprimido, tanto quanto este dele, na medida em que a existência de um é relacionada à do outro. Pela dialética do "Senhor e do escravo" compreende-se que a libertação do oprimido liberta ao mesmo tempo seu opressor. Ao descrever a dicotomia "colonizado-colonizador", Memmi (1965, p. IX) revela

---

23. No caso a luta se dá entre duas etnias historicamente diferenciadas, quando com a mulher e os grupos étnicos nacionais o processo histórico é partilhado, embora sob a forma de dominante-dominado.

de que forma estão ambos presos à conduta que lhes é ditada pela situação de opressão colonial:

> A relação colonial que tentei definir acorrentou o colonizador e o colonizado numa dependência implacável, moldou seus respectivos caracteres e ditou a sua conduta.

Podemos comparar essa descrição ao que ocorre na situação de opressão sexista, que determina sua própria instância, extrapolando a determinação de classes e ligando a libertação à atitude do oprimido, que com sua revolta liberta o opressor.

Memmi (1965, p. XII), em seu livro, enfatiza a força da instância ideológica e a necessidade que tem o colonizado de extrair de dentro de si a imagem do colonizador:

> Entretanto, o privilégio colonial não é meramente econômico [...] A descoberta marxista da importância da economia em todas as relações de opressão não é o principal. Essa relação tem outras características que eu acredito haver descoberto na relação de colonização.

Rejeitar os valores criados pelos dominadores é uma atitude revolucionária, porque leva ao questionamento da estrutura social que os gerou. É uma tomada de consciência tão importante, no processo de superação das contradições da sociedade de classes, quanto a própria conscientização das classes dominadas. Os movimentos feministas e étnicos são parte relevante e imprescindível do processo global de revolução. Cabe perguntar o quanto não existe de sexismo e de racismo na recusa em aceitá-los como tal.

2.3 O papel do intelectual orgânico

Gramsci foi talvez o autor marxista que deu maior ênfase à importância da revolução em nível ideológico[24]. Considerando a superestrutura como dividida basicamente em duas partes – *sociedade civil* (ideologia) e *sociedade política* (Estado) –, enfatiza através do conceito de hegemonia a necessidade de constituir a ruptura ideoló-

---

24. Cf. Macciocchi (1974, p. 158-186) e Piotte (1970, p. 17-70).

gica já durante o processo revolucionário, antes mesmo da etapa de tomada efetiva do poder político. Reconhece a dificuldade de transformar a ideologia das massas, impregnada pelos valores da classe dominante, assim como, ainda, por valores sobreviventes do passado. Por isso se dá enorme importância ao papel dos intelectuais, portadores da ideologia da classe e, portanto, homogeneizadores de seu pensamento e implantadores da ruptura ideológica que possibilitará o movimento revolucionário. Os *intelectuais orgânicos* são os sustentáculos das classes e operam dentro de suas organizações no sentido de analisar, descobrir e defender os seus interesses e objetivos.

> Cada grupo social, nascendo no terreno originário de uma função essencial no mundo da produção econômica, cria para si, ao mesmo tempo, de um modo orgânico, uma ou mais camadas de intelectuais que lhe dão homogeneidade e consciência da própria função, não apenas no campo econômico, mas também no social e no político (Gramsci, 1968, p. 3).

A classe dominante, por sua própria posição de controle, gera diversos tipos de intelectuais orgânicos, que viabilizam a penetração de sua ideologia por toda a sociedade. A classe proletária não poderá chegar ao poder se não criar por sua vez seus próprios intelectuais orgânicos, que a levem a romper com a ideologia dominante, internalizada através do processo de socialização. A ideologia proletária é posta em prática na experiência cotidiana da luta de classes, através do partido, e é reformulada de acordo com as necessidades estratégicas. O campo da luta de classes é, portanto, além do nível econômico, também o nível ideológico, ou a sociedade civil. Daí a necessidade, também enfatizada por Gramsci, que tem a classe que ascende ao poder de assimilar os *intelectuais tradicionais*, isto é, aqueles que eram os intelectuais orgânicos da ordem social em decomposição. Dessa forma, a burguesia assimilou o clero, intelectuais orgânicos da aristocracia feudal, enquanto criava ao mesmo tempo os seus próprios intelectuais orgânicos. A Revolução Francesa significou a tomada da sociedade política pela burguesia, mas esse momento de ascensão ao poder estatal veio após um longo período de transformação ideológica, de ruptura com a ideologia dominante da aristocracia, levado a efeito pelos intelectuais orgânicos burgueses: os filósofos iluministas.

Quanto mais complexa for a sociedade civil, mais difícil será aos intelectuais orgânicos do proletariado empreender a ruptura com a ideologia dominante. Assim se explica a dificuldade revolução nos países centrais do mundo capitalista. Nestes, sociedade civil é de tal forma elaborada, que são muitos seus mecanismos de controle, manipulação e defesa.

Porém, a própria complexidade gera um número de contradições, ampliando o campo dos adversários intrínsecos ao sistema. As contradições de sexo e de raça se adicionam às contradições de classe.

O conceito de intelectual orgânico pode ser utilizado para análise da luta de libertação dos outros grupos oprimidos pela sociedade de classes. Devem também eles gerar os seus intelectuais e criar sua ideologia, rompendo com a ideologia do grupo (sexo e raça) dominante. Devem buscar a sua prática a partir da consciência de suas potencialidades e suas possibilidades. Devem descobrir quais os seus verdadeiros interesses, traçar a sua estratégia e construir a confiança e a solidariedade que formam a base da capacidade de luta. Devem tirar lições do seu passado e formar uma consciência crítica que os "limpe" dos condicionamentos dominantes, tanto os de raça quanto os criados pela ideologia, e ao mesmo tempo os leve a reformular a prática de acordo com as novas necessidades geradas pela dinâmica da luta.

Para esses grupos a mudança de posição na escala das relações de produção não eliminará os fatores que os distinguem e que "justificam" sua desvalorização. Dessa forma, não existe nem sequer a oportunidade de cooptação desses grupos pelas classes ou pelos grupos dominantes. Sua única oportunidade de libertação reside na total ruptura com a ideologia discriminatória[25].

---

25. Quando me refiro à impossibilidade de cooptação, estou consciente de que indivíduos podem ser, e efetivamente são, integrados ao sistema sexista e racista. Isso não invalida, entretanto, a análise, já que estou me referindo à possibilidade de integração do grupo como um todo, o que é evidentemente inviável numa sociedade de classes.

Sendo essa ideologia a mesma que legitima a exploração de classe, os interesses das categorias sociais discriminadas por sexo e por raça se unem, em última instância, ao das classes oprimidas. O inimigo comum é a sociedade de classes, como contradição principal, geradora e determinante das outras. Porém, na medida em que, ao serem geradas, as contradições secundárias assumem sua dinâmica própria e criam contradições internas que as condicionam, não serão eliminadas com a abolição da sociedade de classes. Por isso mesmo, as categorias sociais, assim como as classes, devem se constituir como fatores de atuação política, mobilizando-se como forças sociais de apoio ao processo revolucionário. Sua mobilização se conjuga à das classes, mantendo-se ao mesmo tempo a especificidade decorrente de sua condição de categoria social, que extrapola a situação de classe.

Não há contradição entre a luta de classes e as lutas feminista e étnica. São lutas paralelas, na medida em que cada qual exprime uma especificidade que lhe é própria, mas o paralelismo não significa uma divisão ou um conflito. O objetivo último das classes e das categorias sociais oprimidas é a sua libertação de um sistema opressor. O processo de ruptura ideológica deve ocorrer tanto numas quanto nas outras.

Enfatizo, entretanto, a importância da luta paralela, com seu enfoque específico, durante o período de ruptura ideológica, de recuperação da identidade. Sexo e raça são categorias biológicas elaboradas socialmente, de forma a partilharem experiências diversas às dos outros membros de sua própria classe. São categorias ideológicas, na medida em que não se pode reduzi-las a categorias econômicas. As relações de produção não explicam em sua totalidade a existência da discriminação. A própria complexidade dessa fase de recuperação ideológica exige a criação de limites de comunicação, na medida em que seria impossível às mulheres e aos grupos étnicos se redescobrirem a partir de si mesmos, se em suas organizações estivessem presentes os membros do sexo e da raça dominantes, portadores da ideologia sexista e racista. Não defendo aqui uma segregação completa e eterna. O próprio processo de "limpeza" ideológica leva, quando analisado até suas últimas consequências, ao questionamento da sociedade de classes e, logo, à unificação da luta. No contexto do racismo e do sexismo, entretanto, as classes se diluem até certo ponto nessa discriminação, que liga todos os indivíduos entre si. A necessidade de recuperação ideológica atinge-os a todos, em todas as classes, através da experiência comum de opressão. Nesse caso, um homem branco, ainda que operário, é o portador da ideologia do sexo e da raça dominantes, do mesmo modo que o burguês também o é. Daí a necessidade, para o sexo feminino e os grupos étnicos discriminados, de gerarem seus próprios intelectuais orgânicos. O papel desses intelectuais será o de elaborar a estratégia de superação da contradição interna à situação de sexo e raça dominados: a relação de poder homem-mulher, branco-negro etc.

2.4 Discriminação contra a mulher e feminismo

Até este ponto englobei na análise três categorias: classe, sexo e raça. Meu objetivo, entretanto, é estudar a mulher, oprimida dos oprimidos, e tentar compreender o ela tem de específico que supera os condicionamentos de classe e de raça; qual o ponto comum que liga a mulher da burguesia, a operária, a asiática, a negra, elementos dispersos em termos de classe, cultura e raça.

O ponto comum que liga todas as mulheres entre si é a sua posição dentro da família, na sua condição de *reprodutora*. Foi por essa característica biológica que seu espaço de ação e sua mobilidade foram-se restringindo, e, à medida que a humanidade se sedentarizava, surgia a especialização de papéis econômicos e sociais, e a sociedade de classes.

> O primeiro antagonismo de classes que apareceu na história coincide com o desenvolvimento do antagonismo entre o homem e a mulher na monogamia; e a primeira opressão de classes, com a opressão do sexo feminino pelo masculino (Engels, 1975, p. 70-71).

As relações dentro da família são relações de poder. A "célula básica" da sociedade contém em germe, e Marx notou isso (Firestone, 1970, p. 12), todas as contradições que se desenvolveram na sociedade. Ela constitui uma síntese da divisão de classes, da especialização de papéis, da hierarquia de autoridade: o homem controla economicamente os meios de produção, a mulher vende sua força reprodutora pela subsistência e os filhos são o produto logo posto no mercado para garantir a continuidade da estrutura de produção e reprodução.

Sem a reformulação da organização da família, todas as mudanças conseguidas na condição da mulher serão meras reformas que não extinguirão a base sobre a qual se sustenta a sua subordinação. A sociedade patriarcal é construída sobre as relações de poder que se estruturam dentro da família. A permanência da instituição familiar demonstra a sobrevivência da ideologia. Essa é a contradição principal nas relações do sexo, e é aí que deve se localizar principalmente a luta feminista.

> A função biológica da maternidade é um fato universal, atemporal, e como tal parece ter escapado às categorias da análise histórica marxista. No entanto, é dela que se origina a chamada estabilidade e permanência da família, em suas diferentes formas. No momento em que isso é aceito, a subordinação social da mulher – não importa o quanto seu papel seja enfatizado como diferente, porém glorioso (veja-se a ideologia do "iguais mas diferentes" empregada pelos racistas do Sul dos Estados Unidos) – é interpretada como uma consequência inevitável, enquanto originada em fator bio-histórico intransponível. A cadeia causal é, assim, a seguinte: maternidade, família, ausência da produção e da vida pública, desigualdade sexual (Mitchell, 1973, p. 106-107).

A família é a forma primária de organização do homem em sociedade. Suas variações são múltiplas, mas em quase todas está presente, em maior ou menor grau, a relação de poder que mantém a mulher em posição subalterna[26]. Quando todos os membros par-

---

26. As exceções são raríssimas, relatadas por estudiosos de grupos humanos primitivos, e não têm significação maior a não ser como análise comparativa. Margaret Mead (1971) descreve uma tribo em que a mulher tem uma posição de poder. Entretanto, mesmo nesses casos, não se pode considerar o poder matriarcal equivalente ao exercido pelo homem na sociedade patriarcal.

ticipam da produção, como na família clânica, ou na família rural, o trabalho da mulher é necessário, e sua posição torna-se mais valorizada. Esse tipo de estrutura familiar forma uma unidade produtiva, e a contribuição de cada membro é necessária à sobrevivência de todos. Mesmo nesse tipo de família, entretanto, a cultura patriarcal mantém a autoridade do homem sobre a mulher e os filhos, sempre vistos como propriedade sua. A mulher é valorizada como força de trabalho e corpo reprodutor, mas conserva o *status* de objeto. Conforme foi dito anteriormente, a subordinação da mulher é a necessária contrapartida da garantia de paternidade.

Com a Revolução Industrial e a urbanização, desaparecem os clãs e a unidade produtiva característica da família rural. Em seu lugar surge a família nuclear, cujos moldes ideais figuram nas fotos da burguesia vitoriana: o grande patriarca, rodeado de mulher e filhos, cujo ócio é seu orgulho sustentar. Mulher e filhos tornam-se mais um símbolo de *status*, e à medida que se exacerba a competição capitalista o lar é cada vez mais o "refúgio de guerreiro" – refúgio de uns, prisão de outros. O ideal burguês representava uma fonte de repressão para a mulher e os filhos.

Em contrapartida a mulher proletária, expulsa do campo junto do homem, raramente conseguia cumprir sua "missão de mãe" com a total dedicação exigida por esse ideal. Seu salário era indispensável para a manutenção da família. Para ela, o ideal só servia para desvalorizar seu trabalho, mantendo o mito de que toda mulher é necessariamente sustentada por um homem. Na divisão de papéis sociais por sexo, ela leva o pior, pois a sobrecarga do trabalho na fábrica não lhe diminuía as responsabilidades ligadas à sua "missão de mãe".

É esse o ideal que se reproduz, geração após geração, no mundo moderno. Mesmo sob o socialismo a família nuclear se mantém e o chefe verdadeiro é o homem, pois as responsabilidades domésticas são femininas. A mulher, apesar de ser a companheira de luta e produção, ainda não alcançou completa igualdade, nem em termos políticos (a estrutura de poder é dominada pelos homens), nem no comportamento social.

As revoluções socialistas na União das Repúblicas Socialistas Soviéticas (URSS), na China Popular e em Cuba[27] romperam com a secular submissão da mulher, que, mantendo-se as diferenças locais, era uma constante em todas essas sociedades. Nesses três países a mulher participa política e economicamente, tem acesso à universidade e partilha dos benefícios trazidos pela implantação do socialismo. No entanto, não se pode ainda dizer que em qualquer uma dessas sociedades exista completa igualdade entre os sexos. O acesso a cargos de mando na estrutura política é difícil, e são raras as mulheres que chegam aos altos escalões do partido e do governo. Embora haja um número de creches bem maior do que o existente nas sociedades capitalistas, esse número está ainda muito aquém do necessário. Mantém-se em larga escala a especialização profissional por sexo, sendo maior o número de mulheres nas profissões tradicionalmente femininas[28]. Ainda é o Estado quem resolve sobre o controle da natalidade, isto é, sobre o controle do corpo da mulher, na medida em que leis de contracepção, aborto, casamento e divórcio seguem as exigências da política nacional.

O fator primordial da manutenção de uma relação desigual entre os sexos é a permanência da *ideologia de sexo dominante*, que confere à mulher a responsabilidade exclusiva no que toca aos filhos e ao trabalho doméstico. Apesar das creches, o ônus das responsabilidades domésticas nessas sociedades ainda é da mulher, tal como ocorre sob o sistema capitalista. A imagem do que deve ser o papel feminino, quanto à posição da mulher na família, não parece

---

27. Não tenho a pretensão de fazer uma análise dos países socialistas. As referências têm como objetivo unicamente corroborar a argumentação.

28. A URSS é uma exceção no que diz respeito à medicina. Évelyne Sullerot (1970) explica que essa profissão não tem nesse país o prestígio que tem nos países capitalistas. Diz uma cientista soviética a George Saint George: "Em nossa profissão – medicina – as mulheres são a grande maioria. Porém, em primeiro lugar, essa profissão é reconhecidamente mal remunerada em geral; e as mulheres preenchem todos os piores empregos – atendente de enfermaria, parteira, clínica geral. Existem pouquíssimas mulheres exercendo pesquisa médica avançada, e quase todas alcançaram essa posição sacrificando sua vida pessoal de esposas e mães" (Saint George, 1973, p. 114).

ter mudado muito, de tal forma que ela também sofre a "dupla jornada", como suas irmãs dos países capitalistas.

Não se pode revolucionar por inteiro uma sociedade montada em séculos de opressão. Um país pobre, que mobiliza todas as suas forças para romper com o seu atraso, não tem como instalar de imediato a socialização dos serviços domésticos, passo primordial para a integração plena da mulher na produção. É, pois, compreensível que a mudança se processe lentamente, à medida que se implanta o socialismo.

Sendo isso verdade, e reconhecendo-se as dificuldades enfrentadas por esses países na fase de transição, devemos buscar, se existe como projeto consciente e como prática efetiva, a preocupação com a solução dessa desigualdade. Porque se ao nível da ideologia (e consequentemente ao nível da prática) se mantiver a racionalização de que o próprio desenvolvimento posterior do socialismo virá de *per si* resolver o problema da desigualdade entre os sexos, essas sociedades estarão caindo no automatismo do marxismo vulgar e a contradição de sexo não será, como não foi ainda, superada.

A revolução nesses países ocorreu sem que houvesse um movimento organizado de mulheres que pressionasse para a colocação de seus problemas específicos. A URSS, principalmente, é um exemplo desse fato. Nos primórdios da revolução, houve enormes avanços na condição da mulher. Leis de proteção, de livre contrato conjugal, de aborto e divórcio e de salário igual foram promulgadas a partir de 1920. Enfatizava-se a igualdade do papel social de ambos os sexos. Lenin publicava no *Pravda*[29]:

> Em consequência de seu trabalho doméstico, a mulher ainda se encontra numa posição difícil. A fim de tornar possível a sua total emancipação e fazê-la igual ao homem, é necessário socializar o trabalho doméstico e levar a mulher a participar do trabalho produtivo comum. Só assim a mulher ocupará a mesma posição que o homem (Lenin, 1966, p. 69).

---

29. *Pravda*, n. 213, 25 set. 1919.

A década de 1930, porém, trouxe um recuo ao processo já iniciado, dificultando-se o acesso ao divórcio, tornando-se ilegal o aborto e defendendo-se na propaganda oficial o papel de mãe e esposa, em contraposição ao de produtora (Rubinstein, s.d.). Em 1944 o novo Código do Casamento e da Família retrocedeu das conquistas da década de 1920, tornando o divórcio quase impossível, caro e complicado para ser obtido. O objetivo era aumentar a população, para compensar as perdas sofridas durante a guerra. Por sua vez, o casamento legal tornou-se quase compulsório, já que crianças nascidas fora de uma união legalizada não tinham direito a pensão alimentar (Saint George, 1973, p. 66-67).

Existia na URSS desigualdade salarial: embora a participação da mulher no mercado de trabalho fosse de mais de metade da população ativa, a renda recebida pelo sexo feminino correspondia a um terço da renda geral (Saint George, 1973, p. 112). A participação feminina decaía à medida que se ascendia à hierarquia profissional, educacional, administrativa e política (Saint George, 1973, p. 112).

A permanência da divisão de papéis de sexo – na qual a mulher é sobrecarregada, pois acumula a função de produtora e de doméstica – é o principal obstáculo à plena profissionalização feminina. A astronauta Valentina Tereshkova-Nikolaeva disse a George Saint George (1973, p. 172-173):

> [...] a solução está no maior desenvolvimento da infraestrutura de atendimento à criança, assim como de restaurantes comunitários, clubes familiares etc. O que necessita ser adequado não é a parte profissional da vida da mulher, mas a parte despendida em casa: é preciso conseguir desafogar ao máximo a mulher trabalhadora das atividades domésticas improdutivas.

A literatura feminista sobre a União Soviética denuncia esses fatos e a ausência de quaisquer indícios, por parte do regime, de que houvesse uma consciência da necessidade de superá-los. Tudo indica que o progresso da mulher em termos de legislação e de participação econômica não a estava levando à verdadeira libertação. Talvez se tivesse havido um movimento organizado de mulheres, que participasse da luta de classes no período pré-revolucionário e do processo de transição após a tomada do poder, não houvesse sido tão fácil efetuar o retrocesso ocorrido durante o período estalinista e do qual se ressentiam as mulheres soviéticas.

Também na República Popular da China foi enorme a transformação na condição feminina logo após a revolução. Antes totalmente sob o jugo do homem, depois de 1949 houve um esforço consciente para mobilizar as mulheres e possibilitar sua participação na produção, tornando-as economicamente independentes. O número de creches nas cidades chinesas em 1951 era nove vezes maior do que aquele do período pré-revolucionário (Curtin, 1975, p. 55). Em 1971, 50% das crianças das cidades com idade entre 1 e 3 anos estavam em creches; 40% eram cuidadas por parentes (geralmente avós); e apenas 10% por mães que não trabalhavam fora (Curtin, 1975, p. 58). A legislação anterior foi abolida, e instituiu-se o contrato conjugal, retirando-se do homem o poder que tradicionalmente tinha sobre a mulher. Os salários industriais foram equiparados. Nas cidades, portanto, a transformação foi enorme.

No campo as mudanças se processaram com maior dificuldade. Aí estavam mais enraizadas as tradições do regime anterior. O principal obstáculo à mudança de costumes foi a ruptura com o domínio patriarcal. Também com relação à produção, foi no campo que se mantiveram as diferenças salariais: as mulheres recebiam menos pontos do que os homens por seu trabalho.

Apesar da profunda transformação, que só poderia ter sido levada a cabo com a revolução, ainda não se haviam apagado as diferenças entre os sexos. O número de mulheres diminuía sensivelmente à medida que se subia na hierarquia da produção e da política (Coye; Livingston, 1975, p. 357-362). As tarefas domésticas também eram ainda da esfera eminentemente feminina. Persistia a especialização de papéis de sexo, tanto na família quanto na produção (Curtin, 1975, p. 64). Entretanto, parecia haver consciência do problema e a intenção de superá-lo[30].

---

30. Cf. o excelente livro de Claude Broyelle (1973).

A Cuba pós-revolucionária também buscou transformar as relações homem-mulher herdadas do sistema capitalista. O mesmo avanço ocorrido nos outros países mencionados teve lugar em Cuba: leis igualitárias, acesso à universidade, benefícios sociais, criação de creches etc. Segundo as leituras que fiz, parece ser Cuba o país revolucionário que maior atenção deu ao aspecto ideológico da discriminação de sexo. Fidel Castro pronunciou-se diversas vezes sobre esse assunto, mostrando sensibilidade para a sutileza com que se revela o machismo. Em conversa com os delegados do XIII Congresso de Trabalhadores, comentando que os homens ainda convenciam suas mulheres de ficar sem trabalhar quando seu salário bastava para sustentá-los a ambos, disse:

> É claro [...] não são apenas por razões econômicas, é o resíduo de chauvinismo masculino e de supermachismo e todas essas coisas que ainda fazem parte de nós (Randall, 1974).

Encerrando o II Congresso Nacional da Federação de Mulheres Cubanas, disse:

> E esta é realmente uma batalha histórica [a luta pela igualdade da mulher].
> E nós acreditamos que este objetivo constitui precisamente o centro deste Congresso, porque ainda não existe na prática a igualdade plena da mulher (Partido Comunista de Cuba, 1976, p. 3).

Em outro discurso, constatando o baixo percentual de mulheres eleitas para os Órgãos de Poder Popular em Matanzas, afirmou:

> [...] é que isso demonstra, precisamente, como as mulheres ainda sofrem determinadas situações de discriminação e desigualdade, como ainda temos atrasos culturais e como ainda, nos resquícios de nossas consciências, permanecem velhos hábitos de pensar que correspondem ao passado (Partido Comunista de Cuba, 1976, p. 28).

As conclusões do Congresso do Partido Comunista de Cuba com relação à mulher demonstram a consciência de que se deve trabalhar o plano ideológico, porque é este o principal obstáculo à igualdade entre os sexos:

2 Ideologia

> Uma batalha fundamental deve ser levada a cabo no terreno da consciência, porque é aí que ainda persistem as concepções atrasadas que trazemos do passado. Os dados acerca da escassa participação da mulher nos diversos níveis de direção das organizações políticas e de massas evidenciam a necessidade de se efetuar um trabalho ideológico profundo visando mudar esta situação.
>
> [É preciso] Desenvolver um profundo trabalho ideológico que contribua para a divisão dos trabalhos domésticos entre todos os membros da família (Partido Comunista de Cuba, 1976, p. 12, 31, 3).

Em 1970, 12 anos após a revolução, as estatísticas educacionais demonstravam o alto grau de participação feminina: 49% dos estudantes na escola primária eram do sexo feminino; no 2º ciclo, eram 55%; e na universidade, 40,6%. A distribuição na área tecnológica não tinha igual na América Latina: nas ciências, 50%; na bioquímica e na biologia, 60%; na tecnologia, 22,7%; na agricultura, 35%; na medicina, 50% (Randall, 1974, p. 16). É evidente que as estatísticas *per si* não dizem toda a realidade, principalmente no que toca à valorização de cada um desses ramos. Porém, tal como ocorreu na URSS e na República Popular da China, a diferença com o regime anterior é, no mínimo, flagrante.

O próprio clima de discussões que caracterizava o regime cubano (Randall, 1974, p. 11) parecia levar a uma maior conscientização do problema em seu aspecto ideológico e psicológico. Nos anos posteriores as discussões se repetiam, e não apenas as mulheres como também os homens analisavam suas atitudes sob o ponto de vista feminista. Margaret Randall relata diversos episódios que denotam essa preocupação.

A conscientização para a existência do problema é um enorme passo para sua eliminação. Não se busca escamoteá-lo com a racionalização automatista. A divisão da sociedade em classes é a contradição principal do modo de produção capitalista, porém a opressão da mulher é parte essencial do seu funcionamento como estrutura de exploração. Da mesma forma, a superação da contradição de sexos é essencial para a realização plena do modo de produção socialista. Enquanto não houver o rompimento com a especialização de papéis de sexo, que dá à mulher o encargo mais pesado, forçando-a à "dupla jornada", ainda haverá oprimidos na "sociedade sem classes".

A manutenção da mulher no papel primordial de reprodutora, que define sua posição na sociedade, revela a sobrevivência das relações ideológicas, apesar da mudança nas relações de produção. A mulher tem aceitado, secularmente, limitar-se à esfera reprodutiva, subjugada pela ideologia de sexo dominante. Ela internalizou a imagem de si própria criada pelo homem e fechou-se no pequeno mundo familiar que lhe era dado como destino, aceitando ser o complemento, a serva do homem, enquanto o mundo externo era construído por ele e para ele. "Família" vem de *famulus*, "servo", e designava a propriedade do homem na Roma Antiga: servos, mulher e filhos. O nome simboliza a realidade, ainda hoje, da sujeição da mulher. A revolução socialista não anula, necessariamente, essa discriminação.

> A capacidade reprodutora da mulher, ao contrário de seu *status* improdutivo, é a própria definição do sexo feminino. Mas é apenas uma definição psicológica. Porém, enquanto for mantida como um substituto para a atividade e a criatividade, e o lar for apenas um local de repouso para o homem, a mulher continuará a ser confinada à espécie, à sua condição natural e universal (Mitchell, 1973, p. 109).

O papel exclusivo de reprodutora coloca-a em completa dependência do homem. Para garantir sua sobrevivência, tem de cumprir as regras de conduta estipuladas por seu mantenedor e preencher padrões idealizados por ele. Seu *status* é um reflexo do homem que a mantém. Aprende desde cedo (segredos passados de mãe a filha, cada geração encarregando-se de transmitir as artes da sujeição) a se colocar no "mercado". Conquistar o homem e conservá-lo, esta tem sido a ciência exercida e aperfeiçoada pelas mulheres através dos séculos, para sobrevivência no mundo masculino. Nessa ideologia de servidão os grandes vencedores são os membros do sexo dominante, que, pela subordinação da mulher, medem sua força.

A Revolução Industrial explorou o trabalho feminino, mas rompeu a clausura do lar. As leis, embora com uma defasagem no tempo, são obrigadas a acompanhar a realidade (não sem tremenda luta por parte da mulher, conforme veremos) e tornam-se mais favoráveis à mulher, que vai aos poucos adquirindo o *status* de cidadã e nivelando-se juridicamente ao homem. Nem tudo está feito, e ele é o "cabeça do casal" na maioria dos Códigos Civis. Mas a função de reprodutora, apesar de hoje sujeita a um maior controle, é ainda o principal laço que prende a mulher à família, ao trabalho doméstico limitado, frustrante, embrutecedor.

É através da função socializadora cumprida pela família que o indivíduo começa a conhecer o mundo. É ali que ele aprende a distinguir os papéis de sexo e encontra o modelo a ser seguido. A criança não tarda a reconhecer a posição de autoridade do pai, a valorização dada a seu trabalho, a superioridade de suas opiniões. A mãe está mais ou menos no mesmo plano que os filhos, é dependente, não tem a mesma liberdade de ação, e seu trabalho é medíocre, destinado a servir à família, sempre invisivelmente repetido e consumido. Se ela também trabalha fora, sua posição melhora, na medida em que participa financeiramente para o sustento da família. Mas isso não altera a posição subalterna que toda a cultura dá à mulher, e que a criança apreende a cada instante. Seu trabalho será suplementar, raramente tão valorizado e respeitado quanto o do pai. Os mundos masculino e feminino são bastante definidos para que cada categoria de sexo os absorva, modelando-se segundo as expectativas previamente criadas. Elena Belotti (1975, p. 8, 10) descreve em seu livro o massacre que significa para ambos os sexos o condicionamento segundo papéis estereotipados:

> A cultura à qual pertencemos, como qualquer outra cultura, serve-se de todos os meios à sua disposição para obter dos indivíduos dos dois sexos comportamento mais conforme aos valores que lhe interessa conservar e transmitir [...]
>
> Ninguém pode afirmar quantas energias e quantas qualidades se destroem no processo de inserção forçada das crianças de ambos os sexos nos esquemas masculino/feminino, tal como são conhecidos pela nossa cultura. E nin-

guém jamais saberá dizer-nos o que poderia ter se tornado uma menina se não tivesse encontrado no caminho de seu desenvolvimento tantos obstáculos insuperáveis colocados aí exclusivamente por causa de seu sexo.

A própria desvalorização do trabalho doméstico provém da desvalorização da mulher como ser humano. A eterna "missão feminina", tão mistificada em prosa e verso quanto depreciada no cotidiano, é a grande soma de trabalho silencioso não computada entre a "riqueza das nações". Mudaram-se as relações de produção, mas a mulher continua presa ao lar, às suas funções reprodutivas, sendo tudo o mais que lhe ocorra ou que consiga fazer considerado subalterno ao seu dever principal. O *status* essencial da mulher é o conjugal (e consequentemente materno). Toda a sua existência se refere a ele, desde a primeira boneca. As solteiras são as exceções estranhas, malvistas, ridicularizadas. Se hoje elas encontram trabalho com mais facilidade, poucas gerações atrás quase nenhum outro caminho lhes restava do que arribar-se em casa de parentes. A mulher sozinha sempre foi perigosa. A única aceita, como mal necessário, é a prostituta, solitária por profissão.

O culto à maternidade, à "vocação natural", mistifica a verdadeira prisão em que se manteve a mulher. Com ele vem toda a qualificação das "características femininas": um adulto não completamente desenvolvido, um ser entre o homem e a criança, por natureza doce, terna, obediente, passiva, de inteligência intuitiva, mais afeita às lides com as crianças do que às abstrações intelectuais, de composição orgânica frágil, dada aos achaques e histerismos. Em resumo: um ser carente de proteção. E protegidas têm sido pelos séculos afora, de tal forma que suas vidas se passaram em branco. A mulher é a grande massa silenciosa e ausente da História. A ideologia reforça a disparidade dos dois mundos, encobrindo a inferiorização da mulher com qualificativos e baseando-a em premissas "científicas".

Assim, as diferenças entre as personalidades masculina e feminina são em síntese as seguintes:

> O poder do homem é ativo, progressivo, defensivo. Ele é eminentemente aquele que faz, o criador, o descobridor, o

defensor. Seu intelecto está voltado para a especulação e a invenção; sua energia para a aventura, a guerra, a conquista [...] Porém o poder da mulher não é a invenção ou a criação, mas a ordenação terna, a organização e a decisão (Ruskin, 1865[31] *apud* Millett, 1972, p. 126).

Desta citação, típica de uma mentalidade que ainda hoje subsiste, embora expressa em termos diversos e mais sutis, chega-se à *Kinde, Küche, Kirch* e ao nazismo. A ideologia do sexo e da raça dominantes, ao evitar reconhecer o conteúdo político da confusão entre "natural" e "cultural", confirma a manutenção do sexismo e do racismo.

Apesar do condicionamento que procurava fazer de cada esposa e mãe uma enlevada escrava do dever, a história registra aqui e ali vozes de revolta. Dizia Judith Murray em 1790:

> Se alguém ainda exclamasse "Seus trabalhos domésticos lhe devem bastar", eu perguntaria calmamente: será razoável que um candidato à imortalidade, às alegrias do Paraíso, um ser inteligente, que deverá passar a eternidade contemplando as obras da Divindade, seja no presente tão degradado a ponto de não lhe serem permitidas outras ideias além das que lhe sugerem o mecanismo de um pudim ou a costura de uma bainha? (Murray, 1967, p. 223).

Dois anos mais tarde (1792), a grande defensora dos direitos da mulher, Mary Wollstonecraft, repudia o *Emile* de Rousseau em seu livro *A vindication of the rights of woman* e diz:

> É uma verdade melancólica – e este é o efeito bendito da civilização! – que as mulheres mais respeitadas são as mais oprimidas [...] Quantas mulheres desperdiçam suas vidas vítimas da frustração, quando poderiam ter-se tornado médicas, dirigir uma fazenda, uma loja, e portar-se com altivez subsistindo por seu próprio trabalho, em vez de trazer baixas suas cabeças (Wollstonecraft, 1967, p. 223).

Muitas décadas depois, a líder feminista Susan B. Anthony lamenta-se ao ver suas companheiras de luta desperdiçarem suas vidas nos cuidados da casa, quando havia tanto que fazer pela causa da mulher:

---

31. "Of queen's garden".

> Vocês que têm os talentos necessários para honrar a pobre condição feminina dedicaram-se todas à criação de bebês; e deixaram-me, com minha pouca cabeça, a batalhar sozinha. É uma tristeza. Uma pessoa como eu pode ser desperdiçada embalando berços. Mas é um crime que você e Lucy Stone e Antoinette Brow o estejam fazendo! (Anthony[32] *apud* Rossi, 1974, p. 385).

Em princípios do século XX, a luta operária englobava algumas mulheres, que pelas próprias condições de engajamento rompiam com os tabus que tolhiam as atividades femininas.

Uma dessas lutadoras foi Emma Goldman, líder anarquista que militou nos Estados Unidos até sua expulsão deste país de volta à Rússia, em 1919. Feminista, sempre pugnou pela libertação completa da mulher. Colocava a luta jurídica em perspectiva, questionando a validade do voto quando a principal prisão estava na posição da mulher dentro da família:

> A reivindicação de direitos iguais em qualquer nível de vida é justa e correta; porém, apesar de tudo, o direito mais vital é o direito de amar e ser amado. Na verdade, se a emancipação parcial deverá algum dia transformar-se em emancipação completa e real da mulher, terá de pôr fim à ideia ridícula de que ser amada, ser apaixonada, ser mãe, é o sinônimo de ser escrava e ser subordinada (Goldman[33] *apud* Rossi, 1974, p. 516).

Ainda nessa época de luta feminista, Charlotte Perkins Gilman propunha a solução para a escravização doméstica da mulher: a socialização dos serviços – e indignava-se que em nome da maternidade se anulassem as potencialidades de um ser humano:

> Será esta a condição da maternidade humana? Será que a mãe humana, pela maternidade, perde em consequência o controle da mente e do corpo, perde o poder, o talento e o desejo de qualquer outro trabalho? Será que estamos vendo diante de nós a raça humana, com todas as suas fêmeas

---

32. Carta de Susan B. Anthony (solteira) para Elizabeth Stanton.
33. "The tragedy of woman's emancipation", de Emma Goldman.

inteiramente segregadas aos usos da maternidade, consagradas, colocadas à parte, desenvolvidas especificamente, devotando todo o poder de sua natureza ao serviço de seus filhos? (Gilman, 1966, p. 19).

Na década de 1960 Betty Friedan colhe os testemunhos das mulheres mais invejadas do mundo capitalista – a mulher da classe média americana:

> Dediquei todas as minhas energias às crianças. Levava-as de um lado para o outro, ensinava-lhes uma série de coisas. De repente, senti-me terrivelmente vazia. Todo o trabalho voluntário que eu havia assumido – escoteiros, Pais e Mestres, Fadinhas – pareceu-me, de repente, sem importância. Quando menina sonhara em ser atriz. Tarde demais para pensar nisso agora. Ficava o dia inteiro em casa, inventando arrumações que eu não fazia há anos. E passava muito tempo chorando, simplesmente. [...] Passei a vida inteira mergulhada nos outros, sem saber que espécie de pessoa eu era (Friedan, 1971, p. 292).

Entre a primeira e a última citação apresentadas aqui, passaram-se 170 anos. Por que as queixas são tão semelhantes? Apesar das transformações ocorridas nesse lapso de tempo, todas essas mulheres estão ligadas por sua posição dentro da família. Esta não mudou, e ainda é o condicionamento básico da vida da mulher, que determina toda a sua educação e limita as suas atividades.

Na sociedade capitalista, nenhum trabalho não computado em termos da contabilidade social é valorizado. Entretanto, a família é uma unidade econômica importante: os limites de escolha do homem no mercado de trabalho são definidos de acordo com o número de seus dependentes. Seu poder de barganha dilui-se ao ter sobre seus ombros a responsabilidade total da sobrevivência da família.

> Como uma unidade econômica, a família nuclear é uma valiosa força estabilizadora na sociedade capitalista. Sendo a produção doméstica paga pelos rendimentos do marido-pai, ele tem muito reduzida sua capacidade de suprir sua força de trabalho do mercado (Benston, s.d., p. 8).

O trabalho feminino, como o das minorias raciais, contribui para a acumulação de capital por permitir, através da própria desvalorização, uma maior taxa de exploração. Além disso, a dona de casa é uma grande consumidora, e sua frustração a transforma na mola da sociedade de consumo: fazer-se bela (a indústria de cosméticos americana tem enorme peso no Produto Nacional Bruto); renovar sua casa; comprar novos aparelhos; satisfazer às necessidades induzidas nas crianças e nela própria pela televisão... Enfim, sua vida é um eterno comprar e substituir. Se ela é de classe baixa, resolve com a prestação, à qual até os mascates de roça já aderiram. A indústria voltada às "necessidades do lar e da dona de casa" é enorme, e se essas "necessidades" se reduzissem do supérfluo que as caracteriza para o realmente necessário, a economia capitalista certamente entraria em colapso.

A família cumpre também uma função conservadora: transmitir às gerações futuras os valores vigentes, a cultura e a ideologia, da forma a mais intacta possível. Assim como a escola, a família é um importante veículo de socialização, funcionando como um dos Aparelhos Ideológicos de Estado. Assim, a ideologia que mistifica e mantém a "missão primordial da mulher" e a divisão social de papéis de sexo cumpre outra função, além da econômica: a da reprodução do sistema. A socialização da mulher para a vida doméstica faz dela um excelente elemento de transmissão acrítica da ideologia. Até mesmo a família operária internaliza a ideologia dominante, servindo para a manutenção do próprio sistema de exploração do qual seus membros são vítimas. O operário reproduz na família o esquema de dominação que existe na fábrica; e o esquema familiar condiciona o operário à disciplina hierárquica da fábrica, num círculo vicioso de perpetuação das relações de produção.

Treinada para seu papel de mãe e de educadora, criada dentro de padrões muito mais rígidos e de limites muito mais estreitos do que os do homem, sua capacidade de questionamento das regras recebidas é muito menor. Sua possibilidade de revolta é consequentemente também menor. Isolada em suas quatro paredes, esconde de si própria a frustração que confusamente percebe. O endeusamento de seu papel torna ainda mais difícil rebelar-se. Comentários como o seguinte se repetem na literatura sobre a mulher:

> A maternidade é um modo de vida. Permite à mulher expressar sua totalidade através dos sentimentos ternos, das atitudes de proteção, do amor global da mulher maternal (Countrywoman *apud* Mitchell, 1973, p. 118).

Cercada por declarações desse tipo, desde a mais tenra infância vendo seu papel romantizado, não ousa renegar a "missão divina", nem mostrar-se "menos mulher", "menos mãe". A maternidade vem acompanhada de culpa, pois o modelo oferecido é impossível de ser atingido. Como lhe é exigida dedicação completa e incondicional, qualquer tempo tomado para si parece roubado à criança, à família. Toda mulher que trabalha fora conhece esse sentimento de culpa. Também aquela que se entrega totalmente aos filhos não evita culpar-se por seu papel repressor, pela irritação que às vezes demonstra, pela raiva que estoura ou esconde, pela frustração que sente. Inconscientemente, essa forma de revolta culpada reflete o assalto à sua personalidade, a repulsa em se ver possuída como coisa da família, sua vida invadida e distribuída a todos, menos a si própria. A "vocação altruísta" da "psicologia feminina" que lhe é imposta desde cedo, quando se encaixa nos moldes maternos, é a negação de seu ser. A mulher esposa e mãe é propriedade comum da família. Mas o mito de adoração e encantamento que rodeia sua "missão" impede-a de reconhecer a realidade do massacre feito ao seu ego, à sua vida. Condicionada para ser frágil e dependente, sua insegurança lhe tolhe a capacidade de ação; treinada para agradar ao homem, sente-se perdida sem esse ponto de referência, que lhe dá a medida de seu valor.

> Como mulheres, a maior parte de nossas vidas com os homens é uma relação dramática e teatral. Nós "representamos" a condição feminina; nós nos vestimos como a mamãe – para agradar ao papai; estamos sempre no palco, tentando ser alguma outra mulher – uma mulher "bonita", uma mulher "feliz", uma mulher realizada (Chesler, 1972, p. 122).

A família nuclear, como unidade econômica, é necessária ao capitalismo. A massa de mulheres produzindo trabalho grátis economiza ao sistema investimentos enormes que teriam de ser feitos para criar uma infraestrutura capaz de substituir as tarefas domésticas. Ao mesmo tempo, essa é uma massa humana disponível para ser utilizada em épocas de crise de mão de obra – a mística da "missão do lar" facilita sua dispensa quando não houver mais necessidade de seu trabalho. É uma força de trabalho maleável, perfeita como exército de reserva, mobilizada e dispensada sem problemas, pois a ideologia de sexo dominante identifica o trabalho feminino como supérfluo e temporário – o que as próprias mulheres, internalizando a ideologia, compartilham.

Heleieth Saffioti (1977, p. 33), em artigo publicado na revista *Latin American Perspectives*, analisando a família como "bolsão pré-capitalista", afirma:

> Embora este trabalho se destine à produção de uma mercadoria imprescindível ao funcionamento do modo de produção capitalista – a força de trabalho – não é organizado no interior do grupo familiar de maneira capitalista, isto é, contratual.

Jean Gardiner (1975), apontou um outro aspecto da função do serviço doméstico na economia capitalista: a dona de casa, por sua contribuição grátis para a reprodução da força de trabalho, permite uma maior extração de mais-valia por parte do capitalismo, que não tem de computar esse serviço nos salários pagos aos operários. Ao transformar as mercadorias compradas pelo operário em consumo familiar, a mulher se adapta ao salário de seu marido, cumprindo assim uma importante função econômica, que permite manter a remuneração em níveis mais baixos do que seria possível se o sistema tivesse de substituir o serviço doméstico por uma infraestrutura socializada, a fim de garantir a reprodução da força de trabalho.

A família cumpre assim duas funções: uma ideológica, de transmissão e perpetuação da cultura, e outra econômica, no duplo sentido do consumo e da produção de mais-valia através do trabalho gratuitamente exercido para a reprodução da força de trabalho do operário.

Para a construção de uma teoria feminista, cujo esboço começa a ser delineado a partir das pensadoras do movimento internacional de libertação da mulher, é preciso analisar as relações de sexo segundo a forma que tomam dentro do sistema capitalista e buscar uma prática a partir de sua especificidade, paralelamente aos conflitos de classe e de raça, também apropriados por esse sistema. É preciso também analisar as relações de sexo nas sociedades socialistas, para conscientizar a necessidade de se trabalhar o nível ideológico, a fim de se superar a divisão de papéis sociais por sexo.

Coulson, Magas e Wainwright (1975) afirmam que a especificidade da condição da mulher sob o sistema capitalista reside na dupla forma que assume seu trabalho: com a separação do trabalho doméstico e do trabalho industrial provocada pelo capitalismo, o trabalho da mulher se desdobrou em serviço doméstico e trabalho assalariado. As duas formas coexistem, e essa coexistência cria a base do movimento feminista.

> A clivagem entre as unidades doméstica e industrial da produção é suprimida na vida daquelas mulheres proletárias que também se tornam trabalhadoras assalariadas. O papel preenchido por elas nas condições de dependência legal e econômica enquanto trabalhadoras domésticas transfere-se para seu papel na indústria, reproduzindo a divisão de trabalho por sexo no terreno mais amplo da produção coletiva, diminuindo seus salários a um nível muito abaixo da remuneração masculina, concentrando suas ocupações num raio limitado e geralmente situado na parte mais baixa da hierarquia de empregos e tornando-as uma presa fácil do oportunismo sindicalista (Coulson; Magas; Wainwright, 1975).

As autoras só se referem à operária, mas essa análise pode e deve englobar todas as mulheres que trabalham fora do lar. Elas acumulam funções domésticas, e a mística feminina as persegue em qualquer profissão. Seu acesso a cargos de comando é difícil, se não impossível em alguns casos. Seu salário é desvalorizado, e ocorre frequentemente que recebam menos do que um colega, por trabalho idêntico. As profissões em que penetram perdem seu *status* ao se tornarem profissões femininas[34].

A principal diferença entre o trabalho doméstico e o trabalho na fábrica está no fato de que o primeiro é mediado pelas relações de poder existentes na família, e o outro, pelas relações de poder numa situação de mercado. É na condição da mulher dentro da família, isto é, sua posição de reprodutora, que se encontra a especificidade de um modo de produção determinado. No capitalismo, essa subordinação é usada para aumentar a taxa de exploração. No socialismo, na medida em que se mantém a divisão de papéis sociais por sexo, sua função primordial de reprodutora não é anulada por sua participação na produção. Os modos de produção baseados na propriedade privada ideologizam a posição da mulher na família, e sua condição inferiorizada mantém-se sob o modo de produção socialista, em decorrência do ritmo mais lento de transformação da instância ideológica.

> A discriminação de sexo é tão profunda que se torna invisível[35].

A ideologia de sexo dominante se confirma pela divisão entre os sexos no proletariado. A história das lutas trabalhistas está cheia de exemplos de conflitos entre homens e mulheres operários, em que os primeiros recusam-se a aceitar a ideia do trabalho feminino, reconhecendo nele um competidor por seu papel de mão de obra de reserva, porém assumindo a ideologia dominante da "volta ao lar". Diz William O'Neill (1971, p. 64):

> O trabalhador sindicalizado não se interessava pela mulher trabalhadora [o autor refere-se aos Estados Unidos] [...] Assim como ocorreu na Inglaterra, muitos sindicatos proibiam o acesso das mulheres aos seus quadros. A maior parte dos líderes sindicalistas acreditava que o lugar da mulher era em casa, e não na indústria preenchendo empregos que de outra forma caberiam aos homens.

---

34. Tudo isto vem bem analisado e documentado no livro de *A mulher no trabalho*, de Évelyne Sullerot (1970).

35. Assim Shulamith Firestone (1970) inicia seu livro, denunciando a sutileza de que as reveste a inferiorização da mulher.

"Seu lugar é em casa" é a acusação dos operários, tanto quanto dos burgueses, ambos por razões diversas aceitando a mística. Para os primeiros, seus salários são depreciados pela desvalorização do delas; para os segundos, a mística que deprecia os salários femininos facilita a acumulação de capital. Em ambos os casos a função reprodutora atua como base ideológica para manter a inferiorização da mulher.

Quando a produção doméstica é separada da produção industrial, e a mulher participa de ambas, sua posição desvalorizada no mercado de trabalho se faz patente. A separação é apenas artificial, na medida em que a mística encobre os dois tipos de trabalho. Entretanto, a contradição entre a "missão de mãe" e a necessidade provocada pelo desenvolvimento industrial de utilizar o trabalho feminino fora do lar torna aparente a condição inferiorizada da mulher. Os movimentos feministas começam em meados do século XIX, nas sociedades industrializadas, e recomeçam depois da Segunda Guerra, período de grande expansão capitalista, também a partir dos países centrais.

O capitalismo necessita da família, como Aparelho Ideológico de Estado e como unidade econômica. Logo, a superação da destinação da mulher à sua função reprodutora não será possível sob esse regime. Só numa sociedade em que os meios de produção são socializados, e nisso se inclui a reprodução da força de trabalho (socialização dos serviços até hoje restritos à esfera doméstica), será possível superar a divisão de trabalho entre os sexos e a consequente relação de poder na família.

Em 1898 Charlotte Perkins Gilman publicou seu *Women and economics*, tornando-se a principal teórica feminista daquele período. Compreendendo a prisão que representa para a mulher a sua dependência econômica e a dedicação exclusiva ao lar, propõe a separação entre família e serviço doméstico, pela criação de serviços urbanos especializados; firmas de arrumadores e faxineiros, lavanderias, creches comunitárias etc. (Gilman, 1966, p. 242-243).

As feministas atuais retomam o tema, subordinando a libertação da mulher à socialização dos serviços domésticos. Denunciam as sociedades socialistas, por não terem ainda resolvido a questão da divisão de trabalho por sexo:

> Uma economia planificada produzirá a base para a igualdade da mulher nas esferas produtiva e política apenas a partir do momento em que produzir também a base concreta para a eliminação do trabalho doméstico (Coulson; Magas; Wainwright, 1975).

Algumas feministas do passado perceberam, com maior ou menor clareza, as limitações impostas à mulher por sua condição de mãe[36]. Mas suas vozes não podiam encontrar eco enquanto a ideologia de sexo dominante se mantivesse forte, impermeável à mudança. Só aos poucos, com as transformações econômicas que foram tirando a mulher do lar – conforme anotado anteriormente, segundo Coulson, Magas e Wainwright (1975), a contradição exacerbou-se sob o capitalismo, quando ao papel de reprodutora se adiciona o de produtora –, vai sendo corroída a base sobre a qual se apoia a ideologia da "missão de mãe" e começa a ser possível questioná-la e formular um esboço de contraideologia, conforme vem sendo feito pelo movimento feminista contemporâneo[37].

---

36. Como Charlotte Perkins Gilman, Emma Goldman, Alexandra Kollontai etc.
37. Por Simone de Beauvoir, Juliet Mitchell, Shulamith Firestone, Kate Millett, Sheila Rowbotham e outras.

3
História

3.1 O movimento sufragista americano: resumo

3.1.1 *O sufragismo em embrião*

Assim como o renascimento do feminismo na década de 1960 se deu nos Estados Unidos e daí espalhou-se pelo mundo, foi também nesse país que surgiram as primeiras manifestações organizadas de reivindicação dos direitos da mulher, no século XIX.

Certas características da sociedade americana contribuíam para que a mulher atuasse mais ativamente na comunidade, ao contrário do que ocorria com a mulher do Brasil Colônia.

A família colonial americana era uma unidade de produção, e as tarefas dentro e fora do lar se misturavam, sem uma delimitação tão nítida entre o trabalho masculino, feminino ou infantil. No regime de pequena propriedade típico das colônias do Norte, todos produziam, não havendo praticamente, a não ser na mais tenra idade, braços ociosos e bocas dependentes. O valor dado às tarefas era o mesmo, pois tanto a indústria doméstica (terreno feminino) quanto o trabalho no campo (tarefa mais típica, porém não exclusiva, do homem) contribuíam igualmente para a sobrevivência da família. Apesar da sujeição legal e cultural que lhe era imposta, a mulher podia ter um maior senso de seu valor.

No entanto, os preceitos protestantes de valorização individual e de reflexão e responsabilidade pessoais concediam à mulher americana um campo relativamente mais amplo de participação na comunidade. Tudo isso, é claro, dentro dos limites estreitos que lhe eram permitidos, e que forçaram Ann Hutchinson ao ostracismo, quando sua pregação começou a ganhar força e a mostrar-se perigosa[38].

Com a crescente urbanização cria-se uma nítida separação entre trabalho doméstico e trabalho extradoméstico. Muitas das tarefas realizadas pelo artesanato caseiro transferem-se para as fábricas. Começa a se conformar uma distinção mais nítida entre o mundo masculino e o feminino. O homem sai de casa para trabalhar e a sobrevivência da família passa a depender de seu salário. O trabalho da mulher perde o peso que antes tinha na produção comum e, em consequência, seu papel dentro da família se desvaloriza. Ela se torna dependente, improdutiva.

O início do século XIX foi uma época de ebulição intelectual e política nos Estados Unidos. Durante as primeiras décadas do século surgem movimentos religiosos de grande penetração nas massas. São os chamados "movimentos revivalistas" (Rossi, 1974, p. 254-265), que enfatizam o engajamento social do fiel, chamando-o a demonstrar sua fé através de boas ações no mundo concreto, ao invés de esperar passivamente a salvação futura. Legitimava-se assim, num momento em que a mulher de classe média começava sua ociosa carreira de consumidora improdutiva, o trabalho voluntário fora do lar. Abria-se em seu mundo estreito um campo de atuação, as organizações filantrópicas, que seriam o único setor considerado "próprio" às mulheres dessa classe social.

Entretanto, o que de mais importante o revivalismo trouxe para a causa da mulher foi o incentivo à sua expressão, à sua participação ativa em assembleias públicas. Dizia um dos líderes (também abolicionista, e futuro marido da líder abolicionista e feminista Angelina Grimké), Theodore Weld: "Que as mulheres inteligentes comecem a orar e a falar" (Rossi, 1974, p. 251). Esse foi um passo

---

38. Em 1637, Anne Hutchinson foi levada a julgamento e banida da colônia de Massachusetts. Dizia a sentença: "Você organizou reuniões em sua casa [...] isto não é tolerável nem agradável diante de Deus, nem é comportamento digno para alguém de seu sexo" (Cott, 1972, p. 84).

importante para o futuro do feminismo. Começa a ruir a barreira para a expressão pública dos interesses feministas, e a mulher tem na participação religiosa um ótimo campo de treinamento para sua futura luta política.

Na mesma época, começa a despertar nas províncias do Norte a luta contra a escravidão. É nesse movimento que as mulheres mais se destacam. O abolicionismo veio servir de ponte para a passagem da expressão meramente religiosa, mais facilmente aceita, para a expressão dos interesses femininos, muito mais combatidos. Era uma causa justa, que unia os pensadores e políticos liberais tanto dos Estados Unidos quanto da Inglaterra[39], e o horror gritante da escravidão e da situação do negro enobrecia a luta e os que dela participavam. Tornava-se assim mais fácil a identificação da mulher com a causa do negro, por ser uma causa humanitária, muito próxima dos bons sentimentos reputados típicos do sexo feminino. Perdoava-se com mais facilidade a quebra do rigor dos costumes que a mantinham fechada em seu lar, resguardada em sua modéstia e seu recato de olhos estranhos. Era preciso uma causa nobre para justificar que a mulher afrontasse o público, a princípio só feminino, mas logo composto por audiências mistas. Mesmo assim, expor-se a um público formado por homens estranhos era uma ousadia que levantou sérios protestos. Um deles, dirigido implicitamente pelo clero da Igreja Congregacional de Massachusetts às primeiras mulheres que falaram a um público misto (as irmãs Angelina e Sarah Grimké), contribuiu para que essas duas líderes abolicionistas dessem o passo necessário em direção ao feminismo, ligando desde então as duas causas.

Para as mulheres abolicionistas, a libertação do negro iria *pari passu* com a libertação da mulher. Foi a reprovação e a resistência encontradas à sua participação pública a favor da abolição que as convenceu de sua própria sujeição. Participando pela primeira vez do processo de organização política, sentiram bem clara sua exclusão e compreenderam que não poderiam influir nos centros de decisão enquanto não representassem uma força eleitoral. No mo-

---
39. Não se trata aqui de discutir os motivos econômicos da luta abolicionista, mas unicamente as justificativas ideológicas que permitiram a participação da mulher.

vimento abolicionista aprenderam a reconhecer seus interesses e a se organizar para defendê-los. Na década de 1830 floresceram dezenas de associações femininas abolicionistas, verdadeiros ensaios para a futura organização do movimento pelos direitos da mulher. Entretanto, já naquele período se delineava a resistência masculina à causa da mulher, prenúncio dos conflitos que levariam à separação dos dois movimentos e à formação de um movimento especificamente dedicado ao feminismo. Líderes abolicionistas criticavam por sua vez a atuação das irmãs Grimké, considerando a opressão da mulher um "mal menor", se comparada à do negro[40].

Em 1840 uma delegação americana, da qual faziam parte a famosa líder abolicionista Lucretia Mott e a ainda desconhecida futura líder feminista Elizabeth Cady Stanton, chegou a Londres para participar da Convenção Antiescravagista Internacional. Lucretia Mott já estava habituada a falar em público, seguindo o caminho aberto pelas Grimké. Mas a Inglaterra não suportou o escândalo de assistir mulheres dirigindo-se a assembleias mistas. Os membros da convenção proibiram-nas de se misturarem aos delegados, e as líderes americanas foram obrigadas a sentar-se em um local isolado da plateia, sem direito ao uso da palavra. Um tal tratamento, por parte de homens que se batiam contra a escravidão e pelos direitos humanos, veio dramatizar, diante dessas mulheres, o fato de que, ao lado da sujeição do negro, estava também a sujeição de seu sexo. Prometeram a si mesmas organizar uma convenção dos direitos da mulher, ao retornarem aos Estados Unidos. Porém as circunstâncias diversas de suas vidas as afastaram por alguns anos. Elizabeth mergulhou em suas tarefas de jovem mãe, que a absorviam, impedindo qualquer outra atividade.

Oito anos após a convenção em Londres, o acaso fez com que Lucretia Mott fosse visitar amigos numa localidade próxima a Seneca Falls, onde moravam os Stanton. Elizabeth, provavelmente ansiosa por um dia livre que pudesse ter algumas horas para si, vai vê-la. E lá extravasa sua angústia e sua frustração, de tal forma que,

---

[40]. Ellen Dubois, em "Struggling into existence: the feminism of Sarah and Angelina Grimké", publicado em *Women, A Journal of Liberation*, v. 1, n. 3, Spring 1970, p. 7.

levadas pela emoção do momento, as amigas decidem convocar uma reunião pública sobre os direitos da mulher[41]. Seria em Seneca Falls, durante dois dias, e, apesar de a notícia ter sido dada apenas em um pequeno jornal local, a capela estava cheia para a abertura da Convenção dos Direitos de Mulher (19 e 20 de julho de 1848). Nessa reunião Elizabeth fez sua estreia como oradora, levada pelo fervor da causa que abraçara e a que havia de dedicar a vida. No segundo dia foi apresentada a Declaração de Princípios, redigida por Elizabeth, parafraseando a Declaração de Independência:

> Acreditamos serem estas verdades evidentes: que todos os homens e mulheres foram criados iguais [...].
>
> A história da humanidade é uma história de repetidas injúrias e usurpações por parte do homem para com a mulher, tendo como objetivo direto o estabelecimento de uma tirania absoluta sobre ela [...].
>
> Ele a obrigou a submeter-se a leis para cuja criação ela não foi ouvida [...].
>
> Ele a fez, se casada, civilmente morta aos olhos da lei.
>
> Ele monopolizou quase todos os empregos mais bem remunerados, e por aqueles que lhe permite ter ela recebe apenas uma ínfima remuneração [...].
>
> Ele só lhe permite ter tanto na Igreja quanto no Estado apenas uma posição subordinada [...].
>
> Ele criou uma mentalidade falsa por formular para o mundo um código moral com medidas diferentes para homens ou mulheres [...].
>
> Ele se esforçou de todas as maneiras para destruir sua autoconfiança, rebaixar seu respeito próprio e obrigá-la a uma vida dependente e abjeta (Koedt; Levine; Rapone, 1973, p. 7-8).

Sentimos já aí a força da futura líder, cujo poder de crítica ainda haveria de ferir os ouvidos vitorianos. Todas as resoluções foram passadas por unanimidade, menos uma, que dividiu a audiência:

> Fica resolvido: é dever das mulheres deste país assegurar para si o direito sagrado do sufrágio (Koedt; Levine; Rapone, 1973, p. 8).

---

41. Para um fascinante e completo relato do movimento sufragista americano e das biografias de suas principais líderes, cf. Flexner (1974).

Henry Stanton, líder abolicionista e marido de Elizabeth, retirou-se do recinto em protesto contra essa audaciosa reivindicação. A própria Lucretia Mott temeu que a resolução cobrisse de ridículo as mulheres. Mas Frederick Douglass, também abolicionista respeitado, colocou sua força ao lado de Elizabeth, apoiando a moção, que foi finalmente aprovada.

Desde Seneca Falls a ideia de emancipação da mulher deixou de ser uma aspiração de algumas vozes isoladas, para se tornar o desejo coletivo de milhares de mulheres, em diversos países, por várias gerações.

Até a Guerra Civil foram realizadas várias convenções feministas, que permitiram esboçar uma sequência lógica de ideias e de tarefas a cumprir. Outras mulheres surgiram como líderes e oradoras, comprovando que havia finalmente chegado sua hora de se fazer ouvir: Lucy Stone, Susan B. Anthony, Antoinette Brown. Um fato interessante ocorreu numa convenção em Ohio, em 1850: foi toda dirigida por mulheres (Seneca Falls havia sido presidida por James Mott, porque as mulheres não se sentiam seguras para assumir a função), e os homens não tiveram permissão de falar. Comenta a *History of woman suffrage* [História do sufrágio feminino], sarcástica:

> Nunca os homens sofreram tanto. Eles imploravam para dizer apenas uma palavra [...] pela primeira vez na história do mundo os homens sentiram o que é ter de sentar-se em silêncio enquanto são discutidos assuntos de seu interesse (Koedt; Levine; Rapone, 1973, p. 9).

A Guerra Civil trouxe uma trégua ao movimento que se esboçava, e todos os esforços se concentraram nos serviços de auxílio e de organização. A mulher teve, como sempre acontece nas grandes crises, uma atuação eficiente, respondendo prontamente às necessidades do momento.

3.1.2 Cisão: *feminismo* versus *abolicionismo, feminismo radical* versus *feminismo conservador*

A discussão sobre a Emenda Constitucional n. 14 foi um prenúncio do quanto seria árduo o caminho para o sufrágio feminino. Segundo sua redação, a emenda introduzia na Constituição americana a palavra "masculino", referindo-se aos "cidadãos": ligava-se o voto proporcional para o Colégio Eleitoral ao total de "cidadãos do sexo masculino" maiores de 21 anos em cada Estado (Flexner, 1974, p. 143).

Estava agora francamente delineada a luta que dividiria o movimento feminista e o movimento abolicionista. Embora tendo o primeiro sido fruto deste, naquele momento os esforços por um pareciam colocar em perigo o sucesso do outro, e seus caminhos se chocavam.

Até 1867 ambos os movimentos haviam caminhado em paralelo. Um indício da separação próxima foi a reunião da American Equal Rights Association (organizada para defender o negro e a mulher), em que ficou resolvido que a Emenda n. 14 seria defendida. Elizabeth Cady Stanton e Susan B. Anthony (as duas grandes amigas atuavam de tal forma em uníssono que seus nomes vêm sempre juntos) continuaram a campanha contrária à emenda (Flexner, 1974, p. 145), convencidas de que a inserção dessa distinção de sexo no texto da Constituição atrasaria em 100 anos o sufrágio feminino. Suas suspeitas não eram tão infundadas, já que o voto só foi obtido meio século depois, após uma luta tenaz que sacrificou mais duas gerações de mulheres.

A luta abolicionista rejeita a ligação com a luta feminista. Pede-se às mulheres que defendam o escravizado e esqueçam seus próprios interesses. O argumento utilizado era o de que uma vez abolida a escravidão, todas as outras reformas viriam automaticamente.

Eis a resposta de Elizabeth Cady Stanton a esse argumento:

> Nossos companheiros liberais nos aconselharam ao silêncio durante a guerra, e nós silenciamos sobre nossos problemas; eles nos aconselharam novamente ao silêncio em Kansas[42] e Nova York, porque iríamos derrotar o "sufrágio negro", ameaçando-nos de que, se não obedecêssemos, teríamos de lutar sozinhas. Nós escolhemos esta última opção, e fomos vencidas. Mas ficando sozinhas descobri-

---

42. Kansas: Plebiscito de 1867 (Rossi, 1974, p. 430).

mos o nosso poder; repudiamos para sempre os conselhos masculinos; e juramos solenemente que jamais haveria outro período de silêncio até que a mulher tenha os mesmos direitos que o homem em todas as partes desta Terra (Stanton *apud* Rowbotham, 1972b, p. 108).

O desafio veio na campanha pelo referendo ao voto no Estado de Kansas, em 1867. As duas opções firmavam-se em duas redações diferentes: uma retirando a palavra "masculino" e a outra retirando a palavra "branco" dos requisitos para alguém ser eleitor. Abolicionistas e sufragistas mobilizaram todos os seus esforços, percorrendo milhares de quilômetros por todas as formas possíveis de transporte. Temendo pela sorte do negro, os abolicionistas que antes apoiavam a mulher agora enfatizavam a separação das duas questões, argumentando que era chegada a "hora do negro", enquanto a mulher poderia esperar. A incompreensão de seus problemas levou as mulheres a reconhecer a necessidade de lutar por si, de contar apenas consigo e exigir pela força o que não lhes era dado por direito. Perderam no Kansas, nessa campanha que foi a primeira de outras 55 semelhantes, organizadas entre 1868 e 1918. Novamente citamos Elizabeth Cady Stanton, cuja consciência dos problemas de seu sexo mantém-na atual:

> [...] a mulher deve levar a luta por sua libertação e trabalhar por sua salvação com coragem, esperança e determinação [...]. Ela não deve confiar no homem neste período de transição porque, enquanto for considerada como sua subordinada, sua inferior, sua escrava, os seus interesses serão antagônicos (Rossi, 1974, p. 412).

Convencidas de que agora a luta seria exclusiva das mulheres, Elizabeth Cady Stanton e Susan B. Anthony fundam em Nova York, em 1868, a National Woman Suffrage Association (NWSA), fixando-se na tarefa de trabalhar diretamente junto ao Congresso nacional por uma emenda constitucional. No mesmo ano criam um jornal de curta duração, mas de grande importância, pela ampla gama de ideias que defendia: o *The Revolution* (1868-1870) (O'Neill, 1971, p. 24). Em seu jornal as duas amigas criticavam as leis, os costumes e o papel da Igreja em face da condição subalterna da mulher, bem como defendiam o divórcio e a organização das operárias – salário igual por trabalho igual já era naquele tempo um *slogan* (Schneir, 1972, p. 137) –, além de evidentemente defenderem a causa do voto. Mostravam ter consciência de que a exclusão política da mulher tinha causas mais amplas, que não seriam resolvidas pelo simples fato de estarem capacitadas a votar. O voto era um instrumento, e não um fim em si.

Dissociando-se do grupo nova-yorkino, um outro grupo de mulheres (e homens, nesse caso, pois a NWSA era exclusivamente feminina) abolicionistas e feministas funda, em 1869, a American Woman Suffrage Association (AWSA), chefiada por Henry Beecher, Lucy Stone e Julia Ward Howe (Kraditor, 1971, p. 3). A AWSA limitava sua luta aos direitos políticos e civis da mulher, tendo como estratégia conseguir o voto estado por estado. Estava, portanto, dirigida para o trabalho local. Mais conservadora, olhava com preocupação o grupo de Nova York, bem mais radical.

Em Boston fundou-se o *Woman's Journal*, que sobreviveu por várias décadas e serviu de veículo de informações e de transmissão das ideias feministas. Seu cunho era muito mais conservador, sendo editado por Lucy Stone, Henry Blackwell e Mary Livermore (Flexner, 1974, p. 152). Enquanto o *The Revolution* tentava atingir a classe operária, esse outro tinha como eleitores a classe média, as mulheres que começavam a se congregar em clubes femininos, as profissionais liberais.

Durante 20 anos as duas associações trabalharam paralelamente, utilizando-se da mesma estratégia, apesar de suas mútuas desconfianças: intenso trabalho junto à opinião pública através de constantes conferências, campanhas de abaixo-assinados para assembleias estaduais e para o Congresso, artigos em jornais. Não deixavam escapar qualquer oportunidade de se fazer ouvir, sempre conscientes da força da pressão popular sobre a política e da fragilidade de sua posição de mulheres que ousavam romper com sua única vocação – a esfera privada – e atuar no mundo masculino.

As feministas pisavam em corda bamba. Por mínimas ou mais razoáveis que fossem suas reivindicações, estariam sempre extravasando os limites estreitos dentro dos quais podia mover-se a mulher vitoriana. A esfera do permissível era reduzida às tarefas domésticas e, para as solteironas, à carreira de professora ou governanta (as novelas da época estão cheias dessas frustradas criaturas que, incapazes de conquistar um marido, tornavam-se ainda mais inferiorizadas, sem ter ao menos o reflexo do *status* masculino...); ou ao destino de "tia", encostada em casa de algum parente. Muitas compreendem, como Elizabeth Cady Stanton, Susan B. Anthony e, de uma forma muito mais radical, Emma Goldman, o quanto a sujeição da mulher estava ligada à sua situação dentro da família. Mas atacar o esteio da sociedade vitoriana exigia coragem e, principalmente, muito tato, para que a desconfiança com que era visto o movimento não se agravasse a ponto de sufocá-lo. As sufragistas tinham consciência de que o trabalho deveria ser feito com muito cuidado, etapa por etapa. No entanto, quanto mais cerceada a mulher, mais necessário se fazia o movimento feminista, e concomitantemente mais difícil. Não teria, contudo, sido possível, não fossem as mudanças econômicas e sociais por que passou o mundo ocidental por todo o decorrer do século XIX. A Revolução Industrial atingia sua maturidade no fim do século, chegando ao estágio imperialista. Havia novos mercados, novos produtos e maior demanda de mão de obra, tanto no nível industrial quanto no nível da administração governamental, cuja complexidade intensificada exigia a formação de quadros burocráticos extensos. Em todos esses setores tornava-se necessária a presença da mulher. Rompe-se fatalmente o muro de recato e privacidade que defendia os sagrados lares vitorianos. Já não são tão estanques os mundos masculino e feminino, externo e interno, na medida em que a mulher passa a ingressar na força de trabalho, não mais apenas como proletária, mas também como burocrata e profissional. As fronteiras se fazem mais tênues, embora seja mantida a mística sob a alegação de que o trabalho feminino é sempre "complementar", fruto da necessidade temporária, que, sendo superada, levará a mulher de volta ao lar. A realidade, porém, frustra as intenções de mantê-la em seu papel tradicional. Cada mulher que penetrava esse mundo externo, fosse mesmo nas terríveis condições de trabalho que suportava o operariado, vinha, voluntária ou involuntariamente, engrossar as fileiras feministas e fortalecer sua argumentação.

No ambiente vitoriano, um jornal como o *The Revolution* era radical demais (e por isso mesmo não sobreviveu mais de dois anos); outros, como o *Woman's Journal*, podiam ser aceitos, já que suas proposições refletiam uma realidade em que a mulher se tornava cada vez mais atuante, e ao mesmo tempo não iam frontalmente de encontro às premissas básicas, às ideias sagradas da sociedade. O peso da tradição foi grande demais para Elizabeth Cady Stanton e Susan B. Anthony. As duas amigas marcaram o movimento feminista, nesse curto período, com uma abordagem ampla, uma compreensão profunda das raízes culturais de opressão da mulher. Estavam ainda muito à frente de sua época e perceberam que suas ideias teriam de penetrar lentamente os valores, para mudá-los aos poucos, a partir das condições sociais que se iam reformulando por sobre as mudanças econômicas. A pressa, o tratamento de choque seriam contraproducentes. Sentiram essa verdade principalmente quando estourou o escândalo Beecher-Tilton, provocado pela controvertida figura de Victoria Woodhull[43]. Esse escândalo obrigou o grupo nova-yorkino a arrefecer seus argumentos, limitando-se a defender os direitos políticos e jurídicos, deixando de lado a análise crítica das causas mais profundas – culturais, econômicas e institucionais – da inferiorização da mulher. Com isso o argumento feminista perdeu em riqueza e complexidade e o movimento perdeu

---

43. Victoria Woodhull defendia em seu jornal *Woodhull and Claflin's Weekly* ideias que iam do marxismo ao espiritualismo, passando pelo amor livre e o voto feminino. Defendeu o sufrágio perante uma comissão do Congresso e por isso seu nome ligou-se ao movimento, especialmente ao grupo de Nova York. Henry Beecher era pastor protestante, ligado ao grupo de Boston, e figura proeminente. Victoria Woodhull denunciou um *affair* entre ele e uma mulher da sociedade, para comprovar sua argumentação sobre a hipocrisia da moral burguesa. O escândalo decorrente feriu profundamente o grupo nova-yorkino. Cf. "Vindication of the Beecher-Tilton Scandal", de Victoria Woodhull (Cott, 1972, p. 257).

em força revolucionária. Em 1890 a linha radical, já no ostracismo, funde-se com os conservadores, formando a National American Woman Suffrage Association (NAWSA).

3.1.3 Unificação do movimento

Tornava-se cada vez mais evidente que os motivos que seccionaram o movimento em dois já há muito tinham deixado de existir. As táticas empregadas eram as mesmas, e as ideias, uma vez arrefecido o ânimo de Elizabeth Cady Stanton e Susan B. Anthony e restringido o objetivo principal à obtenção de voto, tornaram-se mais homogêneas – não justificando a divisão de esforços. Depois de alguns meses de negociações, para as quais a AWSA dera o primeiro passo, as duas organizações se uniram, com Elizabeth na presidência (1890). Abandonaram-se de uma vez por todas ideias como a questão social, o divórcio, o amor livre e as críticas à estrutura familiar, educacional, religiosa. Elizabeth continuou a escrever depois de deixar o cargo e ainda deu dores de cabeça a suas companheiras pela publicação da *The woman's Bible*, em que mostrava a força de seu poder de crítica e de sua perspicácia em detectar as raízes da opressão da mulher. O movimento dissociou-se desse tipo de análise[44]. Ganhou em respeitabilidade, e essa mesma limitação de seu alcance talvez o tenha salvado, permitindo-o tornar-se um movimento amplo.

Ao lado do movimento sufragista, outros mobilizavam no fim do século a mulher de classe média americana. Naquela época tomou bastante vulto o Temperance Movement, movimento pela abstinência de bebidas alcoólicas, em cujas fileiras trabalhavam várias sufragistas. A correspondência entre os dois movimentos, apesar de as sufragistas desejarem mantê-los isolados, levou os grupos aliados à produção e à venda de bebidas alcoólicas a financiarem campanhas antissufragistas que contribuíram para algumas derrotas significativas, atrasando a vitória final.

---

44. Contra a vontade de Susan, a nova presidente, a Convenção de 1896 condenou o livro (cf. Flexner, 1974, p. 220).

Um outro movimento importante por seu alcance social foi o das Settlement Houses. Em fins do século XIX os Estados Unidos haviam recebido enormes levas de imigrantes que, largados à própria sorte, aglomeravam-se nos *ghettos* das grandes cidades sem qualquer assistência governamental, isolados culturalmente, explorados economicamente e marginalizados socialmente. Reconhecendo a inutilidade das tradicionais associações de caridade, alguns grupos de mulheres de classe média conscientizaram-se de que esse tipo de auxílio não seria suficiente para resolver o problema. Instalaram-se dentro dos *ghettos*, morando junto com a população que pretendiam assistir. Haviam que adaptar os imigrantes à nova cultura (a maioria nem sequer falava inglês) e organizá-los para defender seus interesses e direitos. A conscientização para esse tipo de trabalho se deu segundo o esquema clássico de um aperfeiçoamento da função beneficente voluntária típica da mulher burguesa. Jane Addams, a mais famosa líder desse movimento, via o empenho das mulheres na solução dos problemas urbanos como uma extensão de sua tarefa doméstica. A cidade seria como uma família em grandes proporções, e a preocupação com higiene, controle da salubridade dos alimentos, cuidado com educação e saúde etc. não era mais do que as preocupações cotidianas da dona de casa, colocadas numa escala maior. Mantinha-se assim o decoro que protegia o trabalho externo ao lar, ligando-se as duas tarefas.

Assim como foi através do movimento abolicionista que a mulher se conscientizou para sua própria opressão e aprendeu as táticas de mobilização política que usariam seu favor, as organizações filantrópicas que proliferaram em fins do século serviriam também para muitas mulheres como ponte para o sufragismo. O trabalho beneficente tinha a mesma aura de respeitabilidade, a mesma motivação justa e nobre que o abolicionismo, estando assim dentro do campo restrito do permissível. Era uma válvula de escape para a mulher de classe média que ansiava por uma vida mais útil, e o único meio de aplicar e desenvolver seus talentos e energias. Muitas se revelaram organizadoras eficientes e imaginativas, criando associações que perduraram, onde milhares de mulheres encontravam a oportunidade de alargar seu mundo privado, sempre restrito ao círculo familiar. A própria rapidez com que se multiplicaram diversos tipos de associações beneficentes atesta a ânsia de realização e a frustração que a restrição à esfera doméstica trazia à mulher burguesa. Porém, o apelo ao trabalho social penetrava facilmente nessa classe porque a mulher era considerada a possuidora natural das qualidades de altruísmo, piedade e dedicação, próprias a esse tipo de atividade. Logo, ao realizar trabalhos beneficentes, ela estaria preenchendo a própria imagem de mulher que a sociedade lhe dava. Esse tipo de trabalho de caridade servia também, por outro lado, ao sistema capitalista, pois reforçava a mística de que seria possível remediá-lo sem transformar o seu funcionamento básico.

Ao lado dessas associações, surgem os chamados "Clubes Femininos", com finalidades educativas, que também servirão ao movimento sufragista como meio de contato e de mobilização de militantes para a arrancada final da luta pelo voto.

Na última década do século XIX e na primeira do século XX, a NAWSA caminha inexoravelmente para uma posição conservadora. Distancia-se conscientemente da classe trabalhadora. A argumentação sufragista passa das justificativas baseadas nas premissas filosóficas dos "direitos humanos", para uma abordagem utilitarista, enfatizando o perigo do voto imigrante. As mulheres defendem-se já agora em termos pragmáticos, buscando convencer o homem branco de classe média de que seus votos viriam reforçar os dele, protegendo-o dessa forma contra a onda alienígena representada por imigrantes recém-nacionalizados. Esse argumento contrabalança-se no Sul com a forçada exclusão da mulher negra do movimento e a oferta de apoio ao homem branco por parte de sua companheira, que com ele partilha as ideias de supremacia da raça (Kraditor, 1971, p. 39).

Dessa forma o movimento se define bem claramente por um cunho classista, voltado para a emancipação da mulher burguesa, que buscava ter acesso em termos iguais aos benefícios que a democracia liberal concedia a seu companheiro de classe: poder político e oportunidade educacionais, isto é, acesso aos centros de decisão e de influência na sociedade. Àquela altura já havia certo número de universidades femininas, e é esta mulher educada que comporá em grande parte o movimento, principalmente em cargos de liderança.

Assim limitado em âmbito e perspectiva, o movimento entra no século XX, já cansado de muitas campanhas infrutíferas, em que sempre se repetia a mesma estratégia. A cada fracasso, ou mesmo a cada vitória arduamente conquistada, tornava-se mais claro que era preciso ganhar a opinião pública.

Por volta de 1890 a primeira geração de feministas está envelhecida e os cargos vão gradativamente passando para mulheres mais jovens. Lucy Stone morre em 1893. Elizabeth Cady Stanton deixa a presidência em 1892, passando-a a Susan, que nela permanece até 1900. A grande líder procura formar quadros que a possam substituir, consciente de que, apesar dos esforços, a luta ainda seria longa e difícil, necessitando uma organização eficiente que pudesse levá-la a cabo. Duas mulheres distinguiam-se como prováveis substitutas: Anna Howard Shaw, pastora protestante e médica, e Carrie Chapman Catt, que revelava já os dotes organizacionais que haveria de comprovar quando, a partir de 1919, lideraria a etapa final da luta.

Entre as razões que haviam levado à divisão de 1869 estava a da estratégia utilizada: a AWSA decidira aplicar-se na conquista do voto através de plebiscitos para emendas às Constituições Estaduais, enquanto a NAWSA considerara mais produtivo lutar diretamente no Congresso por uma emenda à Constituição Federal. De 1890 em diante, a NAWSA vai sendo levada de roldão para o caminho dos plebiscitos estaduais para sucessivas derrotas. A atuação em nível do Congresso arrefece, para só ganhar nova vida em 1913. A luta estado por estado é cansativa, desgastante em esforços e capital, frustrante e improdutiva. Entre 1870 e 1910 as sufragistas empreenderam nada menos que 480 campanhas pelo plebiscito, das quais 17 resultaram efetivamente em plebiscitos, com apenas duas vitórias[45]. O esforço

---

45. Kate Millett (1971, p. 84) enumera o número incrível de campanhas em nível local e nacional.

despendido foi enorme, e pelo fracasso pode-se medir, parcialmente, o poder da oposição.

A principal força antissufragista era representada pelos interesses das indústrias de bebidas. Daí a necessidade que sentiam as sufragistas em dissociar seu movimento do movimento pela abstinência (que culminou com a Proibição), tentativa aliás frustrada, não apenas porque muitas vezes as militantes de um também militavam no outro, mas principalmente porque a imagem da mulher como fonte de virtudes e uma espécie de "consciência" da sociedade era enfatizada pelas próprias sufragistas em sua argumentação utilitária. A outra fonte de oposição era representada pelos corruptos de manipulação política (*political machines*), que também temiam, como os *liquer interests*, a influência moralizadora do voto feminino. Havia ainda uma terceira corrente oposicionista, que, se não chegou a influir negativamente com a mesma força que essas duas, pelo menos serviu para adiar o desfecho, sobretudo em Massachusetts, onde se localizava sua sede e onde o sufragismo sofreu derrota significativa em 1915: o movimento antissufragista (Flexner, 1974, p. 271). Essa corrente era composta por homens e mulheres empenhados em defender, segundo o clássico argumento antissufragista internacionalmente usado, a pureza e o recato "naturais" à mulher e seu papel tradicional de mãe, considerados perigosamente ameaçados pelos movimentos de emancipação.

Dessa forma, o sufragismo entra pelo século XX possuído de um marasmo e de um torpor peculiares às coisas gastas, às ideias envelhecidas. De 1900 a 1904, Carrie Chapman Catt exerce a presidência da NAWSA. Sucede-a Anna Howard Shaw. Apesar de oradora brilhante, a Dra. Shaw não tinha talentos administrativos, o que veio agravar ainda a situação de descrença e lassidão em que caíra o movimento. Realmente, Susan B. Anthony, falecida em 1906, fazia falta.

A segunda geração de feministas da NAWSA era mais conservadora do que a primeira. Em 1848, lutar pela emancipação da mulher e reivindicar o voto feminino significava arrostar valores enraizados nos costumes e na tradição e dignificados pela religião, pela ciência e pela filosofia. Exigia, portanto, não apenas uma grande dose de coragem, mas a equivalente convicção e firmeza nos princípios da causa. Não é todo espírito que, embora consciente e revoltado, é capaz de defrontar-se com a hostilidade e até mesmo o ódio de uma grande parte de seus contemporâneos. Era preciso, enfim, um temperamento revolucionário. Conceber a emancipação da mulher como um movimento amplo e dedicar-se a realizá-lo, em meados do século XIX, era inovação e rebeldia. São notórias as cenas de vexames, ameaças e ataques físicos sofridos pelas sufragistas nos Estados Unidos. A chacota, o ridículo, a agressividade verbal e física eram ocorrências comuns. Houve episódios em que, além dos clássicos tomates e ovos, as oradoras chegaram a ser apedrejadas.

Não é de se espantar que as primeiras líderes tenham surgido através do movimento abolicionista. Não apenas porque a própria lógica da argumentação antiescravagista levava à conscientização do problema feminino, como também pelo idealismo e pela coragem que o movimento exigia das militantes. Quem se prontificava a afrontar um público enfurecido (era comum os abolicionistas terem de fugir pelos fundos do recinto onde iriam falar), muitas vezes perigoso, para falar pela causa do negro, enfrentaria com maior ardor igual hostilidade para defender seus próprios direitos.

É preciso, evidentemente, não exagerar, dando a ideia de que os obstáculos haviam sido suprimidos. Se ainda se passaram três décadas e tremendos esforços foram despendidos até que se obtivesse o voto, isso por si só demonstra que o caminho não era fácil.

A última etapa da campanha foi suficientemente violenta para resultar em prisões e maus-tratos que terminaram por sensibilizar a opinião pública. Mas na década de 1890 o movimento havia alcançado certa aura de respeitabilidade, que aliás lutaria por manter como parte da própria estratégia de reivindicações. Limitando-se ao sufrágio, excluía as preocupações mais vastas de mudança social e concentrava-se na defesa dos interesses da mulher de classe média, principal beneficiária do voto. Houve alguma comunicação com as organizações operárias, através de mulheres como Charlotte Perkins Gilman, Florence Kelley e Jane Addams, mas a preocupação com as condições de vida do proletariado não foi nunca a tônica do sufragismo. Porém, a necessidade de manter a aura de respeitabilidade arduamente conquistada obrigaria o movimento a evitar questões delicadas, tais como o papel da mulher na estrutura familiar e a crítica à religião como veículo de desvalorização do sexo feminino.

Até 1916 Anna Howard Shaw mantém-se na presidência da NAWSA. Continua a cansativa luta estado por estado, a coleta de assinaturas para petições de diversos tipos, as conferências, as convenções e as reuniões. Algumas vitórias, como a de Washington (1910) e a de Califórnia (1911), acompanhadas de várias derrotas, como a de Michigan (1912) e a de Massachusetts (1915), confirmaram a inutilidade da luta localizada. Às táticas tradicionais aliavam-se inovações: passeatas, grandes cartazes iluminados, carros alegóricos e promoções tais como bailes e concursos de redação infantil. A luta havia se transformado numa organizada competição política. O sufrágio já não era mais o sonho de poucos e tornava-se gradativamente uma realidade em muitos estados – em 1913 a mulher votava em nove deles (Flexner, 1974, p. 260) – e uma questão de importância política, a ser levada em consideração pelos partidos em suas plataformas[46]. Apesar disso, a força dos obstáculos mostrava-se bastante grande para desencorajar a luta estado por estado e convencer a NAWSA da necessidade de reativar a campanha pela emenda à Constituição Federal.

A NAWSA não foi a única organização sufragista. Surgiram várias outras pelos estados, filiados ou não a ela. Em termos nacionais, duas organizações são dignas de menção, por terem nascido da decepção de suas líderes com o tradicionalismo e o conservadorismo da NAWSA e por terem, por isso mesmo, insuflado vida nova ao cansado movimento sufragista: a Women's Political Union, fundada em 1907 pela filha de Elizabeth Cady Stanton (Flexner, 1974, p. 251); e a Congressional Union, depois Women's Party, fun-

---

46. Em 1912, o Partido Progressista apoiou o sufrágio feminino em escala nacional, quando das eleições presidenciais (O'Neill, 1971, p. 75).

dada em 1913 por Alice Paul, para ressuscitar a luta no Congresso (Koedt; Levine; Rapone, 1973, p. 13).

Harriot Stanton Blatch, seguindo os passos da mãe, procurou se engajar no movimento sufragista organizado e, após uma ausência de 20 anos (passados na Inglaterra), volta aos Estados Unidos e ingressa na NAWSA. Sua decepção com a rigidez e a apatia que encontra é tão grande que resolve formar outro grupo, reconhecendo a impossibilidade de transformar a antiga organização. O próprio nome do grupo – Women's Political Union – revela as novas ideias que essa geração mais jovem quer transmitir através do feminismo: uma abordagem política da questão, que unisse mulheres de várias classes sociais. A ênfase seria sobre a mulher que trabalha, tanto a operária quanto a profissional de nível médio ou de carreiras liberais. O grupo compreendia que, ao ser obrigada a se sustentar, ou mesmo ao desejar fazê-lo por necessidade de realização pessoal, a mulher encontrava obstáculos ligados à sua nulidade política, que só seriam ultrapassados quando ela se tornasse um agente político real, uma força eleitoral. Ligava, assim, a obtenção do voto ao problema mais amplo da mulher trabalhadora das diversas classes sociais. Enquanto a NAWSA se distanciava da operária, a Women's Political Union inaugurava a tática de fazer comícios diante de fábricas e levava operárias para depor nas comissões legislativas. Essas táticas atraíram mulheres que trabalhavam junto ao proletariado e que não se tinham sentido à vontade no ambiente nitidamente burguês e conservador da NAWSA. Charlotte Perkins Gilman, Florence Kelley e líderes das Settlement Houses e dos sindicatos juntaram-se à Union, trazendo para o sufragismo a colaboração que lhe faltava: a presença da mulher operária. O discurso sufragista toma desde então uma tônica diversa e nova pelo testemunho dessas mulheres, cuja posição de vítimas da exploração capitalista era a contradição viva do mito do "grande sonho americano" e da "missão primordial de mãe". O tom mudara e foi justamente por essa mudança que a NAWSA não poderia aceitá-lo, fazendo-se necessário criar outras organizações que o ecoassem. Já não se limitava mais ao protesto teórico, exigia-se a correção de um mal reconhecido como socialmente criado. Para essas sufragistas, portanto, o voto era um meio de luta e os objetivos ultrapassavam a demanda por iguais oportunidades educacionais ou políticas (que caracterizava o movimento tradicional) para incluir as exigências de maiores salários, menos horas de trabalho, condições de higiene e segurança nas fábricas, assistência hospitalar, seguro de acidentes, férias remuneradas, enfim, toda a gama de reivindicações pelas quais lutava o operariado internacional. Apesar de minoritária, essa foi uma corrente digna de menção, justamente por constituir uma exceção dentro do movimento sufragista.

O segundo grupo que merece ser focalizado pela repercussão de suas táticas sobre a opinião pública foi o de Alice Paul, fundado em 1913: Congressional Suffrage Union, mais tarde Women's Party. Alice Paul havia participado do movimento sufragista inglês e, ao lado das Pankhurst, aprendera que algumas demonstrações "militantes"[47] valiam mais para efeito de propaganda do que muitos anos de conferências e convenções. As Pankhurst (a mãe, Emmeline, e a filha, Christabel) haviam fundado em 1903 a Women's Social and Political Union (WSPU). Seus métodos de luta eram bem diversos da calma e bem-educada estratégia até então utilizada pelo sufragismo inglês e americano. Desde que, em 1905, Christabel Pankhurst e Annie Kenney haviam sido presas por "perturbarem a ordem" (Morgan, 1970, p. 22), a WSPU passou a utilizar táticas de confrontação, que levaram a crescentes conflitos com a polícia, prisões, greves de fome e alimentação forçada e que trouxeram o problema do sufrágio às manchetes, colocando o governo na situação delicada de castigar violentamente membros do "sexo fraco" que nada mais pediam do que seus direitos. Os grupos sufragistas tradicionais desvincularam-se dessas táticas tão pouco "femininas", prejudiciais à respeitabilidade arduamente conquistada pelo movimento.

---

47. O termo indica as *suffragettes*, que se utilizavam de práticas de violência simbólica, sem danos a pessoas, mas com danos à propriedade, e de resistência pacífica, campanhas de rua, piquetes etc.

Chegando aos Estados Unidos em 1912, Alice Paul encontra a NAWSA ainda submersa nas eternas campanhas e petições, repetidas desde 1848, com a agravante de que nada se fazia com relação à emenda constitucional desde 1896 (O'Neill, 1971, p. 75). Convence Anna Howard Shaw a confiar-lhe o trabalho junto ao Congresso. Em pouco tempo, porém, sentindo necessidade de maior liberdade de ação, rompe com a NAWSA e funda seu próprio grupo. Reconhecendo que as táticas tradicionais estavam gastas e que havia necessidade de renovar a forma de ação, o novo grupo organiza uma grande passeata pelas ruas de Washington, a fim de chamar a atenção dos congressistas e do público para a questão do sufrágio feminino. Nova York já havia assistido com curiosidade e boas maneiras a desfiles semelhantes, organizados pela primeira vez em 1907 pela Women's Social and Political Union. Outras cidades também haviam seguido as ideias e a coisa já não parecia tão absurda. Senhoras da alta burguesia, profissionais e donas de casa de classe média marchavam lado a lado com operárias, comerciárias, costureiras e domésticas, num temporário igualar de forças e objetivos. Logo, a passeata em Washington não deveria ser nada de extraordinário. Essa foi, entretanto, a primeira lição de violência sofrida por essa geração de sufragistas americanas, que assim entrava pelo caminho já traçado por suas companheiras inglesas e experimentava um primeiro gosto do ódio que suas reivindicações provocavam no sexo masculino. Até então, apenas as pioneiras haviam sofrido ataques semelhantes. Naquele dia ficou comprovado que os longos anos de educação da opinião pública pouco haviam ensinado e que ainda em 1913 a questão do voto tinha o poder de ativar reações emocionais. As mulheres sofreram vaias, empurrões e agressões diante de uma polícia impassível.

Até 1916, a Congressional Suffrage Union foi o único grupo a trabalhar seriamente pela emenda. Organizaram passeatas, marchas sobre Washington e novas petições e inauguraram no movimento americano a prática do piquete, que a princípio provocou curiosidade, pouco depois transformada em repressão. A cena de mulheres marchando defronte à Casa Branca empunhando cartazes era inusitada, e sua ousadia deixava as autoridades desconcertadas. Não se estava rompendo lei alguma, nem perturbando a ordem. Até que os cartazes começaram a estampar dizeres que questionavam as premissas da democracia americana, na época em plena campanha de guerra. Os transeuntes passaram a atacar as mulheres, rasgando-lhes os cartazes e agredindo-as. Logo a polícia seguiu-lhes os passos e repetiram-se nos Estados Unidos as cenas já vistas na Inglaterra: prisões ilegais, maus-tratos, greves de fome, seguidas pela tortura da alimentação forçada. Em pouco tempo as americanas criavam seu grupo de mártires. Nada conseguia reter as obstinadas sufragistas, que se substituíam à medida que iam sendo presas. Mulheres de todos os níveis sociais enfrentaram e sofreram as consequências da repressão, enquanto o governo de Wilson enredava-se cada vez mais em suas práticas violentas, sem saber como agir diante daquele bando incorrigível. Em menos de um ano desse tipo de ação, as autoridades se deram por vencidas liberando finalmente todas as sufragistas presas. A campanha durara 11 meses (de janeiro a novembro de 1917), mas nesse ínterim o Congresso nomeara uma Comissão para o Sufrágio Feminino, trazendo para o cenário político federal a questão do voto. Seja como for, o sacrifício das mulheres, a indignação provocada e a publicidade resultante tornaram inadiável a discussão e provavelmente aceleraram o desfecho. As americanas não usaram de violência comparável à das inglesas, mas em ambos os casos a reação das autoridades, agindo arbitrariamente, serviu para trazer a causa a público.

 Enquanto a Congressional Suffrage Union mobilizava a opinião pública em acirrados debates pró e contra sua tática, a NAWSA sofria uma profunda remodelação. Em 1916 Carrie Chapman Catt volta à presidência, resolvida a dedicar-se totalmente à campanha pelo voto e a só aceitar na liderança mulheres com igual disponibilidade. A organização se profissionaliza e já não cabem daí em diante táticas amadorísticas de ação. Tudo foi replanejado e cada campanha local ou nacional era organizada nos mínimos detalhes. A liderança passou a ser inteiramente composta por mulheres com condições financeiras estáveis, as únicas que podiam dar uma dedicação exclusiva. Isso por um lado limitava ainda mais a participação, mas por outro dava ao movimento maior eficiência.

A NAWSA havia-se transformado num grupo heterogêneo cujas táticas de luta variavam de Estado para Estado. O federalismo americano permitia a existência de grandes diferenças entre cada constituição estadual, de forma que o que alguns estados parecia factível, tornava-se praticamente inviável em outros. Por essa razão, os grupos sufragistas defendiam a luta pelo voto em nível estadual quando viam uma maior possibilidade legal, ou, ao contrário, voltavam-se para a emenda federal, quando as leis de seu estado se caracterizavam por um conservadorismo exacerbado. Para alguns, portanto, as atividades da NAWSA em Washington eram um desvio, enquanto para outros pareciam ser o caminho mais viável. Diante dessa realidade, Carrie Chapman Catt traça um plano de ação suficientemente flexível para englobar todas as tendências que, apesar de divergentes, não eram contraditórias entre si. Apenas a Congressional Suffrage Union mantém-se alijada e seus métodos "militantes" são publicamente criticados pela NAWSA, que, no afã de dissociar-se dessa forma de agir, chega ao ponto de manter um silêncio próximo da cumplicidade com as violências sofridas pelas *suffragettes* da outra organização.

Quando em 1917 os Estados Unidos entram na guerra, as duas organizações sufragistas seguem linhas de ação diversas: a Congressional Suffrage Union mantém-se alheia à guerra, referindo-se entretanto a ela em seus cartazes e provocando com isso o início das violências contra seus membros. Entretanto, Carrie Chapman Catt sentiu que a delicada imagem positiva do sufragismo – cuidadosamente construída desde que a organização de Elizabeth Cady Stanton e Susan B. Anthony polira as arestas de suas críticas sociais e já perturbada pelo "antipatriotismo" das militantes da Congressional Suffrage Union – correria o risco de desmoronar se a NAWSA não tomasse uma posição clara com respeito ao conflito. Mantendo sempre a ideia de que deviam trabalhar pelo voto e pelo país, exatamente nessa ordem, a NAWSA participa oficialmente dos esforços de guerra. Anna Howard Shaw preside o Comitê Feminino do Conselho de Defesa Nacional (O'Neill, 1971, p. 78), onde atua com grande eficiência, e a associação financia um hospital na França (Flexner, 1974, p. 289).

Enquanto isso, a luta pelo sufrágio continua e, em janeiro de 1918, a Câmara dos Deputados votou, por uma margem mínima, a aprovação do projeto de emenda. As sufragistas não descansaram nessa campanha, buscando o apoio pessoal de cada deputado simpático à causa. Que a margem tenha sido pequena demonstra que, apesar da indubitável transformação social que levara a mulher a ingressar em grande número no mercado de trabalho, e mesmo após sete décadas de luta, o voto não seria obtido sem ainda exigir um último esforço. Com incrível persistência as mulheres mantêm o cerco, e a emenda passa no Senado em junho de 1919. Porém só em setembro de 1920 foi ratificada a Emenda Constitucional n. 19 (O'Neill, 1971, p. 80-81), concedendo o voto a todas as mulheres maiores de 21 anos. Na Inglaterra a concessão foi parcial: em 1918 Lloyd George inclui o sufrágio restrito na reforma eleitoral, estando aptas a votar apenas mulheres casadas, chefes de família, de nível universitário e maiores de 30 anos. O voto sem restrições, equiparado ao masculino, para maiores de 21 anos, só foi concedido em 1928.

Este resumo do sufragismo americano foi necessário para fundamentar a análise tanto do movimento liderado por Bertha Lutz, que teve influência direta das ideias e táticas de luta da NAWSA, quanto do feminismo atual, com um vínculo histórico a essa primeira etapa. Trata-se de um esboço obrigatoriamente sumário, pois pretende resumir em poucas páginas mais de 70 anos de luta organizada.

3.2 O movimento sufragista brasileiro[48]

3.2.1 As pioneiras

Nesses séculos em que se formaram as nações americanas, a necessidade de braços e o forçoso rompimento com a cultura tradicional diante de situações desconhecidas que exigiam soluções

---

48. Agradeço ao eminente historiador e amigo solidário Francisco Assis Barbosa pelas correções que me apontou neste ponto.

inovadoras poderiam ter dado à mulher uma oportunidade de participação na construção de um mundo novo. Essa oportunidade lhe foi, entretanto, negada. Dentre os costumes trazidos da Europa e implantados no Novo Mundo estava a manutenção do *status* inferior do sexo feminino. O regime latifundiário, monocultor e escravocrata do Brasil colonial configurou uma estrutura social rigidamente diferenciada. Nas grandes fazendas de cultivo da cana e do café, a posição da mulher situava-se em duas esferas estanques, isoladas uma da outra por papéis sociais e econômicos bem definidos e ligadas apenas pela inferiorização que sofria, de modo generalizado, todo o sexo feminino: de um lado a mulher branca, membro dominado da classe dominante, cuja função principal era a procriação; e de outro a mulher negra, indígena ou mestiça, explorada como braço escravo e como objeto sexual.

A vida da mulher da "casa-grande" é bastante conhecida, não sendo necessário aqui discorrer, com maiores pormenores, sobre sua condição. Sua função única de procriadora não exigia mais de sua educação do que o domínio das artes domésticas. São comuns as crônicas de viajantes relatando a ignorância das mulheres brancas brasileiras. Raramente sabiam ler e apenas no Segundo Reinado, com a crescente sofisticação da Corte, começam os pais a se preocupar em dar à suas filhas algumas pinceladas de cultura, para melhor habilitá-las à frequência dos salões. Assim, nas famílias recém-enobrecidas, ciosas de sua condição e desejosas de igualar-se à aristocracia europeia, as meninas aprendiam o francês, tocavam piano, talvez mesmo lessem alguns romancistas e poetas, colocando-se em posição vantajosa no mercado casamenteiro. Não era outro seu objetivo de vida. Para essa classe não se cogitava, evidentemente, de qualquer tipo de ocupação remunerada. Convento ou casamento: essa rima casual resume as perspectivas que aceitavam conformadas as mulheres da classe dominante. De tal forma eram elas condicionadas pela cultura – na qual a religião era uma força conservadora de imensa penetração – que não se ouviu, por esses séculos afora, quase sinal algum de protesto ou revolta. A família patriarcal que surgiu com o advento da propriedade privada e que é a concretização da "grande derrota histórica do sexo feminino em todo o mundo" (Engels, 1975, p. 61) mostrava-se no Brasil colonial e monárquico em toda a sua pujança. Senhor de grandes extensões de terra, dominador de todos quantos nelas habitavam e delas viviam, fossem escravos, agregados, filhos ou mulher, o homem branco da classe dominante tinha o poder total do patriarca. Seu domínio inconteste reflete-se no fenômeno do "coronelismo", típico da República Velha e ainda persistente em certas regiões do interior do Brasil. "Não é possível, pois, compreender o fenômeno sem referência à nossa estrutura agrária, que fornece a base de sustentação das manifestações de poder privado ainda tão visíveis no interior do Brasil" (Leal, 1975, p. 20). O quadro da grande mesa das fazendas – a cuja cabeceira sentava-se o chefe do clã, rodeado de seus muitos filhos, de parentes pobres que viviam de sua caridade e cercado dos cuidados da mulher e das filhas que, junto às escravas, serviam a todos – aparece em relatos históricos, em crônicas de viagem, em romances, como a representação de uma cena que resume a hierarquia de papéis sociais típica da família brasileira.

Cercada de tabus e preconceitos, a vida da mulher branca da classe dominante limitava-se à supervisão das tarefas domésticas e a ocasionais visitas e idas à igreja, sempre acompanhada e vigiada. A preservação da castidade tornava-se a maior preocupação, pois dela dependia a honra da família (Saffioti, 1969, p. 169-216).

Na sociedade colonial e monárquica a ideologia de sexo dominante impregnava a família patriarcal, fundamentando a manutenção do *status* inferior da mulher. A contrapartida da honra da branca da classe dominante refletia-se tanto na exploração sexual da escrava como na prostituição da branca de origem pobre, que tinha seu campo de trabalho restrito ao professorado primário ou particular, pouco ou nada mais podendo fazer para sua subsistência uma mulher sem recursos no Brasil daquele período.

Separando-se os membros do sexo feminino em dois níveis estanques e incomunicáveis, facilitava-se sua dupla exploração como produtoras e reprodutoras.

Num ambiente assim cerceado, qualquer tipo de revolta ou de denúncia era praticamente inconcebível. Foi preciso que os efeitos da Revolução Industrial se fizessem sentir, abrindo maior campo de trabalho à mulher, para que pudesse despontar a possibilidade de ruptura com essa ideologia e a inflexível divisão de papéis de sexo. Mas o Brasil, por sua própria condição de dependência econômica, teve seu processo de industrialização atrasado. Consequentemente, por todo o século XIX a posição da mulher difere pouco daquela que ocupava na época colonial.

Nesses séculos todos de silêncio, uma mulher como Nísia Floresta Brasileira Augusta (1810-1885) é uma exceção. O fato de haver vivido muitos anos na Europa, onde manteve um salão frequentado por intelectuais, entre os quais era atração maior o filósofo Auguste Comte, foi certamente primordial para que pudesse superar as limitações a que era submetido seu sexo no Brasil. Adotou as ideias mais avançadas de sua época e era abolicionista, republicana e feminista. Promoveu no Rio, em 1842, conferências sobre a abolição e a república, fato extraordinário já para alguém do sexo masculino, quanto mais para uma mulher[49].

Traduziu e custeou a publicação do livro de Mary Wollstonecraft *A vindication of the rights of women*, sob o título de *Direitos das mulheres e injustiça dos homens*. Não consta que tivesse procurado qualquer forma de atuação organizada em defesa dos direitos da mulher e, provavelmente, não teria sucesso se o fizesse, dados os preconceitos, o isolamento e a ignorância em que viviam suas contemporâneas. Nem há referências quanto a eventuais reivindicações sufragistas de sua parte. Naquela época o movimento americano, primeiro a surgir com esse objetivo, era apenas embrionário. Os meios de comunicação restritos e a falta de interesse da imprensa e do ambiente em geral pelo assunto provavelmente impediram-na de tomar conhecimento dos debates que se iniciavam naquele país.

---

49. Cf. Lima (1919). É interessante observar que Auguste Comte, por quem Nísia Floresta nutria enorme admiração, era um filósofo antifeminista, que defendia o mito da mulher-mãe, dedicada ao lar. Talvez o próprio romantismo de Nísia, revelado em seus escritos, servisse para esconder a seus olhos as limitações da imagem de mulher enunciada pelo positivismo.

Na Europa, onde o movimento feminista era também principiante, não deve ter tido oportunidade de conhecê-lo. Flora Tristan, Jeanne Deroin e outras feministas socialistas já militavam, porém o trabalho delas era efetuado em ambiente completamente diverso do de Nísia[50]. Sua atitude isolada justifica-se por ser ela uma exceção em sua geração, em sua classe, em seu país, em sua cultura.

Ela critica Rousseau, que quer limitar a mulher a um objeto de adorno e de servidão, tirando-lhe "toda a dignidade de sua natureza" (Floresta, 1853, p. 61). Seu feminismo, porém, mesclava-se à visão romântica da mulher dedicada ao amor, ao lar, ao marido e filhos:

> Esposa! conservai intacta a fé que jurastes ao homem que escolhestes, e procurai dar-lhe prova (primeiramente com doçura cheia de dignidade, depois com uma verdadeira e terna solicitude, a buscar tudo quanto lhe seja útil e agradável) de que sois para ele, não já um objeto de recreio, mas uma amiga circunspecta e dedicada, uma companheira inseparável e necessária à sua vida (Floresta *apud* Câmara, 1941, p. 127-128)[51].

Não tinha a mulher nenhum outro meio de se impor ao homem que não fosse servindo-o solicitamente e fazendo-se, assim, indispensável. Nísia comprova nessa citação o quanto a ideologia de sexo dominante havia penetrado em seu pensamento (e no pensamento de sua época), impedindo-a de criticar o cerceamento contido nessa visão glorificada do comportamento feminino. Apesar de reconhecer e atacar a misoginia de Rousseau, ela própria não está imune às influências de sua socialização.

Sua maior contribuição revela-se, entretanto, na luta pela educação da mulher, denunciando a ignorância em que eram mantidas as meninas. Protesta contra a sua condição de dependência em relação ao homem, criada pelo desprezo com que era vista a educação feminina. Reconhece que a ignorância era benéfica para o homem, que assim mais facilmente exercia seu domínio:

---

50. Líderes operárias francesas. Cf. Sullerot (1970, p. 101-105) a respeito.
51. Nota: todas as citações tiveram sua gramática atualizada.

> O homem, ainda semisselvagem, arrogou a si a preeminência da força física: e tudo lhe foi submetido, a moral, assim como a inteligência da mulher, que ele quis permanecesse sempre inculta, para que mais facilmente desempenhasse a humilhante missão a que se destinava (Floresta *apud* Câmara, 1941, p. 7).

Foi uma educadora combativa e nesse campo teve atuação marcante, fundando e dirigindo colégios femininos, nos quais punha em prática suas ideias de emancipação através da educação.

Algumas outras mulheres procuraram escapar aos preconceitos, à inércia e à passividade em que estava mergulhada a população feminina do Brasil do século XIX. Barros Vidal (s.d.), em seu livro *Precursoras brasileiras*, cita a jornalista Violante Bivar e Velasco, que funda em 1852 o primeiro jornal redigido por mulheres: o *Jornal de Senhoras*. Seu objetivo, como o de Nísia, era "propagar a ilustração e cooperar com todas as suas forças para o melhoramento social e para a emancipação moral da mulher" (Vidal, s.d., p. 123). Essa preocupação com a educação revela a consciência que tinham aquelas que conseguiam romper as barreiras, de que nada se poderia fazer enquanto a imensa maioria das mulheres se mantivesse ignorante. O desprezo pela educação feminina abrangia todas as classes sociais, não se diferenciando muitas vezes, em analfabetismo, a senhora da escrava[52]. O primeiro passo, portanto, estava na educação. Diante do obstáculo enorme oferecido pela ignorância das mulheres, que vinha reforçar ainda mais seu isolamento e as limitações de sua vida, o voto e a participação política não teriam sentido. Era necessário primeiro tirar-lhes as vendas dos olhos, para que depois elas pudessem reivindicar seus direitos políticos e jurídicos. Violante mostra-se consciente disto e revolta-se contra a escravidão dos elementos de seu sexo.

> O destino da mulher encerrava-se todo no *quero* absoluto dos senhores poderosos, soberbos e estúpidos [...].

---

[52]. Cf. a esse respeito o triste quadro que ressalta das páginas de Heleieth Saffioti (1969, p. 198-216).

> Maldição sobre toda a mulher que se servir do seu poder (o amor) para fins diversos. Execração sobre aquela que se degradar da missão sublime que o Eterno lhe confiara[53] (Vidal, s.d., p. 137).

Em contraste, naquela mesma época as líderes americanas Elizabeth Cady Stanton e Susan B. Anthony publicavam seu jornal *The Revolution*, de cunho completamente diverso, em que criticavam justamente essa mística:

> A principal frustração da mulher não se deve ao seu cerceamento político, mas sim social e especialmente conjugal[54].

Havia naquele grupo feminista americano uma maior consciência da necessidade de romper com as amarras não apenas legais, mas também culturais. No caminho da ruptura ideológica, estavam mais à frente do que as brasileiras. Porém também naquela sociedade, apesar de já se encontrar em pleno processo de industrialização, suas críticas tornaram-se um desafio ainda forte demais para ser suportado. Conforme foi relatado antes, as críticas à condição da mulher, no que se refere à sua posição na família, tiveram de ser abafadas. A ruptura ideológica não ocorre sem que haja condições materiais para isso.

A 7 de setembro de 1873, na cidade de Campanha da Princesa, a professora Francisca Senhorinha da Motta Diniz funda um jornal feminista, *O Sexo Feminino*, todo editado por mulheres. Também ela defende a educação da mulher e sua emancipação:

> Não sabemos em que grande república ou republiqueta a mulher deixe de ser escrava e goze de direitos políticos, como o de votar e ser votada. O que é inegável é que, em todo o mundo bárbaro e civilizado, a mulher é escrava, domine o governo monárquico, ou o indiferente despotismo (Valadão, 1941, p. 480).

---

53. Este segundo trecho foi originalmente publicado em 1873.
54. Donna Keck e Vicki Pollard, em "They almost seized the time", publicado em *Women, a Journal of Liberation*, v. 1, n. 3, Spring 1970, p. 18.

O número de 7 de abril de 1875, editado já no Rio de Janeiro, é dedicado à defesa do sufrágio (Valadão, 1941, p. 482). Coerente com sua condição de mulher consciente e politizada, toma o partido dos abolicionistas, defendendo suas ideias em seu jornal.

Em 1878 estreia em São Paulo uma peça teatral escrita por Josefina Álvares de Azevedo: *O voto feminino* (Vidal, s.d., p. 162). Também jornalista, escrevia artigos fazendo defesa veemente da emancipação da mulher e partilhava da preocupação de suas antecessoras com relação à educação feminina. Seu *slogan* era "Mulher instruída é mulher emancipada". Lançou a revista *A Família*, em que divulga sua revolta com a condição de seu sexo. No número de dezembro de 1888 escreve: "A consciência universal dorme sobre uma iniquidade secular: a escravidão da mulher" (Vidal, s.d., p. 163). Em 1891, apela à Assembleia Constituinte, quando do debate sobre o voto feminino, trazendo suas reivindicações: "Queremos o direito de intervir nas eleições, de eleger e ser eleitas como os homens, em igualdade de condições" (Vidal, s.d., p. 164).

A Dra. Isabel de Mattos Dillon exerceu o direito de voto ainda durante o período monárquico. Era dentista e, apelando para a Lei Saraiva, que dava aos detentores de títulos científicos o direito de voto, requereu seu alistamento. Perdeu em primeira instância, mas venceu em segunda. Chegou a apresentar-se como candidata à Constituinte, embora sabendo não contar com qualquer possibilidade de vencer. Em seu manifesto diz: "Entendo que um governo democrático não pode privar uma parte da sociedade de seus direitos políticos, uma vez que as mulheres não foram francamente excluídas da Constituição vigente" (Coelho, 1933, p. 212-213). Estava, portanto, usando o mesmo argumento que seria mais tarde repetido pelas sufragistas: a constitucionalidade do voto. Cesário Alvim, ministro do Interior do Governo Provisório, ao saber do caso da Dra. Isabel, proibiu, no Regulamento Eleitoral que ditou a forma da eleição da Assembleia Constituinte, o voto feminino, a fim de que não se repetisse esse episódio. Na Constituinte de 1890-1891, quando Almeida Nogueira faz sua famosa apologia do voto feminino, esse decreto é lembrado por um representante. Dizia o jurista:

O nosso Direito Público exclui apenas os mendigos, os analfabetos, as praças de pré e os religiosos de ordem monástica. Não exclui as mulheres [...] Um senhor representante: "Há um aviso do Ministro do Interior". Senhor Almirante Nogueira: "Aviso não tem força obrigatória, e menos ainda derrogatória de direito; tem apenas a autoridade moral da opinião do seu autor, se este é jurisconsulto[55].

Em 1878 deu entrada na Assembleia Legislativa Provincial de Pernambuco uma petição do jornalista Romualdo Alves de Oliveira solicitando ao governo da Província uma subvenção de 100$000 mensais para que sua filha Josefa Águeda Felisbela Mercedes de Oliveira pudesse estudar nos Estados Unidos ou na Suíça (as leis brasileiras vedavam às mulheres o acesso às escolas de Medicina). A petição provocou enorme celeuma, que mobilizou a sociedade pernambucana, enchendo as galerias durante os debates. Segundo registram os anais, o público ovacionava os oradores partidários da emancipação da mulher, o que demonstra o avanço da ideia já no fim do Segundo Reinado. Eram favoráveis à participação social da mulher Tobias Barreto e o Barão de Nazaré. Os opositores, entre os quais destacou-se o médico Malaquias Gonçalves da Rocha, baseavam-se nas teorias científicas da inferioridade orgânica do sexo feminino. Após calorosos debates foi concedida a bolsa, incluindo-se também como beneficiária outra pretendente, Maria Amélia Florentino Cavalcanti. Josefa Águeda não terminou seus estudos por razões de saúde. De retorno ao Brasil publicou, ao lado de Maria Augusta Generosa Estrela, a primeira médica brasileira, um periódico sobre literatura, medicina e belas-artes denominado *A Mulher*, que havia antes sido editado por elas quando estudantes na Filadélfia. Quanto a Amélia Cavancanti, cursou Medicina na Bahia quando a legislação assim o permitiu, tornando-se a primeira médica pernambucana.

Por esses exemplos verifica-se que, apesar dos limites estreitos permitidos à mulher, algumas conseguiram romper seu isolamento e forçar uma atuação mais ampla, ainda nem sempre bem-vista, na vida política do fim do Império. Uma pesquisa da década de 1970 revela a participação de mulheres na campanha abolicionista,

---

55. *Anais do Congresso Constituinte da República*, v. II, 1926, p. 50-51.

fato que os livros de História não deixam transparecer (Crescenti, 1976)⁵⁶. Houve a formação de diversos clubes e ligas abolicionistas dirigidos e compostos por mulheres, que também participaram em associações masculinas. Também pela imprensa muitas mulheres se manifestaram a favor da libertação dos escravos. O jornal de Josefina Álvares de Azevedo era abolicionista, além de feminista, conjugando as duas lutas. De qualquer forma, não existem subsídios para se afirmar a existência no Brasil de qualquer relação, tal como ocorreu nos Estados Unidos, entre abolicionismo e sufragismo. O que se pode dizer com segurança é que nas últimas décadas do século XIX a mulher não se manteve totalmente alheia às transformações políticas por que passava o país, ao contrário do que comumente se pensa. Que os casos mencionados sejam exceções não é de estranhar, dadas as condições de vida, bastante conhecidas, reservadas ao sexo feminino. Havia, porém, já alguma participação de mulheres, ainda que incipiente, para além da esfera estritamente doméstica.

Em 1900, na cidade de Diamantina, em Minas Gerais, três moças com idade entre 18 e 20 anos, de família tradicional da região, fundaram um jornal feminista, *A Voz Feminina*, com o subtítulo "Órgão dos direitos da mulher, literário e noticioso". Esse jornal circulou durante mais de dois anos. Clélia, Zélia e Nícia Corrêa Rabello, duas irmãs e uma prima, redigiam, diagramavam e imprimiam elas próprias, na tipografia de um tio, o seu jornal⁵⁷. Era uma publicação quinzenal, vendida sob regime de assinaturas ("4$000 ao ano, 2$500 ao semestre, pagamento adiantado"). Nas quatro páginas do jornal discutiam política internacional (tomavam o partido de Paul Kruger na Guerra dos Bôeres) e problemas internos (há vários apelos para auxílio aos flagelados da seca) e publicavam cantos seriados, poemas, notícias sociais e receitas. Procuravam, portanto, atingir um público mais amplo, não se limitando a assuntos exclusivamente femininos. Tinham leitores homens, conforme atestam alguns exemplares

---
56. Agradeço à Fundação Carlos Chagas o acesso a esta referência. Agradeço também ao historiador e amigo Paulo Cavalcanti as informações sobre suas conterrâneas Josefa Águeda e Maria Amélia Florentino Cavalcanti.
57. Agradeço a David Jardim e a Consuelo Jardim de Miranda as informações e o acesso a cópias do jornal editado por sua mãe, Clélia.

que trazem em manuscrito nomes de destinatários masculinos, bem como o n. 11 do jornal, que publica uma carta do leitor Miguel de Almeida, comentando a posição de Portugal na Guerra dos Bôeres. Entretanto, a importância do jornal está em o enfoque básico e o objetivo explícito serem a reivindicação dos direitos da mulher. Celebrando no dia 21 de abril o seu segundo aniversário, escreve:

> Quando nesse dia ousamos iniciar a defesa de nossos justos direitos, já tínhamos bastante convicção de nossas ideias para não tremermos das mil dificuldades com que sabíamos havíamos de lutar, defendendo-as pela imprensa [...] queremos agora, tanto como sempre, defender, pelo único meio que nos é permitido, a grande causa do feminismo. A lembrança de que erguemos um protesto contra o erro social que nos torna inferiores aos homens, exalta-nos algum tanto. Não esperamos vencer, mas desejamos lutar, e como o grande mártir exclamar: *Libertas quae sera tamen*[58].

Sua atuação provavelmente levantou os clássicos protestos baseados na "missão natural da mulher", pois reiteram em mais de um número sua convicção de que a mulher educada e participante estaria mais bem preparada para cumprir os seus deveres:

> A mulher precisa educar-se, precisa instruir-se para fazer a felicidade do lar e principalmente para ganhar a vida independentemente de como o homem ganha. Não é isto menosprezar a sua missão no lar e a felicidade doméstica, que só ela é capaz de fazer [...] Se víssemos nesta independência qualquer abalo para a ordem doméstica [...] abandonaríamos desde já nossas opiniões[59].

No n. 18, de 16 de abril de 1901, Clélia lança a reivindicação do sufrágio. Começa seu artigo citando Castro Alves:

> A terra que fez o sufrágio universal, não tem o direito de recusar o voto da metade da América. E este voto é o vosso.

Assim escudada pela opinião de um expoente do sexo oposto, continua:

---

58. *A Voz Feminina*, n. 23, 21 abr. 1902.
59. *A Voz Feminina*, n. 17, 20 mar. 1901.

E por que havia de ter este direito? Não somos também, como é o homem, parte componente da sociedade? Não estamos sob o jugo da lei, e não temos inteligência lúcida, vontade livre? Para que o governo seja democrático, é necessário que todos que estejam sob seu domínio possam também agir sobre ele. Ou então tudo é absolutismo. Para haver liberdade de um povo é evidentemente necessário que seja o seu governo criado pelo sufrágio de todo ele. Mas se apenas uma metade pode agir livremente, a outra agirá automaticamente: só a primeira é livre, a segunda escrava. São dois povos em um mesmo país: um livre e independente que conforme sua vontade reina sobre o segundo. Os homens são os soberanos: a mulher continua a ser súdita.

Esse é o discurso feminista de uma época em que a mulher não tinha nem os mais elementares direitos. Lutava por vencer os tremendos obstáculos sociais, culturais, jurídicos, políticos e econômicos que tolhiam o seu desenvolvimento. Não se pode pedir a esse feminismo que, enfrentando ambiente tão hostil, tenha também podido chegar a uma crítica da sociedade e do papel tradicional da mulher. Esse passo foi dado numa fase posterior da luta feminista, em que os obstáculos mais óbvios já haviam sido em grande parte removidos, deixando claro que a mutilação da personalidade feminina é parte da própria cultura e que a superação das barreiras ao nível jurídico e político, assim como no econômico, é apenas a primeira etapa.

Em meados da década de 1910, duas outras feministas procuram atuar para a mudança na condição de seu sexo. Myrthes de Campos, advogada, é a primeira mulher a ser aceita no Instituto da Ordem dos Advogados. Consciente da excepcionalidade de sua situação, empenha-se em demonstrar por seu exemplo que a mulher é capaz de exercer profissões masculinas. Sua primeira defesa teve repercussão na imprensa e os jornais comentavam seu "brilhantismo" como se se tratasse de um fenômeno extranatural. Assim, as pioneiras levam a carga de representar um exemplo, obrigadas a se mostrar mais eficientes do que o normal dos homens, a fim de justificar o rompimento com o comportamento tradicional e serem aceitas em seu novo papel. A Dra. Myrthes requereu seu alistamento eleitoral, argumentando que a Constituição não negava à mulher esse direito, pois referia-se apenas, enumerando os impedimentos, aos

> Art. 79. [...] eleitores os cidadãos maiores de 21 anos que se alistaram na forma da lei.
>
> § 1º Não podem alistar-se eleitores, para as eleições federais ou para os Estados: 1º Os mendigos; 2º os analfabetos; 3º as praças de pré, excetuando os alunos das escolas militares de ensino superior; 4º os religiosos de ordens monásticas, companhias, congregações ou comunidades de qualquer denominação, sujeitos ao voto de obediência, regra ou estatuto que importe em renúncia da liberdade individual.

O requerimento foi indeferido. Entretanto, o texto da lei era tão claro, que consta que na comarca de Minas Novas, em Minas Gerais, três mulheres se alistaram e votaram em 1905: Alzira Vieira Ferreira Netto, mais tarde formada em Medicina; Cândida Maria dos Santos, professora em escola pública; e Clotilde Francisca de Oliveira[60].

A Dra. Myrthes continuou sua luta pelo voto. Em 1922, atuou no Congresso Jurídico realizado no Rio em comemoração ao centenário da Independência, conseguindo fazer aprovar emenda sua, por 28 votos a 4:

> 1 – A mulher não é, moral nem intelectualmente, inapta para o exercício dos direitos políticos;
>
> 2 – Em face da Constituição Federal, não é proibido às mulheres o exercício dos direitos políticos, que lhes deve ser permitido (Rodrigues, 1962, p. 50).

Porém foi outra mulher, a professora Leolinda Daltro, quem primeiro projetou no Brasil, de forma organizada, a ideia do sufrágio feminino. Requerendo seu alistamento, em petição fundamentada no mesmo argumento da constitucionalidade do voto, teve também por sua vez seu pedido rejeitado. Reconhecendo que o caminho através da Justiça seria longo e incerto, muda de tática e volta-se para o campo político. Funda em 1910 o Partido Republicano Feminino, com o objetivo de ressuscitar no Congresso o

---

60. *A Esquerda*, 7 jul. 1928.

debate sobre o voto, que desde a Constituinte de 1891 havia sido esquecido. Em novembro de 1917 organiza uma passeata com 84 mulheres, o que surpreendeu a população do Rio (Coelho, 1933, p. 104). Suas atividades parecem surtir efeito, pois naquele mesmo ano o deputado Maurício de Lacerda apresenta na Câmara um projeto de lei instituindo o sufrágio feminino. O projeto não chegou a ser discutido. Em sua exposição de motivos refere-se à comprovada capacidade da mulher, que lá penetrara em todos os ramos de atividade, mostrando-se tão eficiente quanto o homem, o que tornava superado o "vetusto prejuízo do sexo" (Coelho, 1933, p. 222-223). Manifesta-se contra a interpretação restrita e errônea da palavra "cidadãos" no artigo 79 da Constituição, dizendo estar a mulher automaticamente incluída, já que não se faz referência à distinção de sexos na enumeração dos excluídos daquele direito. Utiliza também o argumento moral, afirmando que a participação política da mulher elevaria o nível de moralidade do eleitorado. Esse deputado voltou a apresentar seu projeto em 1920 e 1922, na assembleia fluminense (Coelho, 1933, p. 235).

Pouco depois, em 1919, Justo Chermont leva ao Senado um projeto no mesmo sentido. Sua argumentação segue a linha tradicional do debate, enfatizando a "missão primordial feminina". Diz o projeto:

> Prestando a devida homenagem à principal missão da mulher sobre a terra – os misteres da maternidade –, penso que eles não são incompatíveis com os seus deveres sociais e com os direitos políticos que o regime democrático lhes deve garantir (Austregésilo, 1923, p. 121-122).

Leolinda Daltro, acompanhada de um grupo grande de mulheres, compareceu ao Congresso para assistir à votação, inaugurando a técnica de pressão política que seria utilizada pelo movimento sufragista brasileiro.

A lei especificava que, para mudar uma matéria constitucional, era necessário que o projeto de reforma passasse, nas duas casas, por três discussões, sendo referido em cada uma delas pelas respectivas comissões de Constituição e Justiça. Era, assim, um processo longo, sujeito, dado aos azares da vida política, a rolar durante anos pela Câmara e pelo Senado. Foi isso exatamente o que ocorreu com a questão do voto feminino, considerada de modo errôneo matéria de emenda constitucional. Discutido e aprovado o projeto pela primeira vez, em ambas as casas, em 1921, veio a ser de novo debatido apenas pelo Senado em 1927, sem chegar a ser votado, para enfim ser instituído por decreto presidencial em 1932 e confirmado pela Constituição de 1934.

Embora a mulher brasileira de uma forma geral não tenha tomado parte ativa nas transformações políticas, econômicas e sociais que caracterizaram o fim do século XIX no Brasil, sua condição foi aos poucos se modificando. A crescente industrialização abriu-lhe novas oportunidades de emprego na indústria, no comércio, nos serviços e na administração. Uma moça de classe média, em princípios do século XX, além da tradicional profissão de professora – única permitida a suas mães e avós –, tinha também a possibilidade de optar por algum cargo subalterno no funcionalismo público e no comércio. As escolas superiores começavam a receber, entre assustadas e escandalizadas, as primeiras médicas e advogadas. A sociedade, tornada mais complexa, aceitava essa mão de obra feminina que, reconhecidamente mais dócil e responsável, constituía uma bem-vinda adesão à força de trabalho. Sua passividade reforçava a possibilidade de maior exploração salarial, o que tornava isso ainda mais interessante do ponto de vista do empresário capitalista. A realidade econômica veio, assim, aos poucos rompendo com a dedicação exclusiva ao lar e trazendo a mulher para a participação no mundo externo.

Nenhuma mudança social ocorre sem que a sociedade tenha já caminhado no sentido de possibilitá-la. A mulher brasileira dos anos que precederam a Primeira Guerra estava ainda muito próxima do estilo de vida da época colonial, fechada em seu ambiente cerceado, sem que pudesse tomar consciência de sua condição de "cidadã de segunda classe" e da necessidade de lutar para superá-la. Ainda se passaria algum tempo para que as mudanças ocorridas na economia, e a entrada cada vez maior da mulher no mercado de trabalho, viessem conscientizar certo número delas, que formariam a vanguarda do movimento feminista.

O movimento que se delineou em meados da década de 1910-1920 e levou a luta pelo voto até o seu fim teve um caráter restrito em termos de número de participantes. Pode-se dizer, entretanto, que a atmosfera em que as feministas da década de 1920-1930 atuavam havia mudado o bastante para que tivessem trânsito mais fácil junto à imprensa e aos políticos, permitindo-lhes até certo ponto superar a limitação numérica por um maior acesso ao público. Dessa vantagem não haviam gozado suas antecessoras, algumas das quais foram referidas antes neste texto.

3.2.2 Fundação da Liga pela Emancipação Intelectual da Mulher

Do que ficou anteriormente exposto vimos que, quando no fim de 1918 Bertha Lutz manifesta pela primeira vez em público suas ideias feministas, já a questão do sufrágio havia sido defendida, inclusive de forma organizada.

O constituinte César Zama talvez tenha sido quem inaugurou o debate sufragista no Parlamento brasileiro quando, na sessão de 30 de dezembro de 1890, declarou:

> Aceitando a república democrática exijo-a com a sua condição indispensável, com o sufrágio universal, tão universal que até às mulheres se estenda o direito de tomar parte no festim político[61].

Entretanto, o assunto surgiu não porque houvesse algum interesse dos deputados. Em quase todas as discussões em que houve referência ao sufrágio feminino, esta ocorria para enfatizar algum outro argumento que se desejava defender. Assim foi no caso da famosa explanação de Almeida Nogueira, repetida em várias das exposições de motivos das sufragistas. Tão de passagem foi essa referência, que o constituinte assim a conclui: "Senhores, na ocasião

---

61. *Anais do Congresso Constituinte da República*, v. I, 1924, p. 1052.

em que abri este parêntesis [...]"⁶²; e continua seu pronunciamento, a respeito da proposta de se fazer representar cada estado por um voto. No caso da referida citação de César Zama, defendia este a tese da validade do voto dos analfabetos. Àquela época o sufrágio feminino era ainda uma questão praticamente esquecida.

Deve-se abrir exceção para o pronunciamento do constituinte Costa Machado, que, de forma surpreendente, pediu a palavra expressamente para defender o voto da mulher, chegando a protestar contra a arbitrariedade da mesa, que custou a ceder-lhe tempo na tribuna. Fez enfática apologia da justiça dessa medida, demonstrando haver refletido sobre o assunto, pois refutou diversos dos argumentos contrários: ao da "função especial da mulher", responde que "se a missão da mulher é procriar, os animais irracionais também procriam"; ao de que a mulher deve dedicar-se exclusivamente à educação dos filhos, afirma que melhor o fará se entrar "para a sociedade a fim de conhecê-la e amá-la"; ao da subversão da ordem doméstica, diz que "querem a harmonia da família fundada nas relações que há entre o amo e a criada, entre a escrava e o senhor" e conclui declarando não se poder consentir que "elas tenham obrigações, carreguem com o peso de todas as penas do código criminal, e não tenham os direitos relativos" (Nazário, 1923, p. 50-53).

Durante a discussão da primeira Constituição da República, em 1890-1891, foi apresentada emenda nos seguintes termos: "1º): Fica garantida às mulheres a plenitude dos direitos civis, nos termos do artigo 72. 2º): Fica conferido o direito eleitoral às mulheres diplomadas com títulos científicos e de professora, às que estiverem na posse de seus bens, nos termos da lei eleitoral"⁶³. A emenda caiu, pesando sobre a decisão o parecer de Almeida Nogueira:

> Declaro que votei contra a emenda assinada pelos Senhores Saldanha Marinho e outros, conferindo o direito eleitoral às mulheres, porque coerente com as ideias que expendi na sessão de 2 do corrente, considero escusada e inconve-

---

62. *Anais do Congresso Constituinte da República*, v. II, 1926, p. 50-51.
63. *Anais do Congresso Constituinte da República*, v. II, 1 jan. 1891, p. 439.

niente aquela menção especial e expressa, visto achar-se compreendido implicitamente o direito das mulheres ao alistamento eleitoral e ao exercício do voto, na generalidade dos termos do projeto constitucional e de todas as leis e regulamentos eleitorais[64].

Bertha Lutz inicia sua campanha com uma carta à *Revista da Semana*[65] em que declara que vem há tempos se preocupando com os problemas da mulher. Sente talvez com maior clareza a injustiça de sua condição por ter ela própria rompido com o papel tradicional, dirigindo-se a uma carreira científica. Educada, verifica que existem outras mulheres com o mesmo nível que ela. São todas um exemplo de que a mulher pode e deve equiparar-se ao homem. Atenta para a necessidade de comprovar isso perante a opinião pública, propõe a formação de uma associação que as reúna, com o objetivo de "canalizar todos esses esforços isolados para que seu conjunto chegue a ser uma demonstração". Sua argumentação baseia-se na já comprovada eficiência da mulher, exemplificada por sua participação nos esforços da guerra.

Nessa carta Bertha Lutz, jovem recém-formada, iniciando sua carreira, deixa transparecer sua irritação com o tratamento dispensado a seu sexo, em que o homem, por sob a capa do respeito, "mal esconde a tolerância e a indulgência, como se se tratasse de uma criança mimada". Quer, portanto, o direito de ser respeitada como ser humano e não como objeto de luxo ou agrado, incapaz de pensar por si. Reconhece, entretanto, que a culpa não é só dos homens, embora a eles caiba uma grande parcela, já que "a legislação, a política e todas as instituições públicas" estão em suas mãos; porém as mulheres devem mostrar-se merecedoras, provando-se capazes, no mesmo campo de luta, como o fizeram as inglesas e as americanas. Mostra-se decidida a enfrentar esse desafio e já nessa sua primeira apresentação pública deixa transparecer essa determinação, sem temer a repercussão desfavorável que sua atitude poderia provocar.

---

64. *Anais do Congresso Constituinte da República*, v. II, 16 jan. 1891, p. 617.
65. *Revista da Semana*, 28 dez. 1918.

Vemos já na carta o espírito combativo que a levaria a liderar o movimento sufragista com uma perseverança e uma obstinação típicas daqueles que estão resolvidos a alcançar sua meta.

Respondendo à proposta de fundar uma associação, a colunista da *Revista da Semana*, Iracema, mostra-se bem mais cautelosa, e, elogiando a cultura de sua interlocutora, "cuja inteligência foi educada como a de um homem", leva-a a considerar "as dificuldades de realizar-se um grande movimento de associação feminina", pois o povo brasileiro não tem o "instinto associativo", nem as mulheres sabem se amar a ponto de poderem se congregar. Coloca suas esperanças nas moças pobres das novas gerações que, forçadas a trabalhar, poderão alcançar uma independência econômica que as fará respeitar pelo homem, dando-lhes "o privilégio de não terem de colocar a sua beleza ao serviço da solução do problema da subsistência". Elaborando mais as dificuldades de uma associação, a colunista aconselha: "A Sra., pelo seu prestígio mental, pelo alto lugar que tem entre as suas patrícias, poderia, em condições incomparáveis, tentar a fundação de 'uma liga de mulheres brasileiras'". Mais adiante, pergunta: "Quer oferecer o prestígio do seu nome para o êxito dessa iniciativa?" (no caso, está se referindo à fundação de uma revista)[66].

Essa carta revela uma preocupação sempre presente no movimento sufragista: a necessidade de se legitimar aos olhos do público, procurando para isso mobilizar mulheres cuja posição social fosse de indiscutível respeitabilidade. Bertha Lutz, na carta anteriormente referida, demonstra estar consciente da ousadia que representava o fato de mulheres se reunirem com o objetivo de participar em atividades de cunho político – só se aceita que o façam para objetivos filantrópicos, mais condizentes com a "natureza feminina" – e procura desvincular-se das *suffragettes* de tão má reputação, dizendo que não propõe "uma associação de *suffragettes* para quebrarem as vidraças da Avenida". Vê-se já esboçada a estratégia que será utilizada posteriormente. Denunciando o feminismo radical, alia-se ao movimento tradicional representado nos Estados Unidos pela

---

66. *Revista da Semana*, 4 jan. 1919.

NAWSA: nomes ilustres e reivindicações feitas pelos trâmites legais, usando os instrumentos políticos legítimos, evitando-se toda e qualquer confrontação que pudesse vir a abalar a frágil corrente favorável que começava a se formar na opinião pública.

A publicação da carta deve ter tido grande repercussão, pois em fevereiro de 1919 o *Rio Jornal* anuncia que sua seção Rio-Femina contará com a colaboração de duas mulheres representativas das novas ideias de emancipação, ligadas ao feminismo europeu e americano: Selda Potocka e Bertha Lutz. Comenta a necessidade de se criar uma tribuna que represente as 40 mil mulheres trabalhadoras do Rio. Esclarece aos leitores que esses dois nomes

> garantem que mulheres vão ser nobremente encaminhadas para generosos e elevados objetivos, sem perigo de que a causa feminina se desvie de uma missão educadora e associativa, tendente a intensificar a colaboração altruísta da mulher na nossa vida social, a filantropia, a assistência às operárias, às mulheres pobres e às crianças abandonadas e enfermas, a organização de associações de classe, a instituição de creches e dispensários[67].

Um feminismo que se coloque com cautela, mostrando sua boa vontade, enfatizará os atributos "femininos" de altruísmo e caridade. Os problemas da classe operária são encarados sob um prisma assistencialista, e a imagem de mulher participante que está implícita no texto é suficientemente "comportada" para que possa ser aceita por uma sociedade que já vinha se beneficiando dessa participação. Mantém-se intacto o universo feminino típico da burguesia vitoriana, aliando-se as "qualidades femininas" à ideia de "humanizar" o capitalismo. Porém, facilita-se a penetração de mão de obra feminina sem, ao mesmo tempo, romper a imagem tradicional da mulher[68].

---

67. *Rio Jornal*, 2 fev. 1919. Segundo informação obtida no arquivo de Raul Soares, no Centro de Pesquisa e Documentação (CPDOC) da Fundação Getúlio Vargas, no Rio de Janeiro, esse jornal seguia a orientação do senador Lauro Müller, um dos defensores do sufrágio feminino (documento registrado sob o código RS 19-2-22/6).

68. Acumulando as suas funções, a mulher serve duplamente ao sistema capitalista, conforme foi observado no capítulo 2: a desvalorização do seu trabalho permite maior acumulação de capital; e os serviços domésticos que ela continua a prestar evita investimentos que encareceriam sua mão de obra e sua função reprodutora da força de trabalho.

Começando dentro dessa linha sua atividade pública, Bertha Lutz trata, em seus artigos para a seção Rio-Femina do *Rio Jornal*, de assuntos ligados à emancipação da mulher. Sua preocupação é já o amadurecimento, diante da opinião pública, da ideia de que os direitos da mulher não significarão um rompimento com a família, com o papel tradicional de mãe e esposa. Argumenta que, sendo o lar o local tipicamente feminino, nem por isso deve a mulher limitar seus horizontes a ele, deixar de se educar, de participar da sociedade: a educação a tornará uma dona de casa mais eficiente, capaz de cuidar melhor de sua família. Por um lado, a mulher da classe alta deve dedicar "parte de seus bens e do seu tempo, da sua influência e do seu prestígio a obras de utilidade social". Por outro, a realidade econômica exige que as mulheres de classe pobre procurem "no trabalho os recursos necessários à sua independência". Por isso, é preciso "que em toda parte, no lar, como no trabalho, a mulher mereça o mesmo respeito e seja cercada das mesmas garantias". Para refutar a acusação de que a participação política viria afastar a mulher do lar, pede aos leitores que se lembrem do exemplo de abnegação que sempre demonstrou através da História. Enfatiza a visão clássica da mulher ligada ao lar, limitando-se a ele quando exigido, ou dele saindo quando necessário, sempre, contudo, tendo-o como palco, como justificativa de vida[69].

Preocupa-se em dissipar a imagem negativa produzida pelas *suffragettes* de Emmeline Pankhurst, definindo o que são as feministas: não mulheres de "cabelos curtos, trajes semimasculinos, andar pesado, gestos desprovidos de graça alguma"; estas são "apenas uma forma aberrante". As verdadeiras feministas são aquelas que comprovaram sua coragem, seu valor e sua capacidade durante a guerra e que, ao receberem como recompensa o sufrágio, exercem-no com responsabilidade, preocupando-se com as questões a que deve atender toda mulher: "o bem-estar da criança e de sua mãe, a legislação do trabalho, a instituição de horas mais curtas, de salários mais adequados para as operárias [...]"[70]. Mostra-se cons-

---

69. Todas estas citações são da seção Rio-Femina, *Rio Jornal*, 13 fev. 1919.
70. *Rio Jornal*, 27 fev. 1919.

ciente da necessidade de melhorar as condições de vida da operária (refere-se sempre apenas ao sexo feminino, nunca à classe como um todo) dentro de uma abordagem de cunho assistencialista que não chega a analisar o funcionamento da sociedade no âmbito das relações de produção. Isso, aliás, apenas as feministas de esquerda o fizeram (nos Estados Unidos e na Europa) e estas foram muito poucas, sempre cautelosamente evitadas pela corrente tradicional.

Em outro artigo define o que seja "feminismo": não se quer "negar as diferenças fisiológicas e psicológicas", além das "irredutíveis". Rejeita porém a ideia de que elas impliquem inferioridade. Devem ser levadas em conta apenas quando importantes e esquecidas nos casos em que são insignificantes.

> No número destes entra em primeiro lugar a instrução à qual a mulher tem direitos equivalentes, entra também o trabalho para o qual ela deve dispor dos mesmos meios e pelo qual deve receber a mesma remuneração. Além destes direitos, tem a mulher outros, quais sejam, o de garantir e proteger seus interesses civis e o de dar sua opinião em questões públicas especialmente nas que mais de perto consultem esses interesses ou possam de qualquer modo atingir o seu bem-estar e o das crianças[71].

Nesses artigos Bertha Lutz descreve o feminismo como uma série de reivindicações jurídicas, políticas, econômicas e sociais, que devem ser definidas através de uma atuação pacífica de propaganda e persuasão, efetuada por mulheres que por sua própria vida sejam um exemplo dos benefícios que a emancipação poderá trazer. Apela para que a mulher se eduque, a fim de conquistar sua independência econômica; para que se associe e organize, de modo que aquelas que não precisam trabalhar possam aplicar suas energias na assistência às menos afortunadas, criando as instituições de que tanto carecem a mulher e a criança abandonada. A ênfase é sobre a responsabilidade individual, não sobre a responsabilidade do Estado e da sociedade. Mais tarde Bertha Lutz evoluirá para

---

71. *Rio Jornal*, 24 abr. 1919.

uma noção do papel do Estado como promotor do bem-estar social, porém nessa primeira fase de seu pensamento a preocupação com o operariado limita-se ao aperfeiçoamento das instituições de caridade, onde as mulheres de classe média encontrarão meios socialmente aceitos para preencher suas vidas[72]. Essa mescla de pioneirismo e conservadorismo existiu também no movimento americano: ao mesmo tempo que se reconhece a necessidade de uma participação maior na sociedade, mantêm-se as responsabilidades domésticas intactas; ao lado do surgimento de uma solidariedade para com as mulheres operárias, advogam-se meias-soluções baseadas no assistencialismo.

Coerente com sua atitude de desafio aos obstáculos que enfrentava qualquer mulher disposta a seguir carreira, Bertha Lutz inscreve-se no concurso para secretário do Museu Nacional, em julho de 1919. Antes dela, outra mulher se havia inscrito em concurso para cargo administrativo: Maria José de Castro Rabello Mendes, primeira colocada no concurso para terceiro oficial da Seção do Comércio do Ministério do Exterior[73]. Assumira o cargo depois de parecer favorável dado pelo consultor jurídico daquele ministério, Rui Barbosa.

É interessante transcrever a experiência desse concurso, conforme foi relatada por Bertha Lutz. Nessa descrição transparecem os enormes obstáculos que se dispunham a enfrentar as mulheres pioneiras, bem como sua consciência da responsabilidade que tomava com sua atitude, transformando-se aos olhos da opinião pública em exemplos da nova imagem de mulher.

> Quando fomos fazer a prova, eram 10 homens e eu. A primeira era de Português. Caiu um trecho de Camões. Analisei e voltei para casa. Disse para minha mãe: "Eu acho que não vou voltar, porque minha prova de Português não foi boa". Ela disse: "Você não vai voltar? Pra que você foi se inscrever se agora não vai voltar? Agora você não voltando, toda mulher que for entrar em concurso fica prejudicada

---

72. Cf. no capítulo 4, seção 4.2, os comentários acerca de seu trabalho *Treze princípios básicos* (Lutz, 1933b).

73. *Avante*, 3 out. 1921.

pelo que você fez. Porque você se inscreveu e largou no meio. De modo que você pense bem". E acabou me incitando a voltar [...] Eu voltei, e foi muito bom, porque aliás eu tinha tirado uma nota muito boa. Mas alguns deles erraram. Aliás, tinha lá um candidato, eu achei uma coisa muito curiosa, porque no dia seguinte ele mandou uma carta ao diretor do Museu dizendo que viu que tinha uma mulher fazendo o concurso e que isso era contra todas as boas normas da moral e da família, de modo que ele então não queria continuar. O engraçado é que ele me viu lá na prova e não disse nada. Foi só depois que ele largou. Afinal eu tirei primeiro lugar e fui nomeada [...] No meu caso também consultaram o consultor jurídico, Raul Penido, que deu o mesmo parecer[74].

Assumindo-se através da imprensa como feminista, Bertha Lutz, já bastante conhecida pela repercussão que teve sua nomeação, funda ainda em 1919 a Liga pela Emancipação Intelectual da Mulher, ou ainda, como também é referida pela imprensa, a Liga pela Emancipação da Mulher, de curta duração, substituída em 1922 pela Federação Brasileira pelo Progresso Feminino. É novamente ela quem fala, relatando como despertou seu interesse pela causa da mulher e como se deu o início da campanha:

> Eu sempre me interessei muito, porque quando estive na Inglaterra antes da guerra vi a campanha feminista e achava muito interessante. Minha mãe não participava, mas eu disse que queria ir também. Ela disse: "Você não pode ir. Elas têm razão, mas você não pode ir porque você não é inglesa, e a campanha está muito braba, de vez em quando elas vão presas e você como vai ficar, uma menor que não é inglesa". E não me deixava ir [...] Bom, depois quando voltei da Europa eu não gostava da atitude aqui [...] Aí quando eu fiz o concurso os jornais foram me perguntar se eu era feminista ou se trabalhava porque precisava. Eu respondi que não precisava, que trabalhava porque era feminista e achava que a mulher deve trabalhar como os homens, tem a mesma capacidade e os mesmos direitos. Eu estava esperando a ocasião para começar [...] Começou

---

74. Entrevista pessoal de Bertha Lutz com a autora.

assim: o senador Chermont apresentou no Senado projeto de voto para a mulher. Na Câmara havia uma lei, e dois deputados aqui do Distrito Federal apresentaram uma emenda que as mulheres podiam votar[75]. Então já tinha esses dois projetos. Eu tinha conhecido em Paris D. Jerônima Mesquita, uma mulher extraordinária. Ela me disse: "Se você algum dia quiser fazer qualquer coisa pelas mulheres no Brasil pode me chamar". Então eu procurei D. Jerônima e disse: "Tem um projeto no Senado e eu acho que a gente deve tentar ajudar, porque senão podem derrubar". Eu fui com ela ao Senado. Foi a primeira vez que nós começamos. E conversamos lá com o Chermont, cuja mulher era muito feminista, ajudava, convidava pessoas para almoçar ou jantar, para fazer a propaganda. Resolvemos também falar com o líder da maioria, senador Bueno Brandão. Ele era da mesma zona de Minas que a família de D. Jerônima. A mãe dela tinha uma fazenda muito grande, ele contava muito com eleitorado[76].

O relato continua. Temos porém nesse trecho elementos suficientes para fazer uma ideia do teor da campanha que se iniciava e de sua estratégia. A Liga pela Emancipação da Mulher era composta por um grupo[77] pequeno de mulheres que se conheciam entre si (5, segundo Maria Sabina) e que pertenciam a famílias da burguesia. Esse era seu principal trunfo. A partir de sua posição de esposas, filhas, amigas de homens da classe dominante, tinham acesso aos centros de poder. Por esse meio atingiam o Congresso e a Presidência e tinham em geral o respeito da imprensa. Encontravam-se em reuniões sociais com pessoas que podiam influenciar a causa. Dessa forma, conseguiram convencer certo número de deputados e senadores, de modo a fazer avançar no Congresso as emendas que já existiam.

A organização da liga foi produtiva, porque permitiu congregar os esforços, exatamente conforme Bertha Lutz sugeria em sua carta ao Rio-Femina. Uma de suas primeiras atividades foi mandar uma carta (enviada também aos outros membros da Comissão de

---

75. Os deputados foram Bethencourt Filho e Nogueira Penido.
76. Entrevista pessoal de Bertha Lutz com a autora.
77. Entrevista pessoal de Bertha Lutz com a autora.

Constituição e Justiça) aos deputados Bethencourt Filho e Nogueira Penido, que haviam apresentado emenda à lei eleitoral permitindo o alistamento de mulheres maiores de 21 anos, "satisfeitas todas as exigências da lei eleitoral vigente"[78]. Nessa carta encontram-se resumidos os principais argumentos utilizados na campanha: enumeram os países que já haviam concedido o voto à mulher (cerca de 30, "incluindo as grandes potências Grã-Bretanha, Estados Unidos, Alemanha [...]"); tentam dissipar os temores dos recalcitrantes comprovando que nos países onde a mulher vota essa atividade se caracteriza "pela ação construtiva e pelo interesse que dedica aos problemas de importância prática, principalmente às questões de ordem moral e social"; acalmam os que se mostram ansiosos com relação ao futuro da família: "Fica patente que as poucas horas gastas pelas eleitoras [...] em comparecer às urnas [...] em nada prejudicam os seus outros deveres e que muito têm feito para moralizar a política, para proteger a infância e as operárias no interesse da raça, para melhorar as condições de vida e para garantir, solidificar e aperfeiçoar o seu lar"; utilizam o argumento da capacidade comprovada na guerra, quando "tomaram a si com grande êxito postos de responsabilidade", e na História, em que a mulher sempre se provou eficiente nos momentos de crise, e "o tem feito não por vaidade e capricho, mas porque as circunstâncias tornavam necessárias a sua intervenção"; mencionam que os países civilizados, reconhecidos, esqueceram-se "de preconceitos e prejuízos muitas vezes seculares e concederam os direitos políticos à mulher", servindo assim de exemplo ao Brasil[79].

Esta é uma peça de argumentação sufragista clássica, utilizada tanto no Brasil quanto nos Estados Unidos: a mulher não deixará o lar, mas ao contrário, estando mais bem informada e dotada de poderes para empreender as mudanças necessárias, poderá atender com maior eficiência aos seus deveres familiares. De uma forma

---

78. Cf. parecer de Lamartine publicado em *A Noite*, 14 dez. 1921.
79. *Correio da Manhã*, 31 jan. 1921.

mais elaborada, porém utilizando-se de um argumento semelhante, Jane Addams advogava o voto, considerando a administração urbana uma ampliação das tarefas domésticas, e consequentemente campo específico de trabalho da mulher.

Continuando seu trabalho junto à Câmara, membros da Liga pela Emancipação da Mulher procuraram os deputados, a fim de convencê-los a aderirem à causa do sufrágio. Um dos mais favoráveis foi Juvenal Lamartine, do Rio Grande do Norte. Prometeu fazer destacar a emenda sobre o voto feminino do projeto de reforma eleitoral, para que ele próprio desse parecer e apressasse a sua votação em separado. Indicou às senhoras que o contataram quais os deputados com quem deveriam falar.

Juvenal Lamartine foi um dos maiores aliados da causa sufragista e seria mais tarde responsável pela lei estadual que deu pela primeira vez às mulheres brasileiras o direito de voto. Seu parecer inaugura o debate na década de 1920. Representa a síntese da argumentação feminista, conforme foi exposta pelo movimento internacional. A Liga pela Emancipação da Mulher forneceu-lhe os subsídios e informações sobre o assunto. A fundamentação e o desenvolvimento da questão seguem uma sequência lógica, já exposta nos movimentos anteriores dos Estados Unidos e da Inglaterra e que seria repetida aqui. Inicia-se a argumentação demonstrando-se o grande avanço da mulher com relação à participação em todos os setores da vida social; inclui-se a lista, cada vez maior, de países em que a mulher já gozava do direito de voto; reitera-se que os deveres familiares não seriam esquecidos; enfatizam-se os benefícios da atividade da mulher junto à maternidade e à infância, campos que lhe são específicos por natureza; e refutam-se os argumentos jurídicos contrários. É o seguinte o texto de seu substitutivo à emenda em discussão:

> O Congresso Nacional decreta: Art. 1º É permitido o alistamento eleitoral às mulheres maiores de 21 anos, que também poderão votar, satisfeitas todas as exigências da lei eleitoral. Art. 2º Revogam-se as disposições em contrário[80].

---

80. Cf. parecer de Lamartine publicado em *A Noite*, 14 dez. 1921.

O projeto foi aceito em primeira discussão a 10 de outubro de 1922[81].

A Comissão de Legislação e Justiça do Senado havia recebido do Senador Lopes Gonçalves, em maio de 1921, parecer favorável à emenda apresentada em 1919 pelo senador Justo Chermont. Foi aprovada em primeira discussão naquele mesmo ano. Todavia, com a eleição de Arthur Bernardes para a Presidência da República, conhecido opositor do voto feminino, os defensores dessa ideia preferem seguir cautelosamente, esperando ocasião mais propícia para nova discussão.

3.2.3 A Federação Brasileira pelo Progresso Feminino

O sistema democrático brasileiro nunca passara das intenções registradas em leis criadas a partir das realidades europeia e americana. Desde a Proclamação da República ouviam-se denúncias da farsa eleitoral que se praticava no Brasil. A campanha civilista de 1910 levantou com maior coerência, através de Rui Barbosa, os protestos contra as eleições a "bico de pena" e a "degola" dos candidatos da oposição. E foi justamente durante a década de 1920 que esses protestos recrudesceram, explodindo nas revoltas dos tenentes (1922 e 1924) e em manifestações de diversos tipos, nascidas dos meios intelectuais e das classes trabalhadoras. Bernardes manteve o país sob o regime de Estado de sítio durante a maior parte de seu mandato, na tentativa de conter o descontentamento que crescia, à medida que o governo apoiado nas oligarquias estaduais se afastava cada vez mais das outras classes sociais que começavam a se estruturar no Brasil do fim da República Velha. É certo que a Aliança Liberal e a revolução vitoriosa de 1930 surgiram de uma dissidência no interior dessas mesmas oligarquias, porém não teriam logrado estender-se tão rapidamente se não houvesse a sustentá-las um profundo sentimento de frustração no seio das outras classes sociais.

Nessa época de crise na estrutura política, em que as mudanças econômicas e sociais que vinham se processando desde três ou

---
81. *Correio da Manhã*, 15 out. 1922.

quatro décadas traziam já suas consequências, afetando a esfera do poder, as reivindicações mais repetidas, em todas as classes, eram no sentido da moralização eleitoral e da formação de um governo que fosse realmente representativo.

Não é possível entender a crise política da década de 1920 sem que se analisem as relações entre poder central e poder local, entre classes e grupos antagônicos, nas lutas que se processam desde o advento da República.

As mudanças políticas se processaram historicamente no Brasil a partir da atuação de uma elite, num movimento de cima para baixo, sem que houvesse uma participação popular ampla. O fim da monarquia caracterizou-se por uma ação desse tipo. Mudam-se as estruturas formais do governo, porém a grande massa da população mantém-se alijada das ocorrências políticas e isolada de seus benefícios. Permanece por tradição na elite governante uma desconfiança e um receio da participação do povo. O jogo livremente democrático é visto como perigoso, levando ao caos e à anarquia. A "política dos governadores" idealizada por Campos Sales tem como objetivo, em nome da estabilidade econômica, eliminar a oposição como fonte de conflitos. O governo federal se comprometia a legitimar os grupos instituídos no poder estadual, recebendo em troca a garantia de que seus atos seriam acatados no Congresso. Com essa fórmula e a prática de fraudes e violências nas eleições, a oposição não tinha qualquer chance de sobrevivência.

O regime federativo no Brasil era na verdade um regime regionalista, pela total ausência de uma ideologia global que arregimentasse partidários em termos nacionais. O Brasil dividia-se em inúmeros "feudos" onde se batiam as oligarquias rurais, praticamente à revelia do poder central. O fenômeno do "coronelismo", herança da estrutura agrária colonial, é o representante dessa política sem ideias ou ideais, feita unicamente de lutas pelo poder entre facções e famílias que se situam em campos opostos não por ideologia mas por circunstâncias locais. O "coronel", grande mandatário local, colocava-se numa posição de dependência para com os grupos políticos dominantes em nível estadual e federal, de quem lhe vinha a possibilidade de manter-se no poder[82].

A "política dos governadores", além da relativa estabilização dos grupos dominantes no poder, criou a possibilidade de manter, em nível federal, o controle político nas mãos dos estados economicamente mais fortes: Minas Gerais e São Paulo. A partir de Campos Sales, houve um quase ininterrupto revezamento de paulistas e mineiros na Presidência da República. As únicas tentativas de formação de um partido nacional (Francisco Glicério, com o Partido Republicano Federal; Rui Barbosa, na Campanha Civilista; e Pinheiro Machado, com o Partido Republicano Conservador) fracassaram, por estarem ligadas a ambições pessoais e a líderes personalistas, mais do que a ideias.

Para se ter uma noção da farsa democrática, basta dizer que a percentagem de eleitores que votaram em 1910 foi de 2,7%, segundo algumas estimativas, e 1,6%, segundo outras (Soares, 1973, p. 30). Como se esses dados não bastassem, deve-se levar em conta que entre esses eleitores ainda se inclui uma percentagem significativa de "fantasmas" criados pelas mesas eleitorais ao falsificarem as atas. O voto a descoberto, o controle da mesa e a depuração de candidatos no Congresso transformavam a prática numa verdadeira comédia eleitoral, que ninguém mais levava a sério. Tudo isso demonstra o quanto a estrutura jurídica estava afastada da realidade social e não passava de uma excrescência inspirada nos belos ideais do pensamento liberal, que os bacharéis da Constituinte conheciam e se esforçavam por imitar e adotar, pelo menos no papel[83].

Não é pois de surpreender que as principais reivindicações que o cerne do descontentamento das classes assim alijadas da participação política fosse a honestidade eleitoral. Todos os protestos nesse sentido sintetizavam-se na exigência do voto secreto, a grande panaceia capaz de curar os males eleitorais.

---

82. Cf. Leal (1975), um clássico do assunto.
83. A maioria dos filhos da burguesia formava-se em Direito, carreira nobre. Dos bancos dessa escola, saía a elite dominante. Foram contemporâneos da Faculdade de Direito de São Paulo alguns dos mais importantes políticos da República Velha: Rodrigues Alves, Joaquim Nabuco, Afonso Pena, Rio Branco, Rui Barbosa. Cf. Franco (1973, p. 15-16).

As revoltas tenentistas, que mobilizaram a opinião pública, principalmente durante o lance dramático da "Coluna Prestes-Miguel Costa", marcaram uma ruptura com a praxe revolucionária da história brasileira: surgindo da jovem oficialidade, tornaram-se verdadeiros porta-vozes do descontentamento dos grupos alijados do poder político. Apesar de sua ideologia tendente ao autoritarismo, em que se revela a tradicional desconfiança para com o "povo", as reivindicações ligadas à moralização do processo político refletem as aspirações das diferentes classes sociais. A força revolucionária tenentista será o grande elemento catalisador do descontentamento generalizado, concretizado já em termos de classes nas associações e organizações que se formaram logo antes e durante aquela década: as ligas nacionalistas da burguesia, as organizações operárias etc.[84].

Centralizando-se as reivindicações em torno do voto secreto e da honestidade eleitoral, é de surpreender que, apesar da ênfase nesse tema, não conste do discurso oposicionista que nessa época se articula referência alguma a respeito da inclusão das mulheres dentre os eleitores – ainda que Rosalina Coelho Lisboa, a "musa dos tenentes", noiva de Siqueira Campos, tenha sido uma das militantes do movimento sufragista. Isso talvez se deva ao fato de a mulher ter sido sempre um elemento passivo da História brasileira, condicionada por uma socialização alienante que não permitia nem sequer alcançar uma consciência crítica de sua condição subordinada. Dessa forma, não podia pressionar para o reconhecimento de direitos que não considerava seus. Não haveria, portanto, interesse para a oposição de pôr uma causa cuja vitória as próprias beneficiadas não pareciam capazes de se interessar. O movimento sufragista carregou como peso morto a indiferença da massa das mulheres por seu destino político.

A década de 1920 foi, pois, uma era conturbada, prenúncio das transformações que viriam a se cristalizar no período subsequente, posterior à Revolução de 1930. A classe operária se organizava, os intelectuais rompiam com o pensamento tradicional, as classes

---

84. Com relação às ligas, cf. Carone (1973). Com relação ao operariado, cf. Pinheiro (1975).

médias buscavam uma forma de ter representados seus interesses. Em 1922 deu-se a Semana de Arte Moderna, que revolucionou o pensamento artístico brasileiro; foi fundado o Partido Comunista; e estourou a primeira revolta tenentista, no Forte de Copacabana.

Naquele mesmo ano fundou-se a Federação Brasileira pelo Progresso Feminino. Sua origem liga-se à viagem feita aos Estados Unidos por Bertha Lutz, como representante brasileira à Conferência Pan-Americana de Mulheres. Em entrevista à imprensa, afirmou:

> Antes da Conferência havia, nos diversos países, grupos isolados de mulheres que lutavam, baseadas apenas na sua experiência e iniciativa próprias, para conseguir melhoramentos no que respeita à situação da criança e da mulher. Depois da Conferência, não há mais grupos isolados, há um grande conjunto de mulheres dedicadas à realização dos mesmos ideais[85].

Bertha compreendeu o alcance de uma associação internacional de mulheres que lutasse por seus interesses específicos, tais como "a proteção à infância, a instrução do sexo feminino, a proteção às mulheres na indústria, a supressão do tráfico de brancas, a situação da mulher perante o Código Civil", afirma ela na mesma entrevista.

Na argumentação sufragista persiste este paradoxo: o mundo externo, mantido injustificadamente como monopólio masculino, deve ser por direito repartido com o sexo feminino; entretanto, uma parte do raciocínio utiliza também como fundamento a especificidade do domínio natural da mulher – ou seja, sua ligação com a maternidade, a criança, as tarefas domésticas e, por extensão, os problemas sociais que envolvem a melhoria das condições de vida da mãe e de seus filhos. Reivindica-se igualdade, por um lado, e mantém-se, por outro, a especificidade da função feminina.

Nessa conferência Bertha Lutz teve a oportunidade de conhecer Carrie Chapman Catt, presidente da NAWSA, com quem conversou sobre a possibilidade de organizar no Brasil uma associação feminista nos moldes da americana. Eis seu testemunho:

---

85. *Rio Jornal*, 8 ago. 1922.

> Quando acabou a reunião eu pedi à líder americana, Mrs. Catt, que me ajudasse a fazer um estatuto porque eu queria começar uma associação. Então ela fez o estatuto da FBPF. E disse: "Se você quiser fazer um Congresso eu vou [...]". Eu perguntei a ela como é que se fazia um Congresso, e ela disse: "Vocês fazem assim: vocês convidam um político de proeminência para a sessão de abertura e outro para a sessão de encerramento. Nós dirigimos, eu falo, você fala, mas precisa ter um homem de projeção para dar importância"[86].

Dessa forma, diretamente inspirada pelo movimento americano de cunho tradicional, foi fundada, a 9 de agosto de 1922, a FBPF. A ideia de Bertha Lutz era justamente, conforme o nome diz, formar uma federação que incluísse diversas associações de mulheres. Seus objetivos, de acordo com os estatutos, eram:

> Art. 2 – A FBPF destina-se a coordenar e orientar os esforços da mulher no sentido de elevar-lhe o nível da cultura e tornar-lhe mais eficiente a atividade social, quer na vida doméstica, quer na vida pública, intelectual e política.
>
> Art. 3 – [...]
>
> 1. Promover a educação da mulher e elevar o nível de instrução feminina.
>
> 2. Proteger as mães e a infância.
>
> 3. Obter garantias legislativas e práticas para o trabalho feminino.
>
> 4. Auxiliar as boas iniciativas da mulher e orientá-la na escolha de uma profissão.
>
> 5. Estimular o espírito da sociabilidade e de cooperação entre as mulheres e interessá-las pelas questões sociais e de alcance público.
>
> 6. Assegurar à mulher os direitos políticos que a nossa Constituição lhe confere e prepará-la para o exercício inteligente desses direitos.
>
> 7. Estreitar os laços de amizade com os demais países americanos, a fim de garantir a manutenção da Paz e da Justiça no Hemisfério Ocidental (FBPF, 1942, p. 3-4).

---

86. Entrevista pessoal de Bertha Lutz com a autora.

Esses objetivos demonstram a preocupação com o trabalho feminino, não só em termos das garantias legais, mas também com relação à melhoria do nível educacional da mulher, que viria a colocá-la em posição mais vantajosa no mercado. Mantém-se, no entanto, dentro da abordagem paternalista típica do discurso feminista da época, encarando de forma assistencialista os problemas da mulher operária.

A ênfase na participação do Brasil no "Hemisfério Ocidental", que surpreende um pouco por não se entender a ligação desse item com os problemas específicos da mulher brasileira, toma sentido quando se recorda que esses estatutos basearam-se na inspiração e que sempre foi a política daquele país que os Estados das Américas fossem vistos como um só bloco, sob sua direção.

Os estatutos estipulam eleições bienais, porém são omissos quanto às reeleições. Têm direito de voto apenas "os membros da Diretoria da FBPF, as chefes dos Departamentos e das Comissões permanentes, os membros do Conselho Fiscal, do Conselho Estadual e do Conselho Social e as delegadas departamentos e filiais" (Art. 16), porém não o total do corpo de sócias, cf. o Art. 18: "A todas as sócias da FBPF, de seu centro e dos seus departamentos assiste o direito de comparecerem às convenções bienais e exercerem todos os privilégios, menos o do voto". Nesse caso só vota a liderança da organização. A assembleia bienal elege a diretoria (composta por uma presidente, vice-presidentes correspondentes ao número de departamentos permanentes existentes na capital da República, mais os conselhos nacional, estadual e social, uma tesouraria, três secretárias e uma consultora jurídica e parlamentar), com a exceção das vice-presidentes nomeadas pela presidente para chefiar as comissões permanentes. A diretoria administra a FBPF integralmente, rege sobre os casos omissos e preenche as vagas ocorridas nos períodos do intervalo entre as assembleias.

Não se estimula a forma de admissão de novas sócias, o que permite controlar o corpo de associadas. A praxe era o convite pessoal por Bertha Lutz, que estava sempre atenta para as mulheres que se destacavam de alguma maneira. As primeiras engenheiras e advogadas foram convidadas dessa forma. Afora as sócias em posição de chefia, não há espaço para a participação das outras, a não ser por ocasião das assembleias – e mesmo aí, sem direito a voto. A omissão com relação ao limite do número de reeleições permite a manutenção indefinida do quadro diretor. Com efeito, a fundadora tornou-se presidente permanente. Isso demonstra que o movimento sufragista no Brasil manteve-se preso à liderança de Bertha Lutz, que o iniciou e dirigiu até a obtenção do voto[87]. As táticas empregadas e as ideias defendidas são frutos diretos de sua liderança. As sócias dissidentes ou rompiam ou se calavam. A resposta à pergunta da pesquisadora sobre qual era a forma de decisão foi, no caso de uma das militantes, que "Bertha Lutz dirigia integralmente a campanha", e não se discutia isso, pois ela "era a mais dedicada", tendo inclusive prejudicado sua carreira profissional naquele período, pois "devotava quase todo seu tempo à luta pelo voto"[88]. Essa foi a força, mas também a grande limitação do movimento. A líder tinha uma personalidade marcante, que se impunha. Isso já se vê desde sua primeira carta pública, quando revela a coragem de demonstrar-se feminista e sufragista e a determinação de fundar alguma associação. Com seu espírito decidido foi realmente, pode-se dizer, a alma do movimento. Entretanto, essas mesmas qualidades de decisão tornaram-na uma líder autoritária (e os próprios estatutos permitiam esse autoritarismo), fechando o movimento ao acesso de outras classes sociais, limitando-o quanto ao alcance de suas ideias, contidas apenas no nível jurídico e político de reivindicações. Essa falha, evidentemente, não se deve apenas à personalidade de Bertha Lutz, mas também à dinâmica do próprio movimento. Todo movimento de opinião é feito não apenas pelo líder como também pelos militantes, que o aceitam e seguem. As militantes sufragistas no Brasil não tentaram ir além da opção definida por Bertha Lutz. Apenas no caso de Natércia Silveira, fundadora da Aliança

---

87. A federação existiu por um bom tempo ainda sob a presidência de Maria Sabina. Também sufragista dos primeiros tempos, essa rigidez de sua estrutura causou o esvaziamento, pois as novas gerações não se integraram numa organização tão fechada e impermeável às mudanças.

88. Entrevista pessoal de Maria Luísa Dória Bittencourt com a autora.

Nacional de Mulheres (o que será relatado mais adiante), houve essa tentativa, porém já no fim da campanha. E mesmo assim não ficou muito claro se a ruptura foi causada por desavença política ou pessoal ou por incompatibilidade ideológica.

Logo após sua fundação, a FBPF organiza a Conferência pelo Progresso Feminino, primeira conferência brasileira de mulheres, que teve grande repercussão na imprensa. Num anúncio publicado pelo *Jornal do Comércio* em 18 de novembro de 1922, especificam-se seus objetivos:

> [...] serão debatidas questões práticas referentes ao ensino, instrução, métodos de evidenciar o desenvolvimento, progresso e organização feminina, oportunidades de ação, condições de trabalho e carreiras abertas à mulher, assistência e proteção à mesma, bem como seu papel como fator do lar e na comunidade, suas funções e responsabilidades na vida dos povos, na elevação dos ideais do mundo civilizado, na aproximação das nações e na manutenção da paz.

Comenta a vinda de Mrs. Catt, "líder do movimento internacional em prol do progresso feminino", explicando que sua vinda "será de grande utilidade no que respeita a uma sábia e moderada orientação para a ação futura". A nota reúne os temas recorrentes da preocupação com a melhoria das condições de trabalho – no que toca à parte legislativa e assistencial – da ligação com o lar e da linguagem da mulher como fonte de bons princípios, estando implícita sua ação política moralizadora. A presença de Mrs. Catt legitima o movimento, afastando-o das "radicais", das *suffragettes* condenadas várias vezes pela NAWSA.

Seguindo o conselho de Mrs. Catt, a conferência conta com a participação à mesa de alguns "políticos de proeminência": o vice-presidente da República, Estácio Coimbra[89]; o senador Lopes

---

89. Favorável ao sufrágio feminino. Bertha Lutz, em entrevista pessoal com a pesquisadora, dissera: "Se por um acaso ele [o presidente Arthur Bernardes] sair da Presidência por viagem ou alguma coisa, as Senhoras atirem depressa na 2ª e 3ª discussões e mandem para cá que eu assino". Acrescenta ela nessa mesma entrevista que Arthur Bernardes havia declarado a alguns senadores: "Se isto passar e chegar às minhas mãos eu veto".

Gonçalves, cujo parecer favorável contribuirá para a aprovação do projeto Chermont; e o senador Lauro Müller, convidado a encerrar a conferência. Este, coerente com sua posição de partidário, defendeu a constitucionalidade do voto, aconselhando as sufragistas "que não esperem que lhos venham dar, mas que o conquistem pela ação, pelo trabalho, demonstrando aos homens que bem merecem esses direitos pela educação que alcançaram e seu próprio valor"[90]. O paradoxo dessa alocução é evidente: se o voto é um direito já outorgado pela Constituição, por que as mulheres ainda teriam de passar por todo um processo de provas, a fim de fazer jus a esse direito?

O Senador conclui com este conselho, que aliás provou ser correto: "Minhas sras., os homens são como os carneiros. Um vai na frente, os outros vão atrás. As sras. têm que furar a cerca. Procurar um governador de estado que fure a cerca, que dê o voto às mulheres no estado dele, e atrás disso vão todos os estados da Federação"[91].

A conferência teve o efeito de trazer o debate sobre o voto feminino a público, através de discussão e notícias na imprensa. Os jornais imprimiram resumos das teses e dos discursos e notas sobre a programação, tratando do tema com interesse e seriedade.

No mesmo ano um congresso no Instituto da Ordem dos Advogados aprovou uma moção declarando que o sufrágio feminino era constitucional (já relatada com referência à atuação da Dra. Myrthes de Campos). O debate se alastra, juristas consagrados se manifestam. Rui Barbosa faz uma conferência no Teatro João Caetano, pronunciando-se sobre a constitucionalidade do voto.

A campanha continua, formando-se filiais nos estados e associações profissionais e assistenciais, que também se unem à FBPF. Bertha Lutz e outras militantes organizam conferências, mantendo o assunto em discussão, sempre preocupadas com informar e aliciar a opinião pública e os membros do Congresso, de quem dependiam. O objetivo é trazer os projetos aprovados em 1922 novamente ao plenário para as discussões seguintes.

---

90. *O País*, 24 dez. 1922.
91. Entrevista pessoal de Bertha Lutz com a autora.

Apesar da instabilidade do período Arthur Bernardes, o movimento não estacionou. Outras organizações foram inclusive formadas, paralelamente à FBPF. O *Rio Jornal* de 25 de agosto de 1925 dá notícia da fundação, por Julita Monteira Soares, do Partido Liberal Feminino, que demonstra em sua exposição de objetivos preocupações ligadas à mulher operária:

> Queremos intervir na formação das assembleias legislativas, para salvar a família operária da fome [...] combate à politicagem daninha [...] contra o analfabetismo [...] Aconselhando a mulher do operário, do trabalhador, do funcionário público, para que seja mais vigilante na guarda de seus próprios interesses[92].

Também nessa exposição a defesa do voto é feita com base nas "qualidades femininas", no "espírito de bondade, de horror à violência, de inquebrantável fidelidade às leis de Deus" que possui a mulher, qualidades essas que poderão sanear os males sociais. Mantém-se a mística das tendências específicas femininas, e o voto parece ser a grande panaceia com que as mulheres, utilizando-se desses dotes naturais, corrigirão os erros masculinos.

Em 1924 outro projeto foi apresentado à Câmara, por Basílio de Magalhães. Redigido de forma a incluir a mulher entre os eleitores nos termos da lei, contém uma ressalva: em seu artigo IV exige "consentir o marido, se casada não desquitada" (Coelho, 1933, p. 239). A Federação Brasileira pelo Progresso Feminino protesta contra essa restrição:

> O voto obrigatório, pelo qual V. Excia. se bate, não permite a restrição que importaria a permissão do marido para a mulher se alistar.
>
> A mulher deve orientar a sua conduta política por si própria, conduzindo-se pelo seu próprio cérebro, tendo uma noção sua dos deveres a cumprir para com a Pátria (Coelho, 1933, p. 244-245).

---

92. *Rio Jornal*, 25 ago. 1925.

No ano seguinte o senador Moniz Sodré manda à mesa um projeto reconhecendo o voto feminino: "Ficam reconhecidos às mulheres todos os direitos políticos de que gozam os cidadãos brasileiros"[93]. Essa emenda chama a atenção por frisar a necessidade de se incluir explicitamente a mulher no termo "cidadãos", já que um dos argumentos utilizados pelos antissufragistas era o de que ela não estava incluída nessa generalização, no tocante ao sufrágio.

Apesar dos esforços dos feministas (mulheres e homens), os projetos continuam engavetados, não logrando passar pelas outras discussões. Terminado o período de governo de Arthur Bernardes, novo presidente é empossado, em meio a expectativas de liberalização, que foram, contudo, frustradas. Washington Luís fora o primeiro presidente a incluir o voto feminino em sua plataforma. Apesar da suspensão do estado de sítio, mantém-se a repressão policial, principalmente dirigida contra as nascentes organizações operárias, e o presidente da República mostra-se impermeável às reivindicações de anistia. A FBPF junta-se à campanha que se alastra por todo o Brasil, coletando assinaturas para uma petição no sentido da anistia e do retorno dos exilados. Essa é a única ação política sem relação específica com os problemas femininos em que vemos a federação participar (Carone, 1973, p. 395). A principal atuação nesses anos foi com relação à fundação de organizações profissionais de mulheres e ao apoio às já existentes[94]. Foi uma atuação importantíssima, pois as mulheres e as crianças compunham o setor mais explorado da classe trabalhadora e, concomitantemente, o mais abandonado, o que mais carecia de defesa e organização. A preocupação em organizar a mulher trabalhadora de todas as classes sociais demonstra que, apesar das limitações de sua abordagem, que não chegava a uma crítica do sistema como um todo, as feministas tinham consciência da importância do fator sexo na

---
93. *O Globo*, 29 ago. 1925.
94. A União Universitária Feminina, depois Associação Brasileira de Mulheres Universitárias, criada em 13 de janeiro de 1929, foi filha direta da federação, pois o grupo fundador era composto por algumas das mais ativas militantes sufragistas: Bertha Lutz, Carmen Portinho, Arminda Bastos, Maria Esther Ramalho e Natércia Silveira.

exploração da força de trabalho. Se o movimento não chegou a ser bem-sucedido com relação às tentativas de aproximação com as operárias, foi justamente por suas limitações teóricas e práticas, pelo posicionamento ideológico que não ultrapassava as premissas liberais e pelo elitismo que não podiam superar as militantes, em sua maioria oriundas da burguesia e da classe média[95].

Em 1927 o já então senador Juvenal Lamartine, fiel à promessa que fizera a Bertha Lutz durante a primeira conferência de mulheres – "Se eu chegar a presidente do meu estado quem vai furar a cerca sou eu[96] –, candidato à governança do Rio Grande do Norte, inclui em sua plataforma a defesa do voto feminino. Naquele momento, a assembleia debatia a reforma da Constituição do estado. Lamartine telegrafa do Rio ao então presidente do estado José Augusto Bezerra de Medeiros, para que inclua na reforma o direito de voto para as mulheres. Diante da insistência do futuro presidente, José Augusto concorda, e a redação final da Constituição do Rio Grande do Norte inclui, em seu artigo 77 das Disposições Gerais: "No Rio Grande do Norte poderão votar e ser votados, sem distinção de sexos, todos os cidadãos que reunirem as condições exigidas por esta lei" (Rodrigues, 1962, p. 57).

Essa foi uma vitória que pode ser traçada diretamente ao movimento sufragista. Lamartine fora um dos primeiros políticos contatados em 1922, convertendo-se num dos mais importantes defensores da causa através do trabalho das feministas. O fato teve repercussão nacional e internacional.

Era impossível, a partir desse gesto, deixar de lado a discussão em nível federal. Apoiadas por Lamartine, que se havia projetado nacional e internacionalmente, as feministas pedem à Comissão de Justiça do Senado que volte a discutir o projeto de voto. Mais uma

---

95. Ao ligar as limitações do feminismo brasileiro com a origem de classe das militantes, não quero condicionar de uma forma rígida o pensamento com a classe social. Sem a possibilidade de ruptura com os condicionamentos da socialização imediata, não seria possível compreender o pensamento revolucionário oriundo de elementos burgueses que se tornaram os "intelectuais orgânicos" do proletariado.

96. Entrevista pessoal de Bertha Lutz com a autora.

vez o assunto é debatido e aprovado pela comissão, com parecer favorável de Aristides Rocha. O parecer traz um longo e detalhado histórico das conquistas políticas da mulher e da discussão havida no Brasil. O senador estava sendo informado pelas sufragistas, sempre atualizadas quanto aos progressos havidos no exterior, a fim de fundamentar suas exposições. Estavam presentes à discussão, mantendo a pressão sobre os senadores, conforme o estilo de sua estratégia de luta. Encaminham ao Senado uma petição assinada por 2 mil mulheres, número representativo para a época, visto a indiferença que caracterizava a mulher no tocante à participação política[97].

Contestando o parecer, o senador Thomás Rodrigues, ferrenho adversário do sufrágio feminino, tenta protelar a votação em plenário, solicitando voto em separado e arriscando, com isso, atrasar o processo até o ano seguinte, quando o Congresso reabrisse depois do recesso anual. Sentindo-se vencido, pois o ambiente era favorável à concessão do sufrágio, sugere que se faça a "transição" lentamente, por um projeto menos radical, que conceda apenas o voto qualificado (às mulheres economicamente independentes). Sua atitude repercute mal na imprensa, o que demonstra que a ideia havia avançado, sendo já considerada normal e justa. Realmente, não havia mais como negar essa reivindicação, e a única arma dos antissufragistas eram as medidas proletárias do tipo do senador Thomás Rodrigues, já por si mesmas indicativas da consciência da derrota. Ainda em 1927, o projeto vai a plenário. Não é votado porque dois senadores apresentaram emendas, obrigando o retorno à Comissão de Justiça para novo parecer. A emenda do senador Pires Ferreira aumentava a idade mínima de 21 para 35 anos, a fim de "evitar que viessem para o Senado meninas de pouca idade"[98]; e o senador João Thomé acrescenta emenda no sentido do voto qualificado: "Podem votar e ser votadas, de acordo com a lei em vigor, as mulheres diplomadas com títulos científicos e de professora, que não estiverem sob poder marital nem paterno, bem como as que

---

97. *O País*, 16 dez. 1927.
98. *O Imparcial*, 13 dez. 1927.

estiverem na posse e administração dos seus bens"[99]. Seria regredir à Constituinte de 1891, onde fora discutida emenda semelhante. Com essas emendas, a votação em plenário adia-se. Retorna o projeto à comissão, que as rejeita. Outros assuntos, entretanto, passam à frente do sufrágio feminino e o projeto é novamente engavetado.

Animadas com o sucesso no Rio Grande do Norte, algumas mulheres começam a requerer seu alistamento em outros estados. Os pedidos são deferidos ou não, de acordo com a opinião de cada juiz, o que causa bastante controvérsia, estando a imprensa sempre a relatar e debater os casos. Nada melhor para a causa, que assim se vai tornando cada vez mais conhecida, e cresce o número de seus correligionários. A injustiça flagrante torna-se assunto frequente nas discussões pela imprensa. Bertha Lutz e Carmen Portinho executam um voo de propaganda sobre a capital federal, jogando panfletos sobre o Senado e a cidade. A presidente da FBPF vai ao Rio Grande do Norte de avião, lançando em caminho panfletos sobre 8 capitais. Tudo isso é amplamente noticiado. O ano de 1928 foi de intensa movimentação e propaganda sufragista. A FBPF mantém o assunto em debate, publicando coletâneas de decisões favoráveis, que já iam formando uma jurisprudência[100].

Naquele mesmo ano elege-se senador pelo Rio Grande do Norte o ex-presidente daquele estado, José Augusto Bezerra de Medeiros, na vaga de Lamartine. Várias mulheres votaram pela primeira vez no Brasil. Foi eleita no município de Lajes uma prefeita, Alzira Soriano. Os jornais mostram-na ao lado de suas filhas. Declara à imprensa:

> A mulher pode ser mãe e esposa amantíssima e oferecer ao mesmo tempo à pátria uma boa parcela das suas energias cívicas e morais[101].

Preocupa-se em demonstrar que não existe incompatibilidade entre a tarefa principal da mulher e sua participação na sociedade. Teve uma longa atuação política, entrando para a União Democrática Nacional (UDN), quando esta foi fundada, na década de 1940.

---

99. *O Imparcial*, 13 dez. 1927.
100. Cf. FBPF (1929a, 1929b).
101. *O País*, 1 e 2 out. 1928.

A eleição do senador José Augusto provoca enorme celeuma, pois questiona-se a validade de votos femininos, permitidos em nível estadual, porém considerados por alguns como ilegais numa eleição para um cargo federal. O caso vai à Comissão de Poderes. As feministas aceleram a campanha, divulgando as opiniões de jurisconsultos que foram unânimes em afirmar "ser desnecessária uma lei declaratória outra do que a lei eleitoral que regula o alistamento"[102]. Eis o parecer do jurista Levi Carneiro:

> Se a mulher estivesse também excluída, nenhum Estado lhe poderia conferir a capacidade eleitoral. Conferiu-a, no entanto, expressamente, a lei do Rio Grande do Norte. E é essa lei que se anula, sob a pecha de inconstitucionalidade, se se persiste em manter a exclusão da mulher das urnas[103].

Divulgam também as opiniões favoráveis de juristas do Senado, que consideravam a revogação dos votos femininos um atentado às atribuições do Poder Judiciário. Distribuíram material de propaganda, cartões-postais com citações de juristas famosos, folhetos com discursos de parlamentares, mapas-múndi indicando os países onde existia o voto. Compareciam às discussões, conversando e argumentando com os parlamentares. Em suma, mantinham ativa a pressão sobre o Congresso.

O senador Godofredo Viana foi o relator na Comissão de Poderes, defendendo a depuração dos votos, baseado no argumento de que os juízes eleitorais não tinham o direito de julgar matéria constitucional e haviam agido como políticos, não como Poder Judiciário, o que justificava a interferência do Senado.

A questão agitou a comissão, levando três semanas em discussão e havendo entre os 8 senadores 5 votos em separado, ocorrência rara que comprova as hesitações. Afinal, resolveu-se pela depuração. Mas essa aparente derrota foi produtiva, na medida em que o assunto foi amplamente divulgado, com a quase totalidade da imprensa favorável às feministas.

---

102. *O País*, 21 out. 1928.
103. *A Noite*, 23 maio 1928.

Revoltadas com a injustiça da decisão, as sufragistas lançam, através da FBPF, um manifesto em defesa da mulher, redigido em termos semelhantes aos dos vários protestos desse tipo lançados em diferentes épocas pelo feminismo internacional: uma "Declaração dos Direitos da Mulher". Vale a pena citá-lo, pois contém sinteticamente toda a argumentação que caracterizou o movimento pela igualdade jurídica e política, em todos os países onde existiu. A sobriedade da declaração é também característica, em contraste com os argumentos antifeministas, que sempre apelam para o irracional, a "lei natural" ou "divina".

> 1 – As mulheres, assim como os homens, nascem membros livres e independentes da espécie humana, dotados de faculdades equivalentes e igualmente chamados a exercerem, sem peias, os seus direitos e deveres individuais.
>
> 2 – Os sexos são interdependentes e devem, um ao outro, a sua cooperação. A supressão dos direitos de um acarreta, inevitavelmente, prejuízos para o outro e, consequentemente, para a Nação.
>
> 3 – Em todos os países e tempos, as leis, preconceitos e costumes, tendentes a coarctar a mulher, a limitar a sua instrução, a entravar o desenvolvimento das suas aptidões naturais, a subordinar sua individualidade ao juízo de uma personalidade alheia, foram baseados em teorias falsas, produzindo na vida moderna intenso desequilíbrio social.
>
> 4 – A autonomia constitui o direito fundamental de todo indivíduo adulto; a recusa deste direito à mulher, uma injustiça social, legal e econômica que repercute desfavoravelmente na vida da coletividade, retardando o progresso geral.
>
> 5 – As nações que obrigam ao pagamento de impostos e à obediência à lei, os cidadãos do sexo feminino sem lhes conceder como aos do sexo masculino o direito de intervir na elaboração dessas leis e votação desses impostos, exercem uma tirania incompatível com os governos baseados na Justiça.
>
> 6 – Sendo o voto o único meio legítimo de defender aqueles direitos, a vida e a liberdade, proclamados inalienáveis pela declaração de Independência das Democracias Americanas, e hoje reconhecidos por todas as nações civilizadas da terra, à mulher assiste o direito ao título de eleitor (Rodrigues, 1962, p. 68-69).

No ano de 1929 continua o alistamento de eleitoras, apesar de alguns pedidos indeferidos, em pareceres indecisos que recorrem à exegese histórica (argumentando que não havia "intenção" dos legisladores da Constituinte de incluir a mulher no termo "cidadãos"), último recurso dos que se sentem batidos no campo puramente jurídico. São alistadas mulheres em Minas Gerais, no Rio, além de no Rio Grande do Norte. Em Niterói, uma eleitora alistada sofre impugnação de seu título por um eleitor que recorreu à Junta de Recursos a fim de indeferir seu pedido. Natércia Silveira é indicada pela FBPF para a defesa. Fala na santidade de um direito humano, alude à evolução da mulher e afirma que, pela clareza do texto constitucional, é total a "improcedência do argumento histórico"[104]. A eleitora venceu, dando-lhe a Junta ganho de causa. A atuação da FBPF nesse caso foi de grande importância. Procuraram os juízes e convenceram-nos a votar a favor (havia o juiz efetivo e o substituto). Quando o procurador soube, desistiu da luta, para não se desavir com o governador, que queria a suspensão do título. Apresentou atestado médico e não compareceu à sessão[105]. Assim, quando sobreveio a Revolução de 1930, já havia eleitoras em 10 Estados.

A indicação de Júlio Prestes, presidente de São Paulo, como também a de Washington Luís, para a Presidência da República, descontenta Minas Gerais, que, dentro da política do "café com leite", sentiu-se preterida. Começam as articulações que levariam à revolução. A FBPF, coerente com sua posição apartidária, mantém-se afastada dos conflitos políticos. Entretanto, era impossível deixar de identificar a posição pessoal da líder que, paulista também, pendia para a corrente Washington Luís. Acrescente-se a isso o fato de que Júlio Prestes havia se manifestado favorável à concessão do sufrágio, mais um motivo para o apoio implícito de Bertha Lutz ao candidato paulista.

Naquele momento de crise, as militantes cuidavam de não dar depoimentos que as colocassem num ou noutro lado. Apesar disso, Natércia Silveira, gaúcha, participa de um comício da Aliança

---

104. *A República*, 16-2-1929.
105. Entrevista pessoal de Bertha Lutz com a autora.

Liberal (coligação de Minas Gerais, Rio Grande do Sul e Paraíba contra Washington Luís e Júlio Prestes), em que faz um discurso de oposição ao governo. Admoestada por Bertha Lutz, resolve sair da FBPF e fundar outra entidade feminista, que tivesse, segundo seu depoimento, "um maior acesso às classes populares"[106]. Funda então, em 1931, a Aliança Nacional de Mulheres (ANM), que cresce rapidamente, chegando a ter, segundo sua fundadora, cerca de 3 mil sócias. "Tinha um cunho mais populista, íamos aos subúrbios, em casa de pessoas, para falar; íamos nas fábricas ver as condições de trabalho, e denunciá-las. Tínhamos a cobertura da imprensa"[107]. Com Natércia, saíram outras sócias da federação. Diz a advogada Maria Alexandrina Ferreira Chaves: "Eu me filiei à Aliança Nacional de Mulheres porque essa é a única instituição que se destina, efetivamente, a proteger no nosso país a mulher que trabalha"[108]. São os seguintes os objetivos da Aliança Nacional de Mulheres:

> 1 – Trabalhar pela elevação intelectual e independência econômica e segurança moral da mulher;
>
> 2 – Zelar-lhe pelos interesses coletivos:
>
> a) amparando-a no trabalho, em todos os ramos de atividade;
>
> b) pleiteando seus direitos e aspirações legítimas;
>
> c) prestando-lhe assistência moral, médica e judiciária;
>
> d) manifestando e defendendo, oportunamente, ideias e medidas, referentes a cada ramo de trabalho e que visem dar à mulher maior segurança econômica e independência moral;
>
> e) encaminhando para o trabalho mulheres que dele careçam;
>
> 3 – Pleitear medidas tendentes a beneficiar as mães e a infância;
>
> 4 – Assegurar à mulher o uso e gozo dos direitos civis e políticos que lhe são inerentes;
>
> 5 – Trabalhar pela estabilidade da família, por uma comunhão maior de estímulos e aspirações[109].

---

106. Entrevista pessoal de Natércia Silveira com a autora.
107. Entrevista pessoal de Natércia Silveira com a autora.
108. *A Esquerda*, 12 mar. 1931.
109. *Gazeta de São Paulo*, 17 nov. 1931.

Comparando esses objetivos com os da FBPF verifica-se que, apesar de serem ambos muito amplos e vagos, os estatutos da ANM enfatizam mais o aspecto do trabalho, enquanto os da FBPF dão maior atenção à educação da mulher. Nos estatutos da ANM acha-se, talvez propositadamente, ausente a cláusula que ressalta a necessidade de integração do Brasil no Hemisfério Ocidental.

A ANM teve certa repercussão entre as mulheres operárias, porque dava assistência jurídica através de alguns de seus membros, advogadas trabalhistas. Com essa atuação, Natércia chegou a ter expressiva força eleitoral, principalmente no Rio e em Minas, onde, com Elvira Komel, também advogada, promoveu um congresso feminista em 1931. Após a obtenção do voto, a ANM continuou suas atividades, até que fechou em 1937 devido ao clima político do período, que não permitia a continuidade de organizações de pressão.

A FBPF cresceu ao longo dos anos de luta sufragista, chegando a congregar 12 associações de mulheres. Algumas dessas foram fundadas pela própria federação: Associação de Enfermeiras Diplomadas, Associação de Funcionárias, Associação de Mulheres Universitárias e Associação de Professoras. Segundo um depoimento[110], haveria "um núcleo ativo de umas 30 em cada um grupo flutuante de umas 60 em cada", só no Rio de Janeiro. Não se conhece o número exato de militantes sufragistas atuantes em associações, porém não passaria talvez de umas mil mulheres[111]. Apesar de poucas, sua força política era significativa, por sua posição social. Eram mulheres ativas, que conseguiram eleger várias deputadas e vereadoras logo nas primeiras eleições. Contavam com alguns núcleos estaduais fortes, especialmente na Bahia (Maria Luísa Dória Bittencourt), em Minas (Elvira Komel), em Pernambuco (Nícia Sá Pereira), no Sergipe (Maria Rita) e em Alagoas (Lili Lages).

Resolvida a demonstrar a força de seu movimento, abalado com a vitória da revolução e com a divisão, Bertha Lutz decidiu promover o II Congresso Internacional Feminista, em julho de

---

110. Entrevista pessoal de Maria Luísa Dória Bittencourt com a autora.

111. Moema Toscano (1976) afirma não ter conseguido obter de suas entrevistadas qualquer informação mais exata a este respeito.

1931. As teses a serem discutidas, baseadas nos sete objetivos da federação, foram as seguintes:

       1 – Educação feminina;

       2 – Proteção às mães e à infância;

       3 – Garantias legislativas e práticas para o trabalho feminino;

       4 – Auxílio às boas iniciativas da mulher;

       5 – Serviços sociais e cooperação feminina;

       6 – Direitos civis e políticos da mulher;

       7 – Paz e estreitamento das relações pan-americanas e internacionais[112].

Nas conclusões foram pleiteadas várias medidas relacionadas com o trabalho, além de uma moção dirigida ao governo no sentido de que fossem reservados, em trens, vagões destinados exclusivamente às senhoras:

a) fundação do Bureau da Mulher e da Criança, baseado no Women's Bureau americano, e "dirigido por uma técnica do sexo feminino";

b) inspectores para estabelecimentos "onde trabalhem mulheres e menores";

c) férias;

d) salário mínimo;

e) pagamento igual por trabalho igual;

f) tempo para aprendizagem;

g) condições de higiene;

h) conforto;

i) dois meses de licença-maternidade pagos integralmente em cargos públicos. Quanto aos privados (comércio, operárias), nomear-se uma comissão para estudar uma fórmula de pagamento que não prejudique a mulher "como fator econômico";

j) educá-la para uma profissão[113].

---

112. *Folha da Manhã*, 6 maio 1931.
113. *Jornal do Brasil*, jun. 1931; Lutz, 1937, p. 70, 72.

Concluem também pela formação de uma política feminina, "para proteger a criança, amparar a mulher, evitar o tráfico [...]"[114].

São reivindicações que se coadunam de maneira geral com as aspirações da classe operária e demonstram a preocupação com os problemas da mulher trabalhadora. Entretanto, a ausência de uma crítica ao sistema de exploração e de uma análise correta de seu funcionamento leva as feministas a um impasse que não conseguem superar: confiam em que o sistema dará solução a esses problemas e por isso não hesitam em reivindicar o salário integral nas licenças-maternidade quando a fonte pagadora for o erário público; entretanto, no caso das empresas privadas, não encontram uma solução, pois reconhecem que as exigências desvalorizarão o trabalho feminino. Por isso partem para uma contemporização, declarando a necessidade de se formar uma comissão que estude o problema criado pela reivindicação, que perturba a relação entre o lucro da capitalista e a produtividade operária, transformando-se necessariamente num óbice ao trabalho feminino. O passo seguinte, dando-se uma sequência lógica a essa reivindicação, seria uma crítica do próprio sistema da propriedade privada dos meios de produção. Isso, porém, não foi feito, e daí o impasse e a perplexidade das sufragistas com relação às reivindicações operárias.

No mesmo ano, em Minas Gerais, Natércia Silveira e Elvira Komel promoveram o I Congresso Feminino Mineiro, "a fim de estudar, sob o ponto de vista nacional e segundo as condições do meio brasileiro, as questões de interesse da mulher"[115]. Essa finalidade, assim enfatizada, é provavelmente uma crítica ao movimento de Bertha Lutz, que surgiu e se orientou a partir do feminismo americano.

A lista de participantes da ANM compõe-se em maioria por mulheres profissionais (médicas, engenheiras, advogadas). Também nessa organização, que se dizia voltada para a mulher operária, não havia lugar para esta nos postos de comando.

---

114. *O Globo*, 30 jun. 1931.
115. *Jornal do Brasil*, 20 jun. 1931.

Com o governo provisório, renovam-se as esperanças, localizadas na redação da nova Carta. Getúlio Vargas nomeara uma comissão para estudar a reforma eleitoral, principal reivindicação dos que apoiaram a Aliança Liberal. Foi indicado presidente dessa comissão o jurista Carlos Maximiliano, que não era favorável ao sufrágio feminino universal e queria dar o voto qualificado. As feministas voltam à carga. Deixo falar Bertha Lutz:

> Então nós fomos reclamar. O secretário do Getúlio era primo da Carmen Portinho. Então nós tínhamos um meio de agir junto a Getúlio. Mandamos dizer a ele que não queríamos o voto qualificado, queríamos o voto geral. Ele foi apresentado à Carmen pelo Gregório Porto, primo dela. Ele disse: "Dra. Carmen, eu sou a favor das mulheres porque elas fizeram metade da Revolução!" Ela disse: "É por isso que o Sr. só quer dar metade do voto?" "Como, metade do voto?" Ela disse: "Pois é, quer dar voto qualificado, para certas classes, as outras não. Nós não queremos assim. Ou tudo ou nada!" Ele disse: "Está bem, eu falo com a comissão para dar tudo"[116].

Esse diálogo resume bem claramente os métodos da campanha. Sendo a maioria das militantes de classe média ou alta, com ligações na esfera do poder, tinham acesso direto aos políticos através de seus contatos sociais.

Em 1932 é promulgado o Código Eleitoral, aprovando o voto secreto e o voto feminino (Decreto nº 21.076, de 24 de fevereiro de 1932).

As feministas pleiteiam representação na comissão organizadora do anteprojeto constitucional. Participam dessa comissão Bertha Lutz e Natércia Silveira. A inclusão de duas mulheres para colaborar na elaboração da Constituição é saudada pela imprensa como "fato inédito, expressivo triunfo [...] resultante da pertinaz campanha desenvolvida, há 10 anos, sob a orientação de Bertha Lutz"[117].

Preocupada com a indiferença das mulheres e os problemas relacionados com o alistamento, a FBPF forma a Liga Eleitoral Inde-

---

116. Entrevista pessoal de Bertha Lutz com a autora.
117. *A Noite*, 11 jan. 1932.

pendente, com o objetivo de instruir politicamente as mulheres. Promovem um Curso de Educação Política, com conferências de Levi Carneiro e Pontes de Miranda. Assim, continuava a mobilização sendo feita de forma tradicional, com conferências ministradas por homens ilustres, num esquema rígido de participação elitizada e formal.

Como candidatas a deputada federal, apresentam-se Bertha Lutz, no Rio, e Carlota Pereira de Queirós, em São Paulo. Esta é eleita, aquela entra como primeira suplente. Foram também eleitas várias deputadas estaduais: Lili Lages, em Alagoas; Maria Luísa Dória Bittencourt, na Bahia; Alayde Borba, em São Paulo; Quintina Diniz de Oliveira, em Sergipe; Maria de Miranda Jordão, no Amazonas.

O voto estava conquistado, finalmente. Mas em 1934 as feministas ainda tiveram de voltar à carga. Uma emenda do deputado Aarão Reis, assinada também por Carlota Pereira de Queirós, ligava o voto à obrigatoriedade do serviço militar. "Foi o bastante para alvoroçar a colmeia da FBPF, levando, todos os dias, a sua presidenta Bertha Lutz e outras ilustres feministas ao Palácio Tiradentes, com argumentos persuasivos e eloquentes juntos aos srs. Constituintes"[118]. Fizeram demonstrações "à la Pankhurst", no dizer de Maria Luísa Dória Bittencourt, vaiando os deputados que apoiavam a emenda. Bertha Lutz não participava pessoalmente desse tipo de demonstração, mas apoiava a tática, como forma excepcional de luta[119].

Conscientes de que a conquista do voto não significava o fim da luta, as sufragistas, depois de consolidada essa vitória, lançaram uma campanha de arregimentação política de mulheres, tentando tirá-la da passividade e da indiferença que as caracterizava. O *Jornal do Brasil* de 14 de agosto de 1934 publica um manifesto da FBPF conclamando as mulheres a elegerem representantes que defendam seus interesses. Referindo-se às conquistas já alcançadas, diz: "Isso entretanto foi apenas o começo, porque de muito mais necessita a mulher brasileira, e é ela própria quem poderá consegui-lo, escolhendo as suas representantes no Poder Legislativo".

---

118. *Diário de Notícias*, 27 fev. 1934.
119. Entrevista pessoal de Maria Luísa Dória Bittencourt com a pesquisadora.

Entretanto, uma vez alcançado o objetivo principal, a luta pelos direitos da mulher perdeu aquele ritmo de urgência que havia animado as militantes a enfrentarem os enormes obstáculos. O voto, que seria apenas um instrumento para outras conquistas, depois de anos de organização concentrada unicamente em sua obtenção, deixou de ser um meio e passou a confundir-se com o próprio fim. Isso ocorreu em todos os países nos anos que se seguiram à conquista do sufrágio.

A FBPF mostrou ser fechada não apenas em termos de classe mas também de geração. Não foi capaz de renovar-se e mobilizar as mulheres mais jovens e as de outras classes sociais. Sua forma de atuação baseada em cursos e palestras, bem como em sessões comemorativas, estava desligada dos interesses da massa feminina. Tornou-se, no dizer de uma das militantes, "uma espécie de Associação Comemorativa de Datas do Passado, um Instituto Histórico Feminino"[120].

Pelas próprias características do sufragismo, a campanha não teve a amplitude necessária para conscientizar a massa de mulheres e levar a uma crítica que possibilitasse a reformulação das relações de poder entre os sexos. Por essa razão, a conquista do voto não afetou significativamente a condição da mulher.

A ideologia da classe dominante penetra na sociedade como um todo, legitimando e mantendo as relações de produção. O mesmo pode ser dito sobre a ideologia de sexo dominante: a mulher internalizou a imagem de si mesma feita pelo homem, tornando-se incapaz de criar sua própria autoconsciência, que a levaria a questionar as raízes de sua inferiorização – as relações de poder dentro da família. A ideologia de sexo dominante, pela mistificação dessas relações de poder, impediu-a de compreender as contradições implícitas na divisão de papéis por sexo. Por essa razão as sufragistas em geral, apesar de seu desejo de romper com certos preconceitos e conquistar sua parte do "mundo externo", não perceberam a conexão existente entre a mística da "missão natural da mulher" e sua interiorização como mão de obra desvalorizada.

---

120. Entrevista pessoal de Maria Luísa Dória Bittencourt com a pesquisadora.

A exaustão, de que fala Kate Millett (1971, p. 84)[121] em sua analogia, e a limitação da estratégia a um único objetivo, que eclipsou e diluiu a visão global, concentrando os esforços numa luta com data marcada para acabar – tudo isso foi a história típica dos movimentos feministas dessa fase. No Brasil, todavia, houve mais um fator agravante: a instalação do Estado Novo, com tudo o que significou de repressão às "atividades" políticas. Em 1937 a federação já se encontrava bastante esvaziada, mas a continuação do processo de participação política teria ao menos significado a manutenção do debate e a possibilidade de atingir uma consciência crítica da condição da mulher. Essa interrupção atrasou, por outro lado, a conquista, em nível jurídico, de novos direitos. A campanha recomeçou em 1945, e durante as quase duas décadas seguintes houve diversos movimentos de mulheres[122], mas a Lei nº 4.121 só foi promulgada em 1962, derrogando a legislação anterior, que colocava a mulher em situação equiparável à dos silvícolas e alienados. O movimento militar de 1964 veio novamente interromper o processo de organização dos grupos e classes sociais e, no que toca às mulheres, o projeto do novo Código Civil bem reflete esse recuo, especialmente em seu artigo 1603, pautado segundo a mentalidade patriarcal:

> A direção da sociedade conjugal cabe ao marido, que a exercerá com a colaboração da mulher, sempre no interesse do casal e dos filhos.
>
> § único. – As questões essenciais serão decididas em comum. Havendo divergência, *prevalecerá a palavra do marido*, ressalvada à mulher a faculdade de recorrer ao juiz, desde que não se trate de matéria personalíssima (grifo nosso)[123].

As conquistas jurídicas, apesar das dificuldades que as classes e categorias sociais oprimidas encontram para estendê-las em seu próprio benefício, não significam mais do que um aspecto da luta. Fazem parte da estratégia de organização, no processo de tomada

---

121. Ela compara a luta sufragista a uma longa viagem de automóvel, em que o pneu houvesse estourado logo no início. As dificuldades encontradas para consertá-lo teriam deixado os viajantes tão exaustos, que estes desistiram de continuar o caminho.

122. Cf. Toscano (1976).

123. Projeto de Código Civil, 1975.

de consciência política. Assim ocorre com a luta sindical, com a antirracista, ou com a feminista. A principal limitação dos movimentos sufragistas residiu em não perceberem o esgotamento de suas propostas, que não ultrapassavam as fronteiras do pensamento liberal[124]. A luta por uma igualdade jurídica numa sociedade dividida em classes e categorias sociais desiguais é uma luta que serve aos interesses do sistema, mistificando o seu funcionamento. Os grupos feministas da década de 1980[125], partindo da experiência sufragista, reconhecem a necessidade de superar os limites do capitalismo, localizando a luta feminista num contexto mais amplo, ao lado das outras lutas de libertação[126]. Isso, mantendo a especificidade que caracteriza a condição da mulher.

3.3 Os sufragismos americano e brasileiro: semelhanças e diferenças

Ao estudarmos a evolução da sociedade brasileira, não podemos deixar de colocá-la sob uma perspectiva internacional, que leve em conta a nossa história de país dependente. Essa dependência não se manifesta apenas no nível econômico, mas irradia-se por toda a estrutura social, criando uma coerência ideológica que vem legitimar, em última instância, a própria condição dependente.

Nenhuma relação de poder se institui e se perpetua sem que seja capaz de gerar canais de legitimação que a tornem viável. Para que a nossa dependência econômica – estabelecida desde a nossa formação como colônia explorada pelo capitalismo mercantil europeu – pudesse ser mantida através das novas formas de produção, foi preciso que se criasse um arcabouço ideológico que a justificasse. Esse foi o papel cumprido pelo liberalismo econômico, cuja doutrina de *laissez faire, laissez passer* levou os países latino-americanos a se especializarem na exportação de matérias-primas, enredando-se no caminho da dependência e do subdesenvolvimento.

---

124. Cf. capítulo 5, seção 5.2, para uma discussão mais detalhada.

125. Estou consciente de que, sob a denominação de "feminismo", abrigam-se diversas tendências. Esse é um fato generalizável para todos os *ismos*, dada a própria fluidez do termo.

126. Cf. Rowbotham (1972, p. 109).

Assim como economicamente fomos sempre uma nação "voltada para fora"[127], também o fomos, como consequência, com relação à nossa evolução cultural. Nossa história intelectual reflete o desenvolvimento das grandes correntes de pensamento que surgiram na Europa: desde o Iluminismo e as ideias de liberdade em que se baseou a Inconfidência, até a democracia liberal, cujo modelo foi repetido na Constituição Republicana de 1891. A gradativa mudança do centro hegemônico da Europa para os Estados Unidos marcou um consequente crescimento da influência cultural desse país, acelerado principalmente a partir da Segunda Guerra Mundial. Esse processo já estava, entretanto, em curso desde o fim do século XIX, vitorioso no confronto Estados Unidos-Espanha pela independência de Cuba e na construção do Canal do Panamá, que formalizaram a dominação americana sobre o continente.

É bastante significativo que a NAWSA[128] tenha organizado uma reunião de mulheres latino-americanas em Baltimore em 1922[129], pouco depois do fim da guerra. Os Estados Unidos afirmavam naquele momento sua liderança sobre o continente, à medida que a Inglaterra ia perdendo a influência até então exercida. Para esse encontro de mulheres foram convidadas representantes dos governos, escolhidos através dos canais oficiais. Bertha Lutz conta de que forma foi ela indicada pelo Brasil:

> Foi a Liga de Mulheres Eleitoras que convocou. Mandou o convite para os governos e foi para o Ministério do Exterior. O ministro mandou chamar o embaixador americano e perguntou como era, se podia mandar um secretário. O embaixador disse que não, que era uma reunião de senhoras. E o ministro disse: "Então, como é que eu vou fazer? Vou ter que mandar alguém de fora do ministério!" E pediu ao embaixador que procurasse alguém. Ele consultou D. Jerônima (Mesquita), e ela, que não queria ir, propôs

---

127. Utilizo-me da expressão tornada corrente na sociologia e na ciência política latino-americanas, cunhado pelos autores cepalinos para descrever nossa realidade econômica: "*desarrollo hacia afuera*".

128. Cf. a seção 3.1, sobre o movimento sufragista americano.

129. Cf. a seção 3.2, sobre o movimento sufragista brasileiro.

a mim. Ele então me propôs ao ministro. Aí ele disse: "Eu conheço o pai, ele tem trabalhado muito em São Paulo. Se a moça é inteligente, boa, está certo!" Aí fui eu[130].

Dessa reunião surgiu a Associação Pan-Americana de Mulheres, organização que poderia ser considerada mais um dos canais de penetração ideológica que acompanham a expansão da influência dos Estados Unidos no hemisfério.

Os próprios estatutos da FBPF[131] refletem as ideias da comunidade de interesses entre os países americanos, partilhada pela líder, que assim se expressou em discurso pronunciado na qualidade de presidente da Associação Pan-Americana de Mulheres: "Paz Romana, Paz Britânica. Paz Americana [...] que das três será a maior [...] A Paz Americana será uma paz entre Estados independentes e soberanos. Entre populações livres e cultas. Será a paz entre iguais" (Lutz, 1925, p. 19-20).

Assim como devemos entender os fundamentos ideológicos da ligação entre o sufragismo brasileiro e o americano, não podemos simplificar essas conexões, pois a questão da comunicação das ideias não se esgota na simples análise das relações de dependência existentes entre os países centrais e periféricos do sistema capitalista. As ideias dos direitos humanos e da liberdade individual contidas na filosofia liberal, apesar de todas as racionalizações que a deturparam e que levaram esse esquema de pensamento a significar a legitimação da ordem econômico-social burguesa, mantêm-se vivas como uma aspiração universal que pode e deve ser abstraída de suas ligações com esse modelo específico de desenvolvimento. Dentre esses direitos e constituindo parte ativa da luta por sua conquista, estão as reivindicações feministas. A ideia da igualdade básica entre os dois sexos é uma ideia universal e eterna por sua própria natureza, de forma que sua comunicação em nível internacional deve ser isolada do processo de expansão do capitalismo em si.

---

130. Entrevista pessoal à pesquisadora.
131. Cf. a transcrição dos estatutos na seção 3.2.3.

Ao tratar de um paralelo entre os movimentos sufragistas americano e brasileiro, não tenciono discutir o universalismo da ideia feminista, já analisado no capítulo 2. Procurarei mostrar as especificidades e as semelhanças existentes entre ambos os movimentos apenas no que diz respeito à sua evolução histórico-factual, em que os dois países se colocam no interior de um mesmo modelo de desenvolvimento, do qual um é o centro e outro é a periferia.

Conforme referido antes, o movimento pelos direitos da mulher começou nos Estados Unidos, tendo como "campo de provas" a luta abolicionista. Todos os relatos históricos que se referem ao assunto localizam seu nascimento na Convenção de Seneca Falls em 1848. Na Inglaterra surge principalmente a partir da década de 1860, quando John Stuart Mill é eleito para o Parlamento, escreve *A sujeição das mulheres*, e são recolhidas assinaturas para petições pelo sufrágio feminino. Na mesma época Emmeline Pankhurst funda uma organização sufragista. Os dois movimentos desenvolvem-se mais ou menos em paralelo, seguindo o rumo próprio da política de cada país. A influência mais direta que se pode traçar de um sobre o outro é a adoção das táticas das *suffragettes* inglesas pelo grupo liderado por Alice Paul, em Washington, já no fim da campanha. É claro que as vitórias e derrotas de um podem ter servido de exemplo para o outro, assim como tê-lo influenciado, ao obterem repercussão internacional. O horror que as violências pankhurstianas provocaram na opinião pública estava diante das feministas da NAWSA quando enfaticamente se declaravam contrárias à importação dessas táticas pelo Women's Party. Havia semelhanças, mais porém em termos das propostas do que da estratégia e da forma de organização.

Nosso movimento teria ido, por assim dizer, "beber na própria fonte", quando Bertha Lutz, filha de inglesa, passa um período de sua adolescência na Inglaterra, justamente nos anos logo anteriores à Primeira Guerra, em que Emmeline atuava com toda a sua força. Mais tarde, tendo já começado suas atividades de liderança e organização aqui, vai representando o Brasil à Conferência de Baltimore, onde se impressiona com a figura da principal líder sufragista americana, Carrie Chapman Catt. Seriam, portanto, as influências da Inglaterra e dos Estados Unidos que teriam agido sobre Bertha Lutz, membro da elite intelectual brasileira e, como tal, aberta às ideias formuladas a partir das culturas centrais.

Em termos de estratégia, como vimos, a FBPF seguiu as pegadas da NAWSA, afastando-se cuidadosamente da má reputação das *suffragettes*. Bertha Lutz diz logo em sua primeira carta pública que não tenciona quebrar "as vidraças da avenida"[132] procurando deixar bem estabelecidas as suas intenções pacíficas. Da mesma forma a NAWSA não se cansava de reiterar o pacifismo de sua estratégia, assim como a FBPF, preocupada em manter incólume a sua reputação. Buscam ambas as organizações utilizar-se de contatos no Congresso, tirando partido da origem de classe de suas militantes. Havia uma constante preocupação em dar ao movimento uma aura de respeito através da posição social das associadas. No Brasil, o sufragismo organizado era composto exclusivamente por mulheres de classe média e alta. Seu ambiente e seu modo de vida eram, portanto, idênticos aos dos parlamentares que desejavam influenciar, o que lhes conferia a necessária credibilidade. Nos Estados Unidos houve uma maior participação da mulher operária, mas a tônica do movimento foi inegavelmente traçada pelas mesmas classes sociais que caracterizaram o sufragismo brasileiro. A partir da segunda gestão de Carrie Chapman Catt na NAWSA[133], essa liderança de elite ficou mais acentuada, pela ênfase dada à participação em tempo integral e voluntária na administração do movimento, limitando-se necessariamente às mulheres que não trabalhavam para viver e que podiam, por isso mesmo, atender às exigências de Mrs. Catt.

Foi pois o movimento americano, conforme traçado historicamente pela NAWSA, que exerceu maior influência sobre o nosso. As propostas são idênticas, e nisso se assemelham às reivindica-

---

132. *Revista da Semana*, 28 dez. 1918.

133. Refiro-me sempre a esta organização por ter sido a mais importante do movimento americano, em termos de extensão e de longevidade, e por ser a que mais diretamente inspirou o movimento brasileiro.

ções gerais do feminismo sufragista: equiparação jurídica e política e medidas de proteção ao trabalho da mulher. Na segunda conferência promovida pela FBPF, em 1931, pede-se a formação de uma Polícia Feminina, baseada nos moldes ingleses; e mais tarde Bertha Lutz defende na Câmara a criação de um Departamento da Mulher, por sua vez baseado no Women's Bureau dos Estados Unidos. São reivindicações que se repetem no movimento feminista internacional daquele período. Para aquelas mulheres, cerceadas em seus mínimos passos por leis e costumes rigidamente antifeministas, o objetivo primordial era superar esses obstáculos.

Assim, em termos de propostas e de estratégia, em seu sentido mais amplo, eram idênticos os processos dos movimentos americano e brasileiro: preponderantemente de classe média, e concentrando-se em obter reformas jurídicas por meios pacíficos. Onde cessam as semelhanças é na extensão e na penetração do movimento americano, em nada comparável ao trabalho limitado a uma elite restrita, conforme ocorreu com o sufragismo brasileiro. E esse contraste reside nas características próprias do sistema político de cada um desses países.

O movimento americano originou-se e concentrou-se nos estados do Norte. Neles a mulher ocupava uma posição que, se por um lado era evidentemente subalterna, por outro era bem mais importante, em termos familiares e comunitários, do que aquela ocupada pelas mulheres sulistas e pelas brasileiras dos períodos colonial e monárquico. A diferenciação da estrutura agrária fundamenta essa defasagem no que toca ao papel da mulher em cada uma dessas sociedades. O regime de pequena propriedade explorada em termos familiares permitia valorizar o trabalho da mulher dentro da unidade produtiva que constituía a família. Já nas colônias do Sul dos Estados Unidos e no Brasil, o regime latifundiário escravocrata criara uma estrutura social rígida, na qual a mulher da classe dominante ocupava uma posição de procriadora e transmissora da propriedade privada e dos valores sociais. Seu trabalho em casa não equivalia, em termos de contribuição à sobrevivência da família, ao que cumpria a mulher *yankee*.

Existe mais uma clivagem que distancia a experiência das mulheres da América do Norte com relação ao modo de vida das brasileiras: a religião protestante, que, embora rígida em muitos aspectos e em algumas seitas, permitia uma participação comunitária ampla, tendo estendido a toda a população branca, de ambos os sexos, o acesso à escola. Tal não ocorria com a religião católica, dirigida de uma forma rigidamente hierárquica, sem uma abertura à participação ativa dos leigos. A ênfase na escolaridade não se repetia aqui, por ser praticamente supérflua, em termos dos ritos católicos, a exigência de leitura. Bastava decorar algumas orações, e era isso que faziam as Senhoras da "Casa-Grande". Nem mesmo a língua utilizada era a mesma, de forma que a comunicação leigos-Igreja era nula.

Essa tradição de participação comunitária permitiu às americanas militarem no movimento abolicionista e fazerem passar para o feminismo. As irmãs Grimké eram *quakers*, seita em que não causava escândalo uma mulher falar em público. O movimento do Revivalism incentivava a participação de mulheres. Antoinette Brown e Anna Howard Shaw, líderes sufragistas, eram pastoras.

Uma terceira diferença na posição social das mulheres americanas com relação às brasileiras reside na própria prática política da sociedade americana. Esta baseava-se numa tradição de participação ampla do indivíduo na comunidade, desde a estruturação das colônias do Norte, em que se procurava viver a experiência do autogoverno, até a formulação explícita das ideias liberais na Declaração de Independência e na Constituição da nova república. Havia uma tradição associativa criada pela prática das atividades comunitárias. Foram as associações de diversos tipos, em que se congregavam as mulheres, que formaram a espinha dorsal do movimento sufragista americano[134].

Entretanto, as sufragistas souberam utilizar-se dos ideais de liberdade individual e de responsabilidade cívica que formavam os fundamentos ideológicos de legitimação do poder público. A ex-

---

134. Apesar de não terem o voto, as mulheres participavam amplamente da política de forma indireta, através de diversas associações.

clusão de metade da população de uma participação política legalizada, que caracterizava a própria essência da cidadania em seu sentido mais pleno e que era considerada direito e dever do indivíduo para a comunidade, colocava realmente em xeque toda a estrutura ideológica do poder e a sua legitimação. Esse era o ponto falho do sistema, e que as sufragistas acentuavam. Já no próprio nascimento da República, Abigail Adams em sua famosa carta "Remember the ladies" ["Lembre-se das senhoras"] acusava essa falha, mostrando a falácia de um código de leis que se dizia igualitário, quando, no entanto, excluía da participação eleitoral 50% da população governada (ela não se refere aos outros excluídos: os negros, indígenas, brancos sem renda própria)[135]. No contexto político americano, esse argumento tinha uma força considerável, pois punha a nu as falhas de um regime que se apresentava como o ápice da evolução e do progresso humanos.

O movimento abolicionista não serviu apenas como experiência para a liderança feminista americana. Foi também um elemento conscientizador, pois fornecia a oportunidade rara de expor a plateias numerosas e já mobilizadas para uma luta igualitária as ideias da emancipação de um outro grupo humano cujos problemas não tinham sido ainda levantados. Era, portanto, um veículo importante de comunicação, que as feministas souberam aproveitar.

Na evolução da luta as feministas americanas utilizaram-se de outros movimentos comunitários de mulheres, servindo-se deles como elementos de ligação, propaganda e mobilização para tarefas específicas: os clubes femininos, o movimento antialcoólico, as "Settlement Houses", as associações de diversos tipos (Mulheres Profissionais, Alumnae) etc.

Paralelamente a esses movimentos típicos da classe média americana crescia a organização do proletariado. O Knights of Labor, a American Federation of Labour (AFL), a International Workers'

---

135. Diz ela em carta a seu marido, John: "Se não for dada atenção às mulheres estamos resolvidas a fomentar uma rebelião, e não vamos nos considerar obrigadas por nenhuma lei em que não tivermos voz ou representação" (Adams *apud* Rossi, 1974, p. 10-11).

Union (IWU) tiveram participação de mulheres operárias e colocavam a questão do voto como parte das reivindicações do operariado feminino, tendo participado de convenções, demonstrações e outras táticas de luta sufragista.

Tudo isso fazia com que nos momentos de acirramento da campanha, como na ocasião dos plebiscitos estaduais, o movimento sufragista fosse capaz de mobilizar milhares de mulheres – chega-se a calcular em 2 milhões o número de participantes no fim da campanha (O'Neill, 1971, p. 77)[136] –, o que lhe dava uma respeitável força de pressão política. As últimas campanhas, como as da Califórnia em 1911 e de Nova York em 1917 (Flexner, 1974, p. 255, 290), foram um verdadeiro espetáculo de organização, utilização de táticas de propaganda e mobilização popular, incluindo no esforço milhares de voluntárias. Essa capacidade de arregimentação constituiu uma demonstração de força que levou os partidos a refletir com seriedade sobre a questão, a ponto de levantá-la nas plataformas eleitorais em nível de campanha presidencial.

O movimento sufragista americano significou realmente um elemento de pressão que forçou o Congresso a conceder uma reivindicação que já se tornava impossível negar.

A história política brasileira nunca se caracterizou pela participação popular, nem pelo incentivo às atividades comunitárias. Herdeiros do absolutismo português, formamos uma sociedade cuja tradição foi a do poder autoritário, seja em termos políticos, seja nas relações senhor-escravo, marido-mulher, pai-filhos. A vida isolada nas grandes fazendas, a urbanização tardia (em comparação com a americana) e o cerceamento político impediam o desenvolvimento de relações associativas semelhantes às que eram comuns na vida americana.

Nossas mulheres sofriam um cerceamento bem mais profundo do que aquele, já enorme, que suportavam as americanas. Só come-

---

136. Segundo este autor, o movimento sufragista foi "o maior movimento político independente dos tempos modernos", embora os historiadores não se refiram à sua importância.

çaram a ter acesso às universidades em número um pouco maior, e mesmo assim restrito a ponto de serem ainda exceção, a partir da década de 1930. Antes, sua presença era verdadeira aberração, merecendo notícia em jornais. A Dra. Ermelinda Lopes de Vasconcelos, uma das primeiras médicas, formada ainda durante o Império, e a Dra. Myrthes de Campos, primeira advogada, formada em princípios do século XX, tiveram suas defesas de tese comentadas com alarde e surpresa pela imprensa.

A estrutura familiar colonial, herdeira, conforme notou Alceu Amoroso Lima[137], da tradição cristã-moura de Portugal, com tudo o que isso significava de preconceitos contra a mulher, restringia-se aos "gineceus", às tarefas estritamente "feministas", domésticas.

Como formar um movimento de massas dentro de uma tal estrutura política e com um elemento humano de tal forma subjugado? Era tarefa evidentemente impossível para as feministas brasileiras. Não apenas impossível, como também desnecessária, dada a tradição de manipulação política pela elite dominante, em que não entrava em jogo qualquer tipo de pressão das massas, despolitizadas e desorganizadas. A técnica empregada eram os conchavos, o contato pessoal, facilitado pelo número restrito de participantes do mundo político, sempre de alguma forma relacionados entre si.

As feministas americanas utilizaram-se da tática do *lobbying*[138] aliada à pressão da opinião pública, revelada através de sua força numérica. No Brasil, o foco central da luta também foi o trabalho pessoal em nível do Congresso. Não havia como promover demonstrações de força no estilo das passeatas e campanhas de propaganda feitas nos Estados Unidos. As feministas brasileiras usaram a arma que tinham: sua posição, que lhes abria as portas dos gabinetes parlamentares e lhes dava também acesso à imprensa.

Os dois movimentos – o sufragismo da NAWSA e o da FBPF – unem-se em termos das suas propostas: reformas ao nível jurídico e político e reivindicações trabalhistas de cunho assistencial. Não

---

137. Entrevista pessoal de Alceu Amoroso Lima com a autora.
138. Trabalho de persuasão, em nível individual, dos membros do Congresso.

há nenhuma tomada de posição contra o sistema capitalista, nem um questionamento da cultura patriarcal. As análises desse tipo que surgiram no sufragismo americano foram excepcionais, formuladas por mulheres de esquerda, e não significavam, de forma alguma, o pensamento do movimento como um todo.

Encontram-se também ambos os movimentos quanto à sua origem social: classe média e burguesia, "mulheres cultas"[139], com renda e tempo para se dedicarem a um trabalho voluntário. Não que muitas não tivessem uma carreira. Pelo contrário, foi inclusive a experiência de trabalho que contribuiu para a conscientização de várias das militantes. Porém o uso do tempo para uma profissional de classe média tem um sentido bem diverso do que para uma operária, obrigada a enfrentar a dupla jornada de trabalho.

O outro ponto de contato reside no emprego de táticas pacíficas como a estratégia mais adequada para alcançar os objetivos imediatos, especificados nas reivindicações de reforma jurídico-política.

Assim, há diversos pontos de contato entre os movimentos sufragistas americano e brasileiro: em termos das propostas, da origem social da maior parte de seus membros, e da estratégia de luta[140]. Essas foram características comuns à maioria dos movimentos sufragistas. A ideologia que reservava à mulher a função primordial de procriadora mantinha-se, na época em que se deram os movimentos sufragistas, ainda praticamente intacta. As próprias militantes em sua maioria não a questionavam. A legitimação no nível político, único meio de objetivar as reivindicações do movimento, exigia que este se mantivesse dentro dos limites estreitos do campo de ação feminino. Comentando a tática violenta das *suffragettes*, William O'Neill (1971, p. 87) é de opinião de que, com sua falta de tato, elas na realidade atrasaram a obtenção do sufrágio. Sentindo a antipatia que essa tática criava, as outras organizações buscavam dissociar-se de tais métodos.

---

139. Entrevista pessoal de Maria Sabina com a autora. Resposta da entrevistada à pergunta sobre quais tipos de mulheres faziam parte ou eram convidadas para a FBPF.
140. Enfatizo o fato de que estou me referindo ao sufragismo americano liderado pela NAWSA.

Os dois movimentos se desenvolveram em contextos políticos diversos. A obtenção do sufrágio tomava um significado diferente, em termos de legitimação do poder político, nos Estados Unidos ou no Brasil.

É preciso deixar claro que ao estabelecer um paralelo entre os dois movimentos não me coloco numa postura "modernizante", que implicaria considerar o contexto político americano como um modelo a ser seguido e analisar as "limitações" do movimento brasileiro como fraqueza ou como etapa no desenvolvimento político global. Não é uma comparação valorativa, e procuro ver cada movimento dentro da realidade que o caracterizou, pois só assim se poderá entendê-los, reconhecer sua especificidade e traçar sua semelhança.

Nos Estados Unidos havia uma tradição de participação eleitoral que não existia no Brasil. Por esse motivo foi possível às americanas aliarem o trabalho em nível do Congresso com a pressão numérica revelada nas diversas campanhas. As brasileiras mantiveram-se limitadas em termos quantitativos e dirigiram seus esforços no sentido de influenciar o Congresso e a imprensa, tirando ampla vantagem de sua posição de classe. Sua atuação era condizente com o sistema político do qual faziam parte. Não havia no Brasil nem a possibilidade nem a necessidade de se mobilizarem massas para exercer pressão política. Não era essa a forma de legitimação do sistema. O processo eleitoral da República Velha era o resultado das composições e articulações dos grupos dominantes, liderados pelos dois principais estados, e cujos resultados o voto vinha apenas sancionar. A principal diferença entre esses dois movimentos reside, portanto, na especificidade do contexto político em que se processaram. Aceitando os limites do jogo em cada um desses países, ambos os movimentos lograram alcançar seu objetivo principal. O feminismo que Bertha Lutz conheceu nos Estados Unidos já havia sido depurado de seus elementos mais reivindicativos e vinha de uma longa história de acomodação que levara finalmente à limitação de suas propostas ao nível jurídico-político, deixando de lado o questionamento mais profundo das raízes da opressão da mulher. Era esse feminismo assim domesticado o único que poderia levar a bom termo as reivindicações de reformas básicas, o único que poderia ser aceito pelo sistema político que procurava influenciar e que era veículo para a realização de seus objetivos.

Reconhecendo as limitações históricas que condicionaram o movimento sufragista americano e o brasileiro, é possível compreender seu cunho "reformista". Essa era a única escolha possível, e as tentativas de aprofundamento do confronto resultaram em insucesso[141]. O "reformismo" não pode ser explicado unicamente pela origem social das militantes, embora seja evidente que um movimento composto por membros da classe dominante não poderia ter, em princípio, objetivos revolucionários. Os objetivos do movimento, enquanto restritos às reivindicações jurídico-políticas, foram parcialmente alcançados (direito de voto, algumas mudanças no Código Civil, leis de proteção à mulher trabalhadora). Sendo a medida do sucesso de um movimento político a obtenção de suas reivindicações principais, pode-se afirmar que o movimento sufragista foi bem-sucedido.

---

141. Exemplo disso é o escândalo Beecher-Tilton (cf. nota 43, acima); a falta de ressonância às propostas das líderes socialistas; o afastamento tático de Elizabeth Cady Stanton pelo movimento após a publicação da *The woman's Bible*.

4
Ideologia do debate sufragista brasileiro

4.1 O debate sufragista no Congresso e na imprensa

4.1.1 Introdução

É quase impossível separar o histórico do sufragismo dos debates ocorridos no Congresso e na imprensa. A estratégia do movimento estava voltada para a obtenção do voto através dos trâmites legais, e estes passavam necessariamente pelos canais políticos, sendo registrados nos jornais. O artificialismo dessa divisão justifica-se apenas em termos analíticos, para que fique mais clara a exposição.

Não desejo, e nem seria isso possível, isolar os fatos históricos da ideologia que os embasa. A razão pela qual separei a *história* e a *ideologia* do sufragismo brasileiro em dois capítulos diferentes foi para que se pudessem destacar certos aspectos do debate que, do contrário, ficariam diluídos ao longo do relato, sem ganhar a ênfase que deveriam ter.

Tanto no Congresso quanto nos comentários da imprensa os argumentos pró e contra são semelhantes. Os sufragistas e seus adversários baseiam-se nas mesmas justificativas para suas posições. No debate sufragista não há grande variedade. Os argumentos jurídicos apresentados na Constituinte de 1891 são repetidos na década de 1920; seu embasamento ideológico, constituído por sobre o mito da "missão da mulher", também está presente nas discussões provocadas pelas atividades da FBPF. As opiniões na imprensa são um reflexo dos debates no Congresso, alinhando-se da mesma forma e usando os mesmos argumentos.

Não encontrei elementos para definir com maior exatidão como se colocavam os campos opostos dentro do Congresso. No debate sufragista, a tradicional divisão entre conservadores e liberais não se justifica. Apesar de se esperar que os primeiros sejam contrários e os segundos favoráveis ao voto feminino, em consonância com suas ideias, nem sempre o alinhamento se dá dessa forma. Muitas vezes um político em geral conservador mostra-se favorável e um liberal apresenta dúvidas quanto à sabedoria da medida. O que parece ocorrer é que, como sói acontecer, os congressistas acham-se divididos entre sua coerência ideológica e a conveniência política. Para todos eles o voto feminino era uma incógnita. Havia, porém, uma tendência, aliás confirmada, de se acreditar que as mulheres votariam com seus maridos, inclinando-se para o conservadorismo típico das classes sociais que caracterizavam a maior parte do eleitorado brasileiro. Num país com índice enorme de analfabetismo, a exigência de alfabetização era o quanto bastava para reduzir o eleitorado à pequena burguesia e às classes médias e alta. O "voto de cabresto" fazia o resto, definindo o caráter conservador dos resultados eleitorais[142]. Sendo a mulher tipicamente passiva, insegura e incapaz de decidir por si – resultado de sua educação –, eram grandes as chances de que seu voto viesse engrossar as fileiras conservadoras. A ligação tradicional do sexo feminino com a Igreja – outro elemento de conservadorismo – e sua dependência da opinião do clero vinha reforçar a tendência conservadora do novo eleitorado. Com isso os liberais teriam muito mais a perder advogando a medida, e as probabilidades de seu enfraquecimento podem estar por trás do apoio morno e desinteressado que emprestaram à causa. A corrente oposicionista crescia justamente durante a década em que se debatia o voto. As vozes reivindicatórias aumentavam, mas as que incluíam nas reivindicações a questão do voto feminino eram poucas. O outro lado, isto é, o grupo conservador, mais representativo em número, era também o que costumava atender às sufragistas. O senador Adolpho Gordo, autor do projeto de lei de expulsão

---

142. Isso, sem entrar na análise das fraudes, que por diversas maneiras impediram as possíveis mudanças do corpo legislativo.

dos estrangeiros, pejorativamente denominado "Lei Gordo"[143], fez uma bela defesa do voto feminino, na ocasião em que se discutia o assunto em plenário, depois de aprovado pela segunda vez na Comissão de Justiça, em 1972. Assim, não se pode dizer simplesmente, como ocorre com outras questões políticas, que "os liberais apoiam e os conservadores se opõem". Nesse caso, talvez o contrário fosse mais exato, ainda que houvesse exceções no campo liberal, tais como Maurício de Lacerda e John Stuart Mill (este na Inglaterra).

4.1.2 O debate jurídico

Considerei "debate jurídico" não apenas os pareceres de juízes mas também as discussões no Congresso porque, embora tudo se passasse como se fossem apenas questões estritamente legais, na realidade, embasando a exegese jurídica e disfarçados por trás de sua suposta rigidez, estavam os argumentos morais e políticos, nem sempre explicitados. Vinham todos juntos, numa sequência lógica. Aqueles que interpretavam a Constituição de forma restritiva, excluindo a mulher do direito de voto, no mesmo fôlego demonstravam seu medo quanto à provável "dissolução da família" que acompanharia o sufrágio feminino. Por sua vez, os liberais quanto à interpretação constitucional mostravam-se também confiantes no "senso de responsabilidade" feminino, amenizando os temores da oposição. Procuravam provar que nada de essencial seria mudado com o ingresso da mulher no mundo político e que tanto o reduto masculino quanto o feminino continuariam funcionando da mesma maneira. Essa tática terminou por surtir efeito, apesar dos longos anos que se passaram até que se convencessem aqueles que temiam pela ordem constituída – baseada naturalmente na intangibilidade da família.

Abriu-se o debate sobre o voto feminino, no âmbito do Congresso, na Constituinte de 1891. Já em 1890, durante as discussões prévias, César Zama se havia manifestado favoravelmente[144]. Uma

---

143. Agradeço ao jornalista Paulo Motta Lima esta informação e outras que me forneceu em entrevista pessoal.
144. *Anais do Congresso Constituinte da República*, v. I, 1924, p. 1052.

emenda redigida por Saldanha Marinho e assinada por diversos deputados, dentre os quais Nilo Peçanha[145] – que na campanha posterior manteria sua posição e auxiliaria as sufragistas –, foi apresentada no sentido de se conceder o voto qualificado[146]. A discussão concentrava-se na interpretação do artigo 70, que se referia aos "cidadãos" brasileiros. O constituinte Almeida Nogueira refutou a interpretação restrita de forma clara e absolutamente incontestável:

> Se os nobres representantes querem argumentar com o modo pelo qual está formulado o artigo, por empregar-se nele a forma masculina em vez de feminina, por se dizer "o cidadão" e não "o cidadão e a cidadã", responderei com uma consideração de ordem gramatical, e é que sempre o legislador emprega o masculino [...] por ser uma convenção gramatical [...]
>
> Também no capítulo referente à declaração dos direitos políticos e civis dos brasileiros, o legislador emprega a fórmula do masculino [...] entretanto, ninguém põe dúvida que a mulher tem o direito à proteção de "habeas corpus", à inviolabilidade do domicílio, a todas essas garantias [...] Se fôssemos apegar-nos a essa fórmula, a mulher não teria nenhuma responsabilidade criminal, porque as leis penais se referem sempre aos delinquentes e criminosos [...]
>
> Portanto, a questão suscitada [...] não reclama um ato especial do Congresso, e seria advogar mal a causa, fazê-la retroceder do terreno conquistado, pedir como concessão ao Parlamento uma declaração expressa, quando já existe o reconhecimento implícito do direito em nossa legislação[147].

---

145. Assinaram a emenda, além de Nilo Peçanha, Érico Coelho, Índio do Brasil, Lopes Trovão, Leopoldo de Bulhões, César Zama, Godofredo Lamounier (com restrições), Hermes da Fonseca, (com restrições), Ferreira Pires, Costa Machado, A. Maia, João de Avelar, Urbano Marcondes, Oliveira Pinto, Virgílio Pessoa, Sá Andrade (com restrições), Casemiro Júnior, Paixão, Silva Paranhos, Pinheiro Guedes, Ferreira Rabelo, Ataíde Junior (com restrições), Mata Bacelar, Nascimento, Manhães Barreto, José Augusto Vinhais, Barão Chagas Lobato, Gonçalo de Lagos; Epitácio Pessoa apoiava apenas a equiparação de direitos civis, opondo-se à igualdade política (*Anais do Congresso Constituinte da República*, v. II, 1924, p. 439).

146. *A Noite*, 14 dez. 1921.

147. *O País*, 18 maio 1928. Cf. sequência deste discurso na seção 3.2. Cf. tb. *Anais do Congresso Constituinte da República*, v. II, 1926, p. 50-51.

Essa sensata interpretação deveria, por sua própria lógica, ter feito calar de uma vez por todas o debate, sem que o direito da mulher ao voto tivesse de ser considerado matéria constitucional nem levado às três discussões indicadas por lei para esse caso. Que o argumento tenha sido mantido, repetindo-se em todos os debates no Congresso e na Justiça Eleitoral, demonstra o quanto a justificativa jurídica camuflava a verdadeira razão de se negar a concessão do sufrágio feminino: a razão moral e valorativa. Na verdade, como frequentemente é o caso nas emperradas rodas da burocracia política, e apesar da lucidez da interpretação jurídica favorável, a exigência de três discussões em cada causa custou caro às sufragistas, em termos de esforço e tempo perdidos.

Alguns opositores do voto nessa mesma assembleia (Constituinte) apelavam claramente para "a missão sublime" da mulher, sem se preocuparem com o lado jurídico da questão. Eram principalmente os positivistas, cuja filosofia restringe a mulher ao papel de reprodutora e exacerba o mito da maternidade. Disse Muniz Freire: "Estender o voto às mulheres é uma ideia imoral e anárquica, porque, no dia em que for convertida em lei, ficará decretada a dissolução da família brasileira"[148]. Barbosa Lima assim se expressou, seguindo a mesma linha de pensamento: "Embora a mulher seja capaz dos mais arrojados cometimentos, embora possa abordar a mais alta questão de transcendência matemática [...] não deve ter o direito de sufrágio, porque a sua missão é a de educar os filhos"[149]. E Serzedelo Correia batia na mesma velha e usada tecla: "Conquanto reconheça que a mulher tem capacidade intelectual e aptidão para exercer o direito de voto, não deve exercê-lo, porque a sua única missão deve consistir em ser o anjo tutelar da família"[150]. Confirmando sua filiação filosófica, diz Lauro Sodré: "Lamento que alguns ilustres representantes [...] levantassem aqui a ideia, que reputo anárquica, desastrada, fatal, do direito de voto estendido as mulheres [...] só

---

148. *Anais do Congresso Constituinte da República*, v. II, p. 456-457: *A Notícia*, 28 dez. 1927.
149. *Anais do Congresso Constituinte da República*, v. II, p. 513; *A Notícia*, 28 dez. 1927.
150. *Anais do Congresso Constituinte da República*, v. II, p. 500; *A Notícia*, 28 dez. 1927.

obedeço aos princípios de uma doutrina filosófica, que adota como um de seus lemas que a mulher é a providência moral da família, que o homem deve ser amparo e proteção para a mulher"[151].

Esse tipo de argumentação marcou profundamente o debate, obrigando as sufragistas a repetirem eternas "profissões de fé" no sentido de convencerem os adversários de suas boas intenções no que toca ao papel da mulher na família. No terreno jurídico era fácil contestar, mas, quando se tratava de valores morais, a discussão perdia a racionalidade, ficando limitada ao nível emocional e tornando muito mais difícil a argumentação. Os opositores do sufrágio estavam conscientes do quanto a estabilidade da família dependia da submissão da mulher a seu papel. Nisso, aliás, concordavam plenamente os sufragistas. O cerceamento da mulher ao lar é condição para a continuidade ideológica, já que sua visão de mundo limitada faz dela uma fiel transmissora de valores. Sendo a família um dos principais Aparelhos Ideológicos de Estado, era essencial, do ponto de vista da reprodução do sistema, manter a sua integridade.

Juridicamente, a argumentação contrária ao voto feminino não se sustentava. Alguns políticos, já durante a década de 1920, alegavam, para fortalecer sua posição, que diante do Código Civil a mulher casada era dependente de seu marido, não tendo, portanto, a indispensável liberdade para o exercício do voto. Apelavam da mesma maneira para o argumento histórico, buscando isolar o artigo 70 dos outros artigos da Constituição e evitando assim o sacrilégio gramatical que cometiam ao forçar a interpretação do termo "cidadãos" como se referindo unicamente ao sexo masculino. Alegavam, nesse caso, que não havia na mentalidade do legislador constituinte a intenção de incluir a mulher entre os eleitores. Mas por mais que buscassem elucubrações legais para se embasar, a argumentação antissufragista em nível jurídico era fraca. Por isso não apresentava perigo maior, sendo refutável com facilidade. As sufragistas buscavam apoio junto aos juristas famosos, que não se furtavam em

---

151. *Anais do Congresso Constituinte da República*, v. II, p. 478.

4 Ideologia do debate sufragista brasileiro   177

dá-lo, seguros da justeza de sua interpretação. Assim se expressa Clóvis Beviláqua em carta a Juvenal Lamartine, publicada pela FBPF em sua campanha junto aos congressistas e à opinião pública:

> A mulher é cidadã brasileira (art. 69), não perde a sua qualidade de brasileira pelo casamento, antes influi para tornar o seu cônjuge brasileiro [...] Quer isto dizer que, no sistema constitucional que nos rege, a cidadania é qualidade que a lei assegura à mulher [...]
>
> Assim, quando a Constituição declara, no art. 70, que são eleitores os cidadãos maiores de 21 anos, que se alistarem na forma da lei, abrange o homem e a mulher, porque ambos são cidadãos e, porque, como é sabido, onde a lei não distingue não deve o intérprete distinguir. Além disso, se a Constituição quisesse excluir a mulher dos direitos conferidos pelo art. 70 [...] tê-la-ia incluído nas exclusões constantes do parágrafo 1º[152].

O próprio Lamartine, em sua exposição de motivos à emenda que defendeu em 1921, conclui: "Não se restringe um direito por indução, senão por declaração expressa da lei"[153]. Com isso refuta o argumento histórico, que quer interpretar puramente por indução.

A questão da constitucionalidade é, portanto, aparentemente o eixo central do debate jurídico. No entanto, não há como negar a força da argumentação valorativa implícita, quando não explicitada, no raciocínio legal. À medida que a campanha se acelera, em que juristas respeitados se pronunciam a favor, em que um número cada vez maior de países vai concedendo o voto, o grupo opositor se escuda mais nos argumentos de conveniência e de moral do que nos unicamente jurídicos, terreno em que não se sente com segurança.

Assim, quando na primeira discussão na Câmara o deputado Heitor de Souza redige voto em separado, declara-se contrário ao sufrágio apesar de estar convencido de sua constitucionalidade, porque

---

152. *O País*, 18 maio 1928; FBPF, 1929b.
153. *A Noite*, 14 dez. 1921.

> há outros motivos: isto importa uma inovação à qual é hostil o sentimento comum e instintivo no mundo civilizado [...] uma divisão natural do trabalho, e das funções, se tem estabelecido, perpetuado e acentuado constantemente entre os dois sexos. Ao homem são destinadas a vida pública e as funções que lhe são relativas; à mulher pertence a guarda e o zelo do lar doméstico e a tarefa capital da primeira educação da infância [...] Assim, a exclusão das mulheres do sufrágio não é arbitrária.
>
> Ela deriva de uma lei natural, de fundamental divisão do trabalho entre os dois sexos, que é tão antiga, senão como a humanidade, mas sem dúvida como a civilização[154].

Justifica a divisão entre os sexos ora por ser esta "natural", ora "cultural", mantendo a confusão comumente estabelecida com esses argumentos. Como uma instituição criada com a civilização pode se tornar "natural", isto é, imutável e eterna, os antifeministas não explicam. Segue sua alocução revelando o temor pela desestruturação da família, sobretudo pela quebra da "harmonia doméstica", que "depende da homogeneidade de ideias". A política viria romper essa homogeneidade, dando à mulher o direito de ter opinião própria. É evidente que a homogeneidade a que se refere implica a imposição das ideias do marido. Dessa forma, apesar de reconhecê-lo como um direito legal, o deputado, expressando as opiniões típicas da corrente oposicionista, nega à mulher o voto por razão de sua "inconveniência social".

Em 1927 travou-se intenso debate na Comissão de Justiça do Senado, quando pela última vez se discutiu o projeto Justo Chermont. É importante trazer aqui alguns trechos, pois colocam bem as duas posições opostas, em suas linhas principais.

O senador Aristides Rocha redigiu parecer favorável, em discurso assessorado pela FBPF, que também estava presente à discussão. Seguindo a regra das manifestações favoráveis ao voto, faz uma breve história das conquistas feministas no exterior e de suas consequências benéficas. Refuta o argumento da "inoportunidade"

---

154. *A Noite*, 19 dez. 1921.

como o último refúgio dos tradicionalistas: "Nenhuma reforma política temos realizado até hoje que deixasse de sofrer a mesma impugnação até a véspera de ser adotada"[155].

Em resposta a Aristides Rocha, o senador Thomás Rodrigues, um antissufragista ferrenho, sentindo-se no campo vencido, tenta ainda uma meia vitória. Pede que a reforma seja gradativa, dando-se o voto qualificado. Nega estar usando medidas protelatórias, mas anuncia que dará voto em separado, adiando com isso o fim do debate. Em sua exposição de motivos, a 21 de novembro de 1927, justifica-se utilizando alguns dos argumentos típicos do discurso antissufragista. Inicia com o argumento histórico; afirma que, ao deixarem apenas implícito o direito de sufrágio, os constituintes agiram com sábia moderação, afirmando a sua intenção de recusar à mulher brasileira o direito do voto. Em seguida, revela a incongruência do procedimento sufragista, que defende a constitucionalidade do voto feminino e, no entanto, batalha por uma lei que o explicite: "Não se concebe uma lei ordinária para reafirmar o que a Constituição já concede". Esse argumento revela um paradoxo legal no discurso sufragista, mantido justamente porque o debate jurídico não passava na realidade de uma falsa frente, que encobria o verdadeiro cerne da discussão: o papel da mulher na sociedade, refletido por sua posição de sustentáculo da família e de transmissora de valores.

Continuando, o senador passa para mais um argumento repetido pelo antissufragismo, o do "tributo do sangue": "Não é natural, não é equitativo, não é justo que a essa plenitude de direitos não corresponda a plenitude de deveres", afirma, com relação à não obrigatoriedade de serviço militar para o sexo feminino. O próximo argumento também é recorrente no antissufragismo: baseia-se em que, sendo o processo eleitoral brasileiro reconhecidamente uma farsa, justifica-se excluir dele a mulher, ainda imaculada. "Respeito muito a mulher brasileira, a delicadeza dos seus sentimentos, para

---

155. *Correio da Manhã*, 13 nov. 1927.

desejá-la envolvida nas nossas inglórias lutas políticas, nas nossas mesquinhas competições partidárias, e o que mais é, nas nossas desordenadas eleições." Passa em seguida para o argumento que é a espinha dorsal desse tipo de discurso. Começa com um arroubo de sentimentalismo:

> O inimigo da mulher não pode ser quem tem uma filha, jovem, casta e pura, cujo sorriso, cujo carinho, cuja meiguice são as únicas alegrias [...]
>
> O inimigo da mulher é uma expressão sem sentido, assim como escravidão da mulher é uma expressão destituída de verdade [...] Ela sempre foi, ao contrário, a dominadora do mundo. É por ela e para ela que ele conquista riquezas, posições, glórias. Ela domina o homem, e por ele domina o mundo.

E conclui, revelando os reais fundamentos de seus temores:

> *Mantenha ela o lugar que já tem na família e na sociedade* e nada faltará para a sua felicidade que é também a nossa (grifo nosso)[156].

O senador Adolpho Gordo responde a essa alocução, fazendo uma das mais completas defesas do sufragismo já efetuadas no decurso dos debates parlamentares. Seu discurso é uma síntese da lógica sufragista, respondendo aos argumentos legais e ao de conveniência. Em termos especificamente jurídicos, refuta a inconstitucionalidade com arrazoados que cobrem toda a matéria. Interpreta a palavra "cidadãos" como o fizera Almeida Nogueira, concluindo: "Quando a lei é clara, é desnecessária qualquer interpretação" e, se é inegável portanto a constitucionalidade, não pode o Senado restringir o exercício desse direito, "em virtude do princípio de direito natural gravado em todos os códigos [...] que ninguém pode dispor de direitos alheios", sendo, ademais, um princípio elementar em hermenêutica que "um direito não pode ser excluído por uma simples indução, mas por uma disposição expressa da lei". Cobre assim toda a parte jurídica, acusando os que recorrem ao argumento

---

156. *Correio da Manhã*, 22 nov. 1927.

histórico do quererem "não interpretar a lei, mas impedir a sua execução". Passa então aos outros argumentos levantados pelo antissufragismo: o do "tributo do sangue" e o da "missão da mulher". Mais uma vez a participação da mulher no esforço de guerra vem reforçar a argumentação dos que lutam por seus direitos: "Dos Estados Unidos e de vários outros países, foram para os campos de batalha mulheres, em grande número, a fim de servirem nos hospitais de sangue e muitas foram vítimas da guerra". Quanto à ideia de que o exercício do voto viria competir com seus deveres específicos, afirma:

> E por que não pode uma mulher conciliar o cumprimento dos seus deveres políticos com os do seu lar? [...] Dizer que reconhecer o direito de sufrágio à mulher é determinar a desorganização da família, é desconhecer os grandes dotes de espírito e de coração da mulher brasileira, atestados pela devoção sem limites que manifesta a seu marido e seus filhos em quaisquer situações de sua vida![157].

Assim se refutam sempre, no discurso sufragista, as acusações que se referem à "missão feminina". Ambos estão nesse caso de acordo com relação a que seja esse o papel principal da mulher. Reiteram-se as acusações e as defesas, numa infindável troca de afirmações e promessas. Não se cogita a reformulação do próprio papel, cuja essencialidade não é discutida.

Para que fosse realmente completa essa defesa sufragista, faltou ao senador Adolpho Gordo referir-se ao argumento da inconveniência de se permitir à mulher participar na política brasileira, reconhecidamente corrupta (argumento não esquecido por Thomás Rodrigues).

Não parece ser necessário alongar mais esse assunto. Foram muitos os parlamentares e juristas que se manifestaram; mas seria repetir de forma monótona a discussão já exposta aqui, sem nada acrescentar de novo.

Também na Justiça os argumentos se repetem. Diante dos crescentes pedidos de alistamento, os juízes são obrigados a se manifestar, interpretando cada qual segundo a sua opinião o artigo 70 da

---
157. *A Notícia*, 28 dez. 1927.

Constituição. Quando o pedido é deferido, a exposição de motivos aceita a palavra "cidadãos" como indicando implicitamente o sexo feminino e justifica essa opinião conforme o fizeram os juristas do Congresso, apontando para outros artigos em que não se questiona o uso do plural englobando ambos os sexos. Alega-se também o fato de não estar a mulher incluída na enumeração das exceções ao exercício do direito de sufrágio.

Nos casos de indeferimento, a justificativa sempre presente e mais enfaticamente defendida é a da função específica da mulher: "À mulher basta a nobilíssima missão que desempenha na família"[158]; "O melhor feminismo é ainda e será sempre o da mulher influindo na sua casa"[159]. Alguns, mais apavorados com os perigos da mudança, deixam-se levar por visões apocalípticas:

> Precisamos opor tenaz resistência, levantar um grande dique de encontro à onda que aí vem e que nos quer tragar, ameaçando derruir o gigantesco trabalho construtor dos nossos antepassados, na constituição da nossa nacionalidade, para o que precisamos da mulher no seu posto de honra, onde os nossos maiores a colocaram, como sentinela e guarda do santuário da família, fundamento do organismo social[160].

O argumento recorrente era, sempre, o do papel de preservadora dos valores sociais cumprido na família pela mulher. A possibilidade de se abalar a estrutura familiar mantinha aterrorizados os antissufragistas. Apesar de se usarem vários outros argumentos – os legais, o "tributo de sangue", a "corrupção da política", a necessidade de se proteger a mulher –, o verdadeiro fundamento de todo o discurso antissufragista residia nesse ponto que, disfarçado sob a capa de uma "divisão natural de papéis de sexo", mantinha intacta a ligação mulher-maternidade-família.

É evidente a fraqueza do argumento jurídico antissufragista. Não passa de uma série de sofismas, que não resistem a qualquer crítica. Atitudes com as dos senadores Thomás Rodrigues, Pires

---

158. Juiz Dantas Cavalcanti, em *Folha da Noite*, 27 maio 1929.
159. Juiz Oldemar Pacheco, em *A Notícia*, 3 jul. 1929.
160. Juiz Esaú de Moraes, em *O Imparcial*, 13 fev. 1929.

Ferreira e João Thomé[161] eram meras medidas protelatórias. Nisso surtiram efeito, pois o direito ao voto feminino nasceu com a Constituição de 1891, houve diversos projetos longamente debatidos e só acabou sendo reconhecido por um simples decreto-lei, em 1932, 41 anos depois!

Para isso, aliás, a imaginação criadora dos políticos da época conseguiu a fórmula ideal. Fizeram, afinal, em 1932, a concessão da igualdade de voto, mantendo, entretanto, a discriminação dos direitos civis, que persiste até hoje, após quase um século. Assim relata Maria Luísa Dória Bittencourt o início de mais essa luta:

> Eu menina, nessa altura, participei do Congresso Feminista, em 1931, com a delegação da União Universitária Feminina. Lançamos os primeiros pedidos de reforma do Código Civil. A reforma do Código Político todos os políticos já achavam mais ou menos bom, porque imaginavam botar toda a família votando neles. Porém, o Código Civil não, porque era bulir com a mulher deles, que devia obedecer e ficar quietinha[162].

4.1.3 O debate na imprensa: a mística feminina

A importância do papel da imprensa no estudo da luta sufragista está no seu caráter de testemunho ideológico de uma época. O debate teve ampla divulgação, pois os jornais cobriam as discussões parlamentares, os congressos promovidos pela FBPF e pela ANM, suas atividades de propaganda, além de publicarem entrevistas pessoais, com as quais se procurava medir as tendências da opinião pública.

Os artigos desfavoráveis aludem aos argumentos já clássicos. Quando se aceita a constitucionalidade, rejeita-se o direito por razões morais. Enfatizam-se a corrupção, a farsa democrática, questionando o sentido da participação feminina num ambiente em que o voto não tinha significado. A título de reforço, a argumentação vem acompanhada, como sempre, da ênfase sobre o papel da mulher.

---

161. Detalhes na seção 3.2, sobre o movimento sufragista brasileiro.
162. Entrevista pessoal de Maria Luísa Dória Bittencourt com a pesquisadora.

> [...] é, a meu ver, incontestável o direito [...] devendo porém abster-se devido ao estado deplorável [...] da política [...] Também [...] por amor à instituição sagrada da família[163].

Alude-se ao "bom feminismo", que seria aquele que não quer mudar nada, descrito como defendido pelas "verdadeiras" feministas, as mães e esposas devotadas. As palavras "bom" e "verdadeiro" definem os limites ideológicos permitidos pelo sexo dominante à ação da mulher: circunscrita ao lar. O "mau" feminismo busca arrancá-la de seu lugar próprio, e por isso não passa de uma deformação criada por mulheres frustradas, ambiciosas, que não trazem em si nenhum vestígio dos atributos femininos. As atitudes agressivas ou simplesmente arrojadas das feministas chocam uma sociedade acostumada ao silêncio e à moderação, à presença apagada de suas mulheres...

Como base e fundamento principal da argumentação pró e contra está a "mística feminina", que enfatiza as qualidades específicas da mulher e o papel que lhe é próprio na divisão social do trabalho. O debate na imprensa traduz claramente essa mística, reproduzindo as opiniões de mulheres e homens que, apesar de se colocarem em campos opostos, argumentam de forma semelhante, enfatizando a especificidade da condição feminina.

A mística refere-se às qualidades femininas, a seus dotes "naturais", que fazem da mulher um ser especial. A utilização desses dotes é sempre no sentido de "servir", seja quando se quer limitá-la ao lar, seja quando se deseja, ao contrário, comprovar utilidade de sua atuação pública.

O jornalista Lourival de Almeida[164] publica uma eloquente peça de retórica que resume os argumentos da mística feminina:

> Os dois sexos têm sobre os ombros funções diversas [...] um dedicando-se à missão sublime de perpetuação da espécie pela maternidade, e o outro ao objetivo secundário de amparar solicitamente aquele desempenho [...] As inclinações da mulher defluem [...] logicamente da materni-

---
163. A. Secino de Sá, em artigo publicado em *A Defesa*, 23 jan. 1928.
164. *O País*, 23 set. 1928.

dade, seu [...] principal escopo [...] A natureza feminina gira em torno do seu alterocentrismo, enquanto a masculina [...] se move ao redor do seu egocentrismo, num equilíbrio natural e sábio.

O jornalista enfatiza que afinal a mulher não tem que se queixar, pois sua "missão" é "sublime", enquanto a do homem não passa de "objetivo secundário". Segue-se logo o argumento da "natureza", que a faz "alterocêntrica", isto é, voltada para os outros; enquanto o homem, também naturalmente, é "egocêntrico". Logo, ela deve receber os serviços de quem é assim inclinada para o altruísmo.

Pode parecer de menor importância que um jornalista desconhecido assim se expresse. Mas quando suas opiniões espelham valores aceitos por toda a sociedade, tanto homens quanto mulheres, esse tipo de argumentação revela seu verdadeiro caráter ideológico e mistificador.

Há diversos testemunhos que se expressam dentro dessa mística, transcritos em entrevistas publicadas pelos jornais. Para não tornar o assunto por demais repetitivo, citarei aqui apenas alguns exemplos de opiniões de mulheres. Isso porque, sendo as mulheres o próprio objeto da discussão, suas opiniões expressam de forma contundente o quanto a ideologia de sexo dominante as impregnou, levando-as a interiorizar normas e valores dos quais decorre uma conduta que se coaduna com as exigências do sistema e constitui a própria causa de sua discriminação.

As sufragistas estavam tão impregnadas da própria "mística feminina", que não foram capazes de romper com ela e exercer uma crítica sobre a sua função discriminatória. Em nenhum de seus escritos ou de suas entrevistas surge um questionamento desse tipo[165].

Os jornais *Correio da Manhã* e *A Manhã* fizeram uma sondagem com algumas mulheres da burguesia, artistas e escritoras e perguntaram sua opinião sobre o voto. Em todas as respostas há alusão ao papel feminino, às qualidades da mulher, aos seus en-

---

165. Refiro-me ao Brasil. Nos Estados Unidos e na Europa, algumas militantes de esquerda fizeram esse tipo de análise.

cantos, à sua meiguice e à sua ternura, à sua bondade natural. A tônica é sempre a referência a essas "qualidades femininas", que ora servem para justificar os impedimentos à participação política da mulher, ora são utilizados para defendê-la. Esse é o grande problema do argumento de "conveniência" ou "utilitário": não tendo uma base concreta em que se afirmar, atua num nível de emoção que é um verdadeiro beco sem saída, rebatendo-se prós e contras por sobre a mesma argumentação.

Darei aqui apenas quatro exemplos dessa argumentação: dois de mulheres favoráveis ao voto e dois de mulheres que se opõem a ele. Há muitos outros, tanto de homens quanto de mulheres, exaltando as mesmas qualidades femininas para defender suas posições opostas. Para ambos os lados a imagem do papel que a mulher deve cumprir na sociedade é exatamente a mesma.

Alda Vasconcellos, artista, responde ao jornal *A Manhã* apoiando o voto: diz que a mulher sempre exerceu seu domínio sobre o homem, mas

> por enquanto esse predomínio é todo do foro íntimo do lar. É necessário, porém, que a mulher influa diretamente na organização e na legislação sociais [...] Com a rápida visão dos pequenos detalhes e a larga intuição das coisas, sem contar as suas características de bondade e abnegação, a mulher será o grande elemento construtivo da nova sociedade do futuro[166].

No mesmo jornal, Laurita Lacerda Dias declara-se opositora, porque é

> incompatível com a delicadeza feminina a obtenção dos direitos políticos. Esse direito que lhe negam é amplamente compensado pela influência que ela exerce na vida íntima, e que nenhuma soberania mais deveria aspirar quem governa, despoticamente, com o poder incomparável do amor[167].

---

166. *A Manhã*, 27 jun. 1926.
167. *A Manhã*, 4 jul. 1926.

Ainda no jornal *A Manhã*, Ruth Leite Ribeiro se mostra desfavorável ao voto: "Entendo, como verdadeiro feminismo, aquele que se exerce no lar, com a educação dos filhos, e naturalmente se irradia na sociedade"[168].

Anna César, no *Correio da Manhã*, defende os direitos políticos:

> [...] com o mesmo carinho e zelo que no lar prodigaliza tratará dos interesses do povo [...] De natureza delicada e sensível [...] seu altruísmo, bondade e dedicação [...] Mais afeita ao bem [...] será uma nova esperança. O homem com maiores predisposições para o mal[169].

E Bertha Lutz, em entrevista ao *A Notícia*, diz: "Não é pois senão justo que a ação da mulher que do lar se irradia, vá encontrar um campo de atividade nessas instituições sociais"[170].

Enfatizam-se, então, as "qualidades naturais" que a levam naturalmente ao exercício da caridade, da assistência social, quando na vida pública; e à dedicação de sua vida aos outros, quando na esfera privada.

Faz-se uma sondagem entre os deputados e as respostas são as mesmas: se contrários, é porque o lar é o domínio da mulher e onde ela exerce indiretamente o poder; a política é um mundo sujo no qual não se deve macular; não está ainda preparada para exercer esse direito[171]. Os comentaristas políticos também enfatizam as mesmas qualidades: quando favoráveis, justificam sua opinião pela ação moralizadora da mulher (bondade inata); se contrários, utilizam-se dos argumentos já expostos[172].

---

168. *A Manhã*, 30 jun. 1926.
169. *Correio da Manhã*, 26 nov. 1927.
170. *A Notícia*, 21 nov. 1921.
171. Cf. a este respeito *A Esquerda*, 6 dez. 1927.
172. Cf. entre os favoráveis: J. M. Gomes Ribeiro, em *O País*, 17 nov. 1927; Otávio Tarquínio de Souza, em *Jornal do Brasil*, 17 nov. 1927. Cf. entre os contrários: A. Secino de Sá, em *A Defesa*, 23 jan. 1928 (para o argumento da corrupção política); Mário Pinto Serva, em *O Jornal*, 11 fev. 1928 (para os argumentos das qualidades femininas e da missão da mulher); João Carlos, em *Correio da Manhã*, 7 ago. 1928; Bastos Tigre, em *Correio da Manhã*, 11 dez. 1932; Otto Prazeres, em *Jornal do Brasil*, 17 fev. 1929; P. J. Castro, em *A Cruz*, 4 dez. 1927; João Prestes, em *Correio da Manhã*, 12 fev. 1928; Américo Valério, em *Correio da Manhã*, 2 mar. 1928; Júlio Dantas, em *A Pátria*, 4 mar. 1928; Hermes Augusto de Athayde, em *O Diário do Povo*, 25 maio 1928.

O debate na imprensa deixa transparecer com maior clareza o conteúdo ideológico de toda a discussão em torno do sufrágio feminino. No Congresso e na Justiça, os parlamentares e juízes eram forçados a argumentar sobre questões jurídicas, que encobriam até certo ponto o verdadeiro caráter ideológico do debate. Nos jornais, porém, comentaristas e entrevistados estavam livres para se expressar, sem a obrigação de se limitarem às questões legais. Por isso a ideologia que embasava todo o debate sufragista torna-se mais clara quando transmitida através do veículo jornalístico.

A manutenção da mística feminina como base de unidade do debate demonstra o caráter conservador da luta sufragista. As mulheres que militavam nesse movimento não se propunham a ultrapassar os limites permissíveis quanto à sua atuação e quanto ao seu papel social. Aceitavam a posição da família burguesa como base da sociedade e a situação específica da mulher intrinsecamente ligada a ela. No argumento de "conveniência", jogavam tanto com a especificidade da natureza feminina quanto com a ideia da igualdade entre os sexos. Aceitando a imagem do "papel primordial", convenciam aqueles de quem dependiam para obter sucesso; argumentando pela igualdade, abriam caminho para uma participação mais ampla no mesmo mundo que o de seus companheiros de classe.

Não se encontra crítica quanto ao papel condicionador e inferiorizante da "mística feminina". A ideia de que existe uma divisão natural entre os sexos, que ambos cumprem funções que lhes são próprias e que por conseguinte têm qualidades e temperamentos diferentes – embora complementares – está na base da própria cultura patriarcal, que tem mantido a inferioridade da mulher através dos tempos. Entretanto, em sua argumentação, nenhuma das sufragistas brasileiras foi capaz de discernir que a própria exploração dessa mística formava a base da desvalorização da mulher. A ausência de uma crítica no nível ideológico é consequência da mesma ausência no nível econômico: o movimento sufragista no Brasil não pretendia questionar as relações de produção em nenhum dos seus níveis. Acusava os homens de discriminarem, exigia o fim dessa discriminação, mas não analisava as suas causas mais profundas. Tinha uma postura reformista, falando a mesma linguagem e aceitando as mesmas premissas que os seus opositores e estando impregnada pela mesma ideologia.

4.2 Atitudes do sufragismo brasileiro para a mulher trabalhadora

Utilizo a expressão "mulher trabalhadora" para englobar as diversas categorias de atividades femininas, além daquela estritamente descrita como "operária": comerciária, cargos administrativos de nível inferior (secretárias, telefonistas etc.), costureiras e outras categorias ligadas ao comércio.

Não há a menor dúvida de que o movimento sufragista no Brasil era composto exclusivamente por mulheres da classe média e da burguesia. A bandeira do sufrágio significava para essas classes a possibilidade de usufruir com mais plenitude os benefícios advindos de sua posição social. Seu campo de batalha era, portanto, unicamente o nível jurídico. Aí se colocavam os obstáculos à sua participação social. O sufrágio, segundo acreditavam, lhes abriria as portas do poder político, que pertencia com exclusividade aos homens de sua classe.

Para a mulher trabalhadora, massacrada por uma dupla exploração, a bandeira sufragista não teria a mesma significação. O direito ao voto que o homem de sua classe exercia não lhe abria porta alguma, nem parecia influir na esfera do poder político a ponto de afetar sua vida material. A farsa da república brasileira apresentava-se bem mais claramente para essa classe. Sua exclusão da vida política era um reflexo de sua opressão econômica. O acesso ao voto apenas longinquamente poderia vir a afetar essa correlação de forças, dada a realidade eleitoral da República Velha. A nascente organização trabalhista não representava ainda um elemento de pressão bastante forte para fazer refletir suas reivindicações em nível político. No que toca à mulher trabalhadora, seu campo de batalha primordial era o nível econômico, onde de modo mais concreto se colocava sua exploração.

O movimento sufragista pretendia pôr em ação todas as mulheres, e não esquecia a trabalhadora em seus manifestos, declarações e congressos. Suas reivindicações estavam perfeitamente de acordo com as que expressavam as trabalhadoras: menos horas de trabalho, condições de higiene e segurança, creches, salário igual por trabalho igual, auxílio-maternidade. No entanto, as duas organizações mantiveram-se isoladas. A classe operária não se fez representar em nenhum dos congressos: nem o de 1922 (no qual apenas a União dos Empregados do Comércio se fez representar) nem o de 1931, embora tivessem sido apresentadas teses e moções em seu nome. O que separava esses dois grupos e impedia que se unissem taticamente?

Repetidas vezes as militantes sufragistas mostraram-se dispostas a defender os interesses da mulher trabalhadora. Bertha Lutz, desde sua primeira carta pública, coloca a necessidade de a mulher se organizar. Reconhece que não serão as ociosas que o farão, mas aquelas que sentem no cotidiano da luta pela sobrevivência a necessidade de se defender. Mostra-se perfeitamente consciente de que o ideal da maternidade, colocado como obstáculo ao sufrágio, só é vivido por uma minoria, que tem quem a sustente[173]. As militantes não negavam – pelo contrário, denunciavam sempre – o estado de exploração de que era vítima o sexo feminino quando ingressava no mercado de trabalho. Ligavam a emancipação feminina à capacidade de a mulher adquirir autossuficiência econômica. Sempre deixando claro que as mulheres não desejavam abandonar seus deveres específicos, defendiam a criação de creches. Refutando o mito da maternidade, Bertha Lutz exige não apenas que a mulher seja responsabilizada pelos filhos, mas também que haja "a garantia, pelo Estado ou pela sociedade, dos seus filhos pequenos, indepen-

---

173. Assim se expressa Bertha Lutz, com sarcasmo: "Nenhum homem se lembraria de considerar as suas empregadas ou uma mulher do povo, operária e sobrecarregada de filhos, como um anjo do lar. O anjo é apenas a mulher cujos meios lhe permitem dedicar-se unicamente ao homem e, quando é mãe, aos filhos, não dispensando contudo outras mulheres – talvez menos divinas – para executar os trabalhos menos angélicos e divinos do lar" (*A Noite*, 11 out. 1921).

dentemente dos caprichos do indivíduo que não pode ou não procura sustentá-los"[174]. Dava, portanto, uma responsabilidade social ao Estado. Em sua análise do trabalho extradoméstico feminino, as feministas justificavam-no como um mal causado pelas necessidades do desenvolvimento econômico. A mulher é a vítima e como tal deve ser protegida. No afã de enfatizar a dedicação das sufragistas à "missão primordial da mulher", muitas vezes expressam uma visão tradicional do trabalho feminino, que reconhece a atividade extradoméstica como um mal. Bertha Lutz reitera em suas entrevistas que não foi a mulher quem provocou essa evolução e que isso é uma realidade dolorosa, porém fruto irreversível do próprio progresso[175]. Sendo essa a realidade, as feministas viam como seu papel torná-la mais suave, evitando uma maior exploração do trabalho da mulher.

As declarações das militantes nesse sentido poderiam ser consideradas perfeitamente integradas aos interesses da mulher trabalhadora. Por toda a década de 1920-1930, período de intensa mobilização operária, a FBPF manteve sua posição em defesa das reivindicações dessa classe e buscou incentivar a organização de mulheres em diversos setores de atividade. Uma notícia de jornal registra a presença de Bertha Lutz na União dos Empregados do Comércio, trabalhando junto às mulheres, "na antevéspera de um formidável movimento reivindicatório"[176].

Desde 1919, em sua coluna do *Rio Jornal*, Bertha Lutz apela para a necessidade de organização das mulheres trabalhadoras. Sua ideia de federação era justamente congregar todos os setores num só núcleo, permitindo o trabalho em conjunto. Em 1924 a FBPF lança um manifesto protestando contra a ausência de mulheres no recém-criado Conselho Nacional do Trabalho. Vão até o presidente

---

174. *Rio Jornal*, 15 nov. 1919.
175. "O que prejudica o exercício do papel natural da mulher no lar não é o direito de voto; é a pressão econômica cada vez crescente, que obriga as mães de família a se ausentarem durante longas horas para ganhar a subsistência de seus filhinhos" (*A Vanguarda*, 11 ago. 1922).
176. *A Pátria*, 11 ago. 1922.

Artur Bernardes com sua reivindicação, justificando-a: "As nossas patrícias operárias já são em número suficiente para se fazerem representar no Conselho Nacional do Trabalho"[177]. Sua atitude é apoiada pelos meios trabalhadores, e levantam-se 700 assinaturas de mulheres que representam outras 6 mil, empregadas do comércio, fábricas, ateliês etc., em apoio à moção da FBPF. Concluindo sua exposição de motivos ao ministro do Trabalho, diz o texto apresentado pela FBPF:

> 1. À mulher brasileira seja dada, como às mulheres de outras nacionalidades, nos seus respectivos países, representação profissional no Conselho Nacional do Trabalho;
>
> 2. Seja proporcional a representação que lhe for (dada) entre os membros do Conselho Nacional do Trabalho com exercício do voto e que no que se refere ao Quadro Administrativo sejam confiados a uma representante do sexo feminino habilitada os assuntos referentes ao trabalho dos menores e da mulher (Lutz, 1937, p. 88-89).

O próprio conselho aceitou a ideia, que não foi finalmente efetivada sob pretexto de já estar completo o corpo de 12 membros. Os jornais apoiam a pretensão feminina, reconhecendo sua justiça, dado o crescente número de mulheres ingressando na força de trabalho. Entretanto, dessa vez o operariado feminino não logra fazer-se representar apesar dos esforços despendidos nesse sentido pela FBPF.

Os dois congressos promovidos pela FBPF tiveram teses apresentadas que denunciavam as deploráveis condições de trabalho da mulher, a exploração que sofria (ganhando por vezes 50% menos do que o homem no mesmo trabalho) e a necessidade de se amparar a maternidade e a infância, e de se darem condições objetivas de trabalho às mães, sob a forma de creches.

Nas entrevistas, quase todas as informantes mostraram-se conscientes do problema e relataram a preocupação do movimento no que diz respeito às populações pobres, aos menores abandonados, aos baixos salários, às condições infra-humanas de existência

---

[177]. *O País*, 12 nov. 1924.

dessa classe. Não apenas consideravam justas suas reivindicações e sua organização, como também as incentivaram e defenderam-nas como parte do programa de ação feminista.

A atuação no nível jurídico, que tinha na obtenção do sufrágio seu principal objetivo, não excluía a necessidade de se legalizarem as relações trabalhistas, em defesa do operariado. Outra vez quase todas as entrevistadas mencionavam a necessidade do sufrágio como um instrumento de mobilização de forças que permitiria atuar mais amplamente, no nível político e jurídico, para a defesa da mulher, e em especial da que mais carecia de proteção: a trabalhadora. Bertha Lutz, como membro (reivindicação sua) da comissão que elaborava o anteprojeto da Constituição, em 1933, publicou seus *Treze princípios básicos*, em que defende o direito de todo indivíduo ao trabalho dignamente remunerado, à saúde e à educação, sendo responsabilidade do Estado promover o bem-estar social e a proteção do indivíduo através da criação de órgãos de previdência (Lutz, 1933b, p. 24-27, 31-32)[178].

No entanto, apesar das reiteradas expressões de solidariedade com os problemas da mulher trabalhadora, esta não foi mobilizada pelo movimento sufragista, não participou na luta pelo voto, não compareceu às convenções nem aos congressos e manteve-se de forma geral passiva nos contatos esporádicos provocados pelas feministas. Natércia Silveira vangloria-se de ter tido acesso ao operariado feminino, porém no congresso promovido pela Aliança Nacional de Mulheres em Belo Horizonte a relação de participantes da mesa não incluía nenhuma representante dessa classe. Tudo nesse congresso se passou exatamente como nos que a FBPF promovera. As mulheres que se destacavam eram profissionais liberais, em sua maioria, ou membros da burguesia local. Não havia lugar, em ambas as organizações, para a mulher da classe trabalhadora.

Confirmam essas observações as declarações de duas mulheres entrevistadas. Ambas têm posições de esquerda, e por isso mesmo

---

178. Seu pensamento já evoluíra desde seus primeiros artigos, publicados em 1919-1920 na seção Rio-Femina, do *Rio Jornal*, quando assumia uma posição assistencialista com relação aos problemas sociais.

suas opiniões são significativas na colocação do problema. Serão neste caso usados pseudônimos, por desejo das entrevistadas, que pediram anonimato.

Elena Rocha é profissional liberal. Participou do movimento pelo voto, considerando-o uma etapa necessária. A seu ver, "a igualdade da mulher viria como consequência de uma transformação social mais ampla", e seu interesse era trabalhar por essa transformação social. Isso não podia ser feito dentro do próprio movimento, porque este foi muito limitado, "por uma questão muito pessoal. A Dra. Bertha Lutz era uma líder muito absorvente, que não aceitava ideias das militantes. O movimento não teve maior amplitude, pela própria personalidade da líder. A Dra. Bertha Lutz era muito aristocrata". Por outro lado, o objetivo do sufrágio era considerado sob o ponto de vista apenas político, sem uma visão da necessidade dessa "transformação social mais ampla". As trabalhadoras não se motivaram, porque estavam "muito absorvidas nas suas reivindicações de salário e uma vida menos dura, e não ligavam para as reivindicações mais longínquas de seus problemas imediatos". Perguntada sobre sua própria atuação na federação, sobre por que não fizera tentativas no sentido de aprofundar a análise e a prática do movimento com relação à mulher trabalhadora, respondeu que não se sentia à vontade, devido à liderança muito rígida e limitada. Trabalhava nesse sentido em outra esfera, fora do movimento. Sentia, portanto, que apesar das declarações em defesa da mulher trabalhadora, os preconceitos de classe, refletidos na liderança autoritária de Bertha Lutz, impediam uma comunicação mais aberta com esse setor.

Eva Salem Fausto foi líder operária durante toda a sua vida. Sua atitude com relação às atividades femininas se encaixa numa visão ampla do problema, tendo como objetivo a emancipação da classe operária. O trabalho com mulheres sempre a fascinou, e dedicou-se a organizá-las nos diversos lugares em que esteve empregada. Tudo era pretexto para agrupá-las, mesmo "as organizações de enxovaizinhos, de caridade. Tinha mulheres que não podiam fazer outra coisa [...] então nós as aproveitávamos para fazer isso e as demais para outros trabalhos. O que a gente queria era juntar a mulherada". Trabalhou pelo voto de uma maneira muito informal, conversando com suas companheiras e vizinhas, em piqueniques, na casa de uma costureira que congregava as operárias e mulheres de operários: "Era um negócio que saía espontâneo, não era muito organizado, depois é que passou a ser mais organizado". Esse "depois" a que se refere são as campanhas para eleições, em que já atuava numa organização de massa, promovendo comícios etc.; e as campanhas promovidas pela Federação Nacional de Mulheres, mais tarde. Dava ao voto o valor de um instrumento: "A gente achava que o voto era uma arma para conseguirmos nossa emancipação. Só o voto não resolvia, mas resolvia para a gente colocar os verdadeiros representantes do povo". Vê o termo "emancipação" no sentido da classe, não do sexo. Perguntada sobre a FBPF e sua atuação, respondeu:

> Elas não se misturavam muito com as nossas mulheres. Não tinham aquele sentido de fazerem uma luta ampla, porque elas se resumiam nelas. Achavam que quem devia ter direito eram elas; mas que as demais mulheres eram muito ignorantes, a maioria analfabetas, semianalfabetas. Então como precisa saber ler para votar, e aquelas mulheres não sabiam distinguir um candidato do outro, então aquelas burguesas achavam que não estava ao alcance delas e que elas iam votar em pessoas que não condiziam com a situação vigente no país e que iam votar em candidatos que não pertenciam à ala delas.

Perguntada sobre se houvera alguma forma de contato entre as sufragistas (da FBPF ou de outra organização) e os grupos operários, disse:

> A gente conseguia se unir com algumas burguesas, mas sempre havia discriminação, porque as mulheres iam mais malvestidas, então era aquele preconceito que nem na igreja. Na igreja fica todo o mundo olhando, você não ia à missa com um vestido feio, você tinha que ir bonita, tinha que ter uma roupa nova. A mesma coisa elas faziam, a discriminação dentro do problema do voto. Não acredito que elas fi-

zessem assim por mal, era a mentalidade burguesa incutida nelas. Não eram capazes de se expandir e aquela que tentava se expandir era posta para fora [...] Ficavam resumidas naquela meia dúzia de mulheres que eram mais elevadas culturalmente mas que estavam comprometidas com a classe delas [...] Elas queriam que ficasse naquele meinho, sabiam com quem elas votavam, então não fugia das mãos delas.

Havia, portanto, dois níveis de problemas sentidos por essa operária, militante em seu meio: a limitação da visão do movimento sufragista burguês e a distância psicológica que impedia mesmo as bem-intencionadas de trabalhar junto às operárias, porque "você tinha que ir bonita", como na igreja. O movimento burguês não tinha possibilidade, apesar de suas reiteradas profissões de fé, de fazer a passagem para uma luta verdadeiramente comum. Isso porque, se para a mulher dessa classe bastava obter a equiparação jurídica, para a da classe operária ou trabalhadora em geral os objetivos eram muito mais amplos.

Vejamos agora por que as operárias tinham essa impressão negativa da campanha promovida pela FBPF[179].

Em 1919 a seção Rio-Femina, do *Rio Jornal*, na qual colaborava Bertha Lutz, publica um artigo intitulado "O que é preciso fazer?", em que trata da necessidade de se unir às mulheres para defendê-las na luta pela vida. A ideia seria uma associação de "defesa coletiva de seus interesses, a assistência à maternidade, à enfermidade e à invalidez, a difusão da instrução". Terminando, feita a pergunta "Por que nada disso existe?", responde: "Por falta de iniciativa. Por inconsciente egoísmo das mulheres cultas e ricas, que ainda não pensaram em tornar mais fácil a vida das suas irmãs pobres"[180].

É evidente que só se pensava em associações de mulher trabalhadora criadas e dirigidas por "mulheres cultas e ricas". Bertha

---

179. Creio que posso aceitar o depoimento de Eva Salem Fausto como significativo dos sentimentos de sua classe, na medida em que sua posição de líder com várias décadas de militância fazem dela um porta-voz fiel dos sentimentos de suas companheiras. Além disso, não há nenhuma discrepância entre suas opiniões e o comportamento real da classe operária na época da campanha pelo voto.

180. *Rio Jornal*, 6 fev. 1919.

Lutz talvez não tenha escrito o artigo citado, mas era essa a sua mentalidade, exposta em diferentes ocasiões. Na mesma seção de *Rio Jornal*, um artigo seu, intitulado "Pelas empregadas", descreve a vida sacrificada desse grupo e apela às patroas para que poupem suas serviçais, paguem-lhes melhores salários e deem-lhes folgas semanais. E conclui: "Mas a verdadeira solução das dificuldades é uma Associação de Empregadas, feita com o concurso de algumas senhoras"[181]. Essa associação se encarregaria de treinar as empregadas, de servir de agência de empregos e de hospedaria. A própria Bertha Lutz aparece como uma das fundadoras da "Legião da Mulher", cujos objetivos eram "promover a colocação da mulher necessitada, angariar-lhe trabalho, guiá-la, aconselhá-la [...] instituição [...] empenhada em valer às irmãs necessitadas e realizar uma obra de altruísmo social"[182]. A abordagem era essencialmente paternalista e assistencialista. Não havia a ideia de que a própria mulher trabalhadora poderia formar suas organizações e buscar seus interesses autonomamente, a partir de sua própria experiência. Nem se cogitava de fazer uma análise da sociedade de classes e de seu mecanismo, para melhor formular uma estratégia de luta que englobasse a mulher trabalhadora, sob o prisma de uma mudança social mais ampla. Pelo contrário, tomava-se extremo cuidado em evitar que se confundam as reivindicações em favor dessa classe com um projeto de luta mais amplo. Bertha Lutz, em 1919, também no *Rio Jornal*, lamentando a sorte de uma mulher que havia sido despejada de sua casa com os filhos, condena os que se batem contra o sufrágio em nome de um ideal de maternidade e que, com isso, evitam que a mulher possa se defender: "É este um dos motivos que fazem com que o bolchevismo se alastre e à luta entre as raças ameaça suceder outra entre classes, infinitamente mais desastrada e cruel"[183].

Defendendo a organização das empregadas do comércio, deixa claro que não pretende que tal organização tome rumos perigosos:

---

181. *Rio Jornal*, 20 mar. 1919.
182. *Rio Jornal*, 11 out. 1919.
183. *Rio Jornal*, 15 nov. 1919.

"Faço questão de tornar ciente que, pretendendo esclarecer o espírito da mulher brasileira e, no caso presente, das empregadas do comércio, não pretendo atacar outras classes, nem descambar no terreno da violência"[184].

A intenção era claramente aplainar as arestas do regime, melhorando-lhe as injustiças mais flagrantes sem, entretanto, tocar nas suas bases.

Uma das militantes entrevistadas comenta que a grande falha do movimento foi nunca ter chegado "às classes operárias, às classes populares, principalmente para evitar que elas se deixassem condicionar pelo comunismo". Dá como razão dessa falha o seguinte: "A direção do movimento foi sempre uma direção de cúpula e não penetrou nas classes populares"[185].

O contato com o operariado era esporádico, cauteloso e distante, partindo sempre de cima para baixo. Houve uma tentativa de aproximação mais direta, feita por uma militante que durante algum tempo foi secretária da federação: Valentina Biosca. Sua história vem entrecortada nos jornais, e não pude obter maiores informações; vê-se porém, com clareza, que sua atitude provocou um conflito interno de proporções bastante grandes para extravasar na imprensa, sendo ela posteriormente destituída de seu cargo. Apresentou na I Conferência pelo Progresso Feminino uma tese em que descreve as condições de trabalho da mulher operária. Participou depois da elaboração da petição com que a FBPF reivindicou participação feminina no Conselho Nacional do Trabalho. O jornalista refere-se a ela como uma "trabalhista prática [...] pois convive continuamente nos meios fabris, a investigar e a sugerir medidas que suavizem a existência dos proletários"[186]. A notícia chama a atenção, porque nenhuma das sufragistas poderia ser descrita dessa forma. Alguns meses depois a FBPF publica uma nota na imprensa[187] desligando-se das atividades de sua ex-sócia e secretária "que diz pre-

---

184. *A Pátria*, 11 ago. 1922.
185. Entrevista pessoal de Maria Rita Soares de Andrade com a autora.
186. *Correio da Manhã*, 15 mar. 1924.
187. *A Noite*, 20 nov. 1924.

tender iniciar o feminismo no Brasil, começando pela organização do operariado feminino em partido para defesa dos seus interesses. A FBPF [...] continua atuando dentro da lei". Nessa nota, torna-se bem claro que não era do interesse do movimento sufragista uma organização autêntica do operariado, que atuasse de forma política, utilizando-se de métodos de conflito, tais como greves, "fora da lei". A nota conclui com uma frase que demonstra o preconceito de classe existente no movimento: "[...] ocupava o único cargo remunerado na administração da FBPF, do qual está afastada". O movimento se fecha, limitando-se àquelas mulheres que tenham a renda e o tempo disponíveis às atividades voluntárias.

Mantinha-se a preocupação em falar pelo operariado e a mulher trabalhadora em geral, e tentar esporádicos contatos que permitissem alguma representatividade ao movimento. Porém não aceitavam entre si mulheres dessa classe (mesmo na hipótese de que elas quisessem participar) nem adaptavam sua ação e sua linguagem à prática daquele meio.

Uma notícia de jornal transcreve as queixas de uma feminista contra a indiferença das operárias: "Já o tentamos várias vezes, procurando atrair a operária e a mulher trabalhadora e ativa, por meio de conferências e palestras. Inutilmente, há uma força que nos impede o natural desenvolvimento de nosso programa"[188]. A estratégia de cooperação era "conferências e palestras", como se o operariado pudesse ser atraído pelos métodos nos quais a burguesia se envolve. E não havia nem sequer a noção crítica de que algo estava errado. Ou não havia a verdadeira motivação para alcançar realmente a classe trabalhadora. Eram atitudes paternalistas, nas quais implicitamente se considerava essas classes inferiores e incapazes de se organizar por si próprias. Eram as mulheres da classe dominante falando, enquanto os homens reprimiam as manifestações autênticas do operariado.

Assim, o sufragismo enreda-se no paradoxo de reivindicar pelas classes trabalhadoras e recusar-se a uma verdadeira aproximação com elas. É o paradoxo de um movimento reformista,

---
188. Entrevista de Maria Prestia para o *Diário da Noite*, 13 jan. 1933.

que busca mudanças na superfície, sem analisar, entender e tentar transformar a própria estrutura causadora da discriminação.

4.3 Falam as militantes

4.3.1 Introdução

Fui levada a esta pesquisa de uma forma indireta, através de um outro projeto de estudo. A primeira ideia de tese fora tentar uma comparação entre duas gerações de mulheres profissionais liberais. Comecei entrevistando as pioneiras, aquelas que haviam sido as primeiras médicas, engenheiras e advogadas no Brasil. Ao fim de algumas entrevistas, encontrei uma constante nas vidas dessas mulheres: todas elas haviam participado do movimento sufragista. Era evidente que o fato de terem rompido com o padrão normal de educação feminina as levara naturalmente à consciência das limitações e dos obstáculos que pesavam sobre seu sexo. Ao tentarem, de modo individual, exercer uma opção de vida diversa, descobriram que não poderiam enfrentar isoladas o mundo masculino. Sua tendência natural foi então encaminhar-se para a ação coletiva, pois a experiência de trabalho tornou clara a necessidade de se enfrentar, em nível jurídico e político, a superação das desigualdades entre os sexos.

Foi a partir desse fato, que unia as profissionais entrevistadas numa linha comum de experiência de vida e de atuação política, que passei a me interessar pelo estudo desse movimento. Parece-me bastante claro que na maioria dos casos a politização ocorreu como consequência da profissionalização e do enfrentamento com um mundo masculino hostil. Mesmo que algumas militantes declarem nunca ter sentido pessoalmente a discriminação, o fato de se terem engajado num movimento de mudança e de estarem dispostas a enfrentar as consequências dessa atitude – em termos das várias formas de oposição que ela provocava, e que variavam do ridículo à agressividade – demonstra a consciência que tinham dos problemas de seu sexo.

4 Ideologia do debate sufragista brasileiro

As entrevistas foram efetuadas de uma forma aberta, em conversa mais ou menos dirigida através de um questionário flexível[189], que eu adaptava às circunstâncias, servindo assim mais como orientação própria. Evitei a rigidez do questionário imposto, já que no caso, como eram poucas as pessoas entrevistadas, não havia o problema de adaptá-lo à tabulação. Com isso pude aprofundar as entrevistas, tornando-as mais ricas, como forma de testemunho pessoal. Algumas mulheres foram entrevistadas mais de uma vez. Nenhuma das pessoas contatadas recusou-se a receber-me. Pelo contrário, encontrei sempre um clima de cooperação e interesse por parte dos entrevistados. Evidentemente, no que toca às mulheres, era assunto que nos mobilizava a todas: de minha parte, porque eu buscava compreender a geração passada de feministas e fazer a transposição de sua época ao presente; por parte das sufragistas, porque achavam importante que sua história fosse relatada. Senti-me, na realidade, a portadora de uma grande responsabilidade, já que seu testemunho passaria através de mim, correndo o risco de ser deturpado. Entretanto, não sendo a História uma ciência exata, esse é um risco inevitável, que todas nós, pesquisadoras e entrevistadas, tivemos de assumir.

As entrevistas foram em sua quase totalidade gravadas e tiveram a duração média de uma hora e meia. Foram as seguintes as pessoas entrevistadas[190]:

- Bertha Lutz (duas vezes): doutora em Biologia, advogada, líder do movimento sufragista.
- Maria Rita Soares de Andrade (duas vezes): advogada, juíza, sufragista.
- Carmen Portinho (duas vezes): engenheira, sufragista.
- Maria Luísa Dória Bittencourt (duas vezes): advogada, sufragista.
- Maria Sabina (duas vezes): poetisa, professora de declamação, sufragista.
- Eva Salem Fausto (uma vez): operária, líder de sua classe.

---
189. Cf. o roteiro de entrevista ao fim do capítulo 1.
190. Alguns dos nomes são fictícios, a pedido, ou a critério da pesquisadora.

- Eloísa Prestes (uma vez): comerciária, líder de sua classe.
- Elena Rocha (uma vez): profissional liberal, sufragista.
- Natércia Silveira (uma vez): advogada, sufragista.
- Lili Lages (uma vez): médica, sufragista.
- Alceu Amoroso Lima (uma vez): escritor, jornalista.
- Paulo Motta Lima (uma vez): jornalista.
- Maria Augusta Tibiriçá (uma vez), por sua mãe, Alice Tibiriçá: educadora, promotora da campanha contra a lepra, sufragista.
- Consuelo Jardim de Miranda (uma vez), e David Jardim (uma vez), por sua mãe, Clélia Corrêa Rabello Jardim, uma das editoras do jornal *Voz Feminina*.
- Caio Prado Júnior (uma vez): historiador.
- Boris Fausto (uma vez): historiador.
- Maria Odila Souza Dias (uma vez): historiadora.
- Edith Mendes da Gama e Abreu[191]: escritora, sufragista.

Creio ter entrevistado praticamente a totalidade das sufragistas que vivem no Rio. Foi o que procurei fazer, pedindo a cada uma que me indicasse outras. Em São Paulo foram feitas quatro entrevistas, com uma líder operária e três historiadores (todos citados na lista).

É evidente que nenhuma dessas pessoas podem ser responsabilizadas pelas ideias expostas na tese e pela interpretação dada às suas palavras. Quero, no entanto, agradecer a inestimável ajuda que me prestaram.

4.3.2 Quem eram as militantes?

O movimento sufragista brasileiro caracterizou-se por uma liderança composta em sua quase totalidade por mulheres profissionais liberais. Eram mulheres que não aceitavam a situação de vida tradicionalmente imposta ao seu sexo e, em sua recusa, tornaram-se, talvez contra a vontade, as pioneiras em suas carreiras, um

---

191. Agradeço a Leni Silverstein ter-me cedido a gravação da entrevista feita por ela, quando pesquisava na Bahia para sua tese de doutoramento.

exemplo e uma força para as outras gerações. Muitas delas revelam a consciência dessa posição, comentando o fato de que tinham que se esforçar duplamente: "Eu sabia que tinha que trabalhar mais para poder ter merecimento. Se eu trabalhasse igual um colega homem, seria passada para trás [...] Se fôssemos reprovadas era uma vergonha [...] seríamos apontadas pelos outros. Tínhamos que estudar mais do que os outros [...] como éramos feministas, tínhamos que dar o exemplo" (Carmen Portinho). O comentário da mãe de Bertha Lutz, quando esta ameaça desistir das outras provas do concurso, de que com essa atitude iria prejudicar as mulheres que viessem a se inscrever em futuros concursos, revela a consciência de que a condição de pioneira era uma carga que devia ser enfrentada com coragem, pois uma vez começada a luta não se poderia voltar atrás. Senti essa consciência em todas as minhas entrevistadas – aliada, sempre, a um justificado orgulho por terem, todas elas, enfrentado seus medos, suas inseguranças e os obstáculos bem concretos com que se deparavam, e por os terem vencido. A experiência sufragista marcou-as para o resto de suas vidas e elas continuaram a ter uma atitude de luta – diante dos obstáculos, uma atitude engajada. Muitas pertenceram a associações de classe, algumas mantiveram-se filiadas à FBPF, e mesmo aquelas que não participaram de nenhum grupo mantinham um espírito combativo marcante. Nota-se, entretanto, algum desânimo quando comentam o arrefecimento da luta, o desinteresse generalizado das mulheres quando se trata de se organizar em sua própria defesa. Era comum nas entrevistas ouvir a queixa de que "as moças de hoje, que encontram as faculdades abertas, os empregos à vontade, em geral pensam que caiu do céu. Não imaginam a luta que foi para chegar ao ponto em que se está" (Maria Rita Soares de Andrade). Ou, conforme diz Carmen Portinho, comentando que se mantinha ativa, participando da Associação de Engenheiras e Arquitetas, mas que se desencorajava ao ver a indiferença das novas gerações de mulheres profissionais: "Mas achamos agora que as mais moças deviam fazer [...] Mas elas não acreditam mais. Como na faculdade não sentem diferença, acham que tudo é fácil. Nós éramos premiadas pela necessidade. Tínhamos que fazer". Bertha Lutz assim explica o esvaziamento da FBPF: "É muito mais difícil a gente conseguir apoio para pequenas modificações do que para uma campanha geral".

Todas elas tinham a noção exata de que o voto era apenas uma primeira etapa e enfatizaram seu caráter de instrumento para novas conquistas: "O voto nunca foi para nós um fim e sim um meio [...] A campanha começava quando tivéssemos o voto" (Maria Luísa Dória Bittencourt). Daí a frustração dessas mulheres atuantes pelo fato de que, terminada essa campanha – que chegou a atingir proporções bastante amplas, mobilizando a opinião pública através dos debates na imprensa e no Congresso –, as mulheres, mesmo aquelas que haviam militado pelo voto, tenham se desinteressado pela continuação da luta. Isso apesar de que se mantivessem as discriminações do Código Civil, o que vinha comprovar o caráter meramente instrumental do sufrágio e a necessidade de dar continuidade à luta.

O fato é que realmente as mulheres se desinteressaram, ou mesmo, em grande parte, nem chegaram a se interessar. O movimento não teve forças para superar a despolitização que caracterizava a mulher (e ainda hoje caracteriza), apesar de estarem as sufragistas conscientes da existência do problema e de terem procurado um começo de solução através dos cursos promovidos pela Liga Eleitoral Independente[192]. A organização que Bertha Lutz e suas companheiras haviam conseguido, a duras penas, criar e manter atuante como campanha desfez-se praticamente poucos anos após conseguido o voto. As militantes têm consciência do quanto esse esvaziamento prejudicou a sua causa, impedindo-as de levar avante seus projetos de continuação da luta. Falam no problema de despolitização feminina com tristeza e uma ponta de mágoa contra suas companheiras de sexo, que não se mobilizam e aceitam a posição inferiorizada que ocupam na sociedade.

> Essa barreira continua principalmente porque a mulher não se organizou politicamente para pesar nas balanças dos governos [...] Deve organizar-se para pesar dentro

---

192. Órgão ligado à FBPF e criado pelas sufragistas com o intuito de politizar a mulher.

dos partidos e pesar dentro dos governos [...] Mas é que a maioria não pensa nisso. A maioria, quando consegue um bom emprego, acha que a vida está resolvida (Maria Rita Soares de Andrade).

Maria Luísa Dória Bittencourt coloca uma questão que talvez explique, em parte, essa alienação e indiferença. Segundo ela, a principal falha do movimento foi

> não ter continuado a educação política da mulher brasileira [...] só o período de 1932 a 1934. Era, em minha opinião, fundamental esse curso, chamando a atenção para as necessidades do país e do sexo, e da atividade de cada uma, para que ela soubesse se orientar, soubesse reivindicar, soubesse criticar socialmente. Preparar a mulher, mas preparar em todos os terrenos, preparar operárias, preparar professoras.

Houve cursos desse tipo no Rio, na Bahia (organizado por Maria Luísa), em Sergipe (organizado por Maria Rita), em Minas e em São Paulo.

Em 1934, cada uma se orientou para sua própria carreira, o movimento dispersou-se. Comentando sobre as deputadas eleitas desde então, diz Maria Luísa: "Elas são deputadas mulheres, e não mulheres deputadas, porque elas não têm consciência da necessidade de uma ação específica". Concorda Maria Rita: "Nós ultimamente nem tínhamos nenhuma deputada na assembleia. E quando aparece alguma, em geral é interesse de um grupo político qualquer, e não expressão mesma do elemento feminino. O direito do voto feminino só tem servido para aumentar o dispositivo eleitoral dos homens". Para a juíza Maria Rita o principal fator de enfraquecimento político do movimento foi seu apartidarismo: "Eu acho que foi realmente o que tornou impossível a penetração da mulher liderada pela federação no poder político, porque para agir politicamente é preciso ser partidário". Não acredita em "partidos femininos", porém acha que a mulher deve penetrar os partidos políticos, para fazer pesar a sua presença.

Todas as sufragistas entrevistadas eram profissionais liberais (com exceção de Maria Sabina). Pesou em sua decisão de seguir uma carreira "masculina" o incentivo de ambos ou de um dos pais. Apenas no caso da Dra. Lili Lages houve certo grau de oposição, superada pela insistência da filha: "Ele não se conformava e durante todo o primeiro ano me acompanhou, conversava com os estudantes, se ambientava com os estudantes". Para a Dra. Carmen Portinho, o pai foi a maior influência: "Meu pai era um homem muito adiantado. Ele queria que eu seguisse uma carreira superior". Era funcionário público, viviam uma vida apertada (9 filhos), e ele considerava que a única herança que podia deixar a seus filhos era a capacidade de ganhar a vida: "Tratou nós todos igualmente. Em geral isso não se dá, em geral os homens têm preferência, mas na minha família nós tivemos as mesmas oportunidades, e quase todos nós nos formamos". Das seis irmãs, cinco são profissionais, o que é uma raridade para a geração da Dra. Carmen. Para a Dra. Elena Rocha, a mãe foi a figura principal: "Tinha umas ideias muito progressistas. Teve uma filharada enorme e dizia: 'Eu quero que todos os meus filhos tenham a mesma educação, tanto os homens como as mulheres, porque todos devem trabalhar e ter a sua independência econômica. Terei muita pena se casar uma filha sem independência econômica'". Maria Luísa Dória Bittencourt, filha única, pai médico, teve o apoio de seu pai e sua avó materna, e a resistência calada de sua mãe, que tudo fazia, sutilmente, para atrapalhar os estudos: "Minha mãe achava que mulher devia ser só professora. Quando eu decidi fazer faculdade ela criou todos os obstáculos que pôde. Discretos. Inventava uma viagem quando eu tinha exame. Eu ia, e fazia assim mesmo". Maria Rita Soares de Andrade nasceu em Sergipe e é a única das sufragistas entrevistadas que não tem na família uma herança intelectual e um ambiente burguês. Seus pais eram operários (a mãe deixou de trabalhar fora ao casar-se), o pai pintor, com apenas seis meses de colégio, embora gostasse muito de ler e desejasse formar todos os filhos. "Meu pai era um espírito muito avançado. Queria que eu fosse médica. Conseguiu educar todos os filhos. Para eu ir à Bahia fazer vestibular foi muito difícil. Sempre pensei em estudar, nunca em apenas me casar. Meu pai tomou emprestado um conto de réis, que naquele tempo era muito dinheiro". Bertha Lutz assim descreve seu ambiente familiar:

> Tive muita sorte. Meu pai era um homem de ciência e não tinha preconceito. Em geral o cientista não tem muito preconceito. Não tinha essas ideias atrasadas que as pessoas tinham. Minha mãe também era uma mulher excepcional. Era inglesa. Enfermeira. Conheceu meu pai porque ele estava dirigindo um leprosário em Honolulu. Reclamou da enfermagem e minha mãe leu isso na Inglaterra. Era alguns anos depois da Florence Nightingale, mas ainda havia aquele espírito na Inglaterra. O pai dela era pastor protestante e a família da mãe dela era de diplomatas e militares. Gente mais liberal. Ela se ofereceu para ir para Honolulu.

Quase todas eram filhas de profissionais liberais. Nenhuma das mães trabalhou depois de casada e apenas duas haviam trabalhado antes: a mãe de Maria Rita e a de Bertha. Havia, como laço comum, não só a origem de classe (com exceção da família de Maria Rita) como também a ideia de que não devia haver diferença, no que toca aos estudos, entre os irmãos de ambos os sexos (apenas Lili Lages teve de convencer o pai, através de sua persistência, de que também ela podia seguir carreira). Não foi tanto a necessidade econômica quanto a clareza, por parte de pelo menos um dos pais, de que o direito ao trabalho não se restringia ao sexo masculino. Está sempre presente a definição desse pai como uma pessoa "avançada", "adiantada", de "ideias progressistas". Uma pessoa, portanto, que não se enquadrava na sua época e que estava disposta a enfrentar as atitudes e os valores geralmente aceitos, incentivando em sua filha um comportamento fora dos padrões convencionais. Os problemas poderiam ser os mais variados, e Maria Luísa exemplifica apenas um deles: "Só tinha uma coisa: o papai foi nos recomendar na faculdade (eu e mais duas colegas) e nos intervalos das aulas nós tínhamos que ficar sentadas junto ao Max Fleiuss, o secretário, para não ficarmos misturadas aos estudantes". Era preciso resguardá-las daquele mundo masculino que elas eram as primeiras a perturbar e invadir.

Não sentiam, de uma forma geral, demonstração alguma direta de preconceito. Esforçando-se muito (o simples fato de ousarem romper os tabus mostrava a excepcionalidade dessas mulheres), eram sempre ótimas alunas e profissionais, o que as incentivava a respeito dos colegas. Porém não faltam relatos, tirados da memória, de algumas ocasiões em que o preconceito se revelava, por vezes disfarçadamente, outras de forma declarada. Diz Maria Luísa:

> Tinha um relacionamento magnífico com os colegas [...] Os professores também aceitavam. Houve dois que faziam uma pequena reação. Mas um morreu, e o outro, vendo como levávamos a sério sua cadeira, foi vencido. Tivemos, sim, quase que a perseguição sistemática do secretário que substituiu o Max Fleiuss. Era antifeminista convicto. Eu não era tímida. Ele criou a obrigatoriedade de assistirmos a todas as aulas de Medicina Legal, para nos vexar. O outro havia dispensado. Pequenas perseguições idiotas, que a mim não afetavam nada, porque eu estava ali para estudar fosse o que fosse.

Maria Rita, comentando os obstáculos que se erguem diante das mulheres que se candidatam à judicatura, diz:

> No exercício de função pública há restrições. Por exemplo, os tribunais superiores no Brasil têm um medo de mulher que se pelam [...] Creio que foi o concurso público o instrumento mais poderoso de penetração da mulher [...] Quando uma colega fez concurso, eu tinha escritório junto de um dos examinadores. Lembro-me bem que, depois das primeiras provas, ele passou lá no escritório e nos disse: "Dessa vez quero ver se vão alijar a candidata. [Com] as provas que essa moça tem feito, vai ser impossível reprovar". A mulher tem, para as provas para cargo de alto nível, que se sair bem melhor do que os concorrentes de outro sexo, senão não consegue nada.

E Carmen Portinho lembra um incidente, que exemplifica o tipo de pequenos constrangimentos, dificuldades e obstáculos que podem ser criados, sutilmente, e que levariam mulheres menos decididas a desistir da carreira:

> Tive um subdiretor, um ranzinza e retrógrado que implicava muito comigo. O primeiro trabalho que ele deu, de propósito, foi colocar um para-raios no telhado da prefeitura. Ele achava que eu não ia poder subir lá, porque era alto e íngreme. Mas a questão é que isso também não me assustou, não, porque eu pertencia ao Centro Excursionista Brasileiro,

e estava habituada a fazer excursões, tinha roupa própria e tudo. Então subi com essas roupas junto com o eletricista.

E conclui: "Muitas de nós éramos preteridas nas nossas promoções, no nosso trabalho, nas nossas atividades, porque éramos mulheres".

Não há nessas sufragistas nenhum sinal de ódio, de agressividade contra os homens. Talvez o tom cortês e pacífico da campanha tenha contribuído para isso; o orgulho por terem escapado às técnicas hostis que as inglesas foram forçadas a utilizar. Diz Maria Rita: "Aqui nunca foi isso [refere-se a 'uma guerra entre o homem e a mulher'] como na Inglaterra", inclusive porque os homens de maior projeção sempre entenderam o movimento feminista. Cada povo possuía suas próprias características. E Carmen Portinho: "Nós acompanhamos todo o desenvolvimento da independência da mulher. Íamos às autoridades, não hesitávamos em ir até o presidente da República pedir o direito de voto. Fomos ao Washington Luís, fazíamos propaganda até na rua. Fazíamos campanhas feministas. Trabalhávamos muito. Não era feito na Inglaterra, porque aqui somos mais calmos, mais suaves". Numa entrevista nos Estados Unidos, quando participava do Congresso de Baltimore, Bertha declarava:

> As mulheres do Rio não são tão progressistas, ou antes tão agressivas, quanto as vossas mulheres. Mas com o seu sorriso, o encanto das suas virtudes e a sábia persuasão de sua palavra, nós geralmente alcançamos os nossos objetivos. Procedemos de um modo mais diplomático [...] Nunca recorreríamos aos processos das sufragistas inglesas, ou americanas, atacando, fazendo greve de fome, ou outro qualquer semelhante a esse. Não somos militantes[193]. As militantes não têm cabimento no Brasil[194].

Naquele momento a campanha apenas se iniciava. Olhando para trás, Carmen Portinho, que a integrou em fins da década de 1920, assim a descreve:

---

193. O termo "militante" tinha uma conotação agressiva, ligada ao estilo de luta das *suffragettes*, isto é, a estratégia de violência.

194. *O Jornal*, 21 jul. 1922.

> Nós fizemos com meios muito mais brandos, muito mais suaves e obtivemos os nossos direitos assim sem barulho, sem greve, sem passeata, mas trabalhando muito pela imprensa [...] No Brasil não foi como na Inglaterra. A Inglaterra é um país muito conservador. O Brasil é um país novo, e um país novo não pode ser tão conservador, como um país de tradição. No Brasil foi mais fácil.

É parte essencial da visão de mundo das sufragistas a ideia de que não deve haver diferenciação na educação de ambos os sexos. Mesmo quanto ao assunto mais delicado da liberdade sexual, algumas demonstram aceitá-la para a mulher, em pé de igualdade com o homem. Assim se expressa Maria Luísa: "A liberdade sexual da mulher é a marcha geral, é a marcha normal, o que é preciso é não estar cercando isso nem de reclames, nem de propaganda, nem de escândalo, nem de reivindicação [...] A moral burguesa vai ser superada".

Entretanto, com relação ao papel da mulher na família, reconhecem a especificidade feminina, e suas declarações procuram sempre enfatizar os deveres maternos e as qualidades consideradas típicas de seu sexo. "Ser feminista não é, de nenhum modo, abdicar dos belos atributos morais, da sensibilidade e delicadeza afetivas, não é desvirtuar a finalidade sublime da mulher na terra: filha, noiva, esposa e mãe"[195]. Bertha Lutz afirma, em artigo publicado no *Rio Jornal*[196]: "O domínio da mulher, todas nós concordamos, é o lar". Diz Maria Rita, definindo o movimento feminista brasileiro, em contraste com o inglês:

> Elas [as brasileiras] queriam um lugar ao sol na vida do país, mas nunca pretenderam ter vida masculina. Eu digo no sentido de se atribuírem certas liberdades que os homens se atribuem indevidamente. Liberdade no sentido de romper com as limitações familiares. A mulher nunca pretendeu isso. Pelo menos a mulher que trabalhou no movimento feminista no Brasil. Ao contrário, sempre defendeu a estabilidade da família e a respeitabilidade da mulher [...]

---

195. Entrevista de Lili Lages, em *Beira-Mar*, 1931, quando terminou sua tese de doutoramento (sem data). Arquivo FBPF.

196. *Rio Jornal*, 13 dez. 1921.

[O movimento inglês era revolucionário] no sentido de ser um rompimento com todo o sistema de vida feminina.

E Maria Luísa assim vê o movimento da década de 1980: "Hoje existe o Women's Lib, que é a libertação da mulher dos liames tradicionais de mãe de família. Esse feminismo nunca terá o meu apoio. Eu não o vivi, e nem poderia viver". E uma das mais importantes comissões do II Congresso Internacional Feminista era a Comissão do Lar Moderno, cujas conclusões, reforçando o papel doméstico e a "função primordial" da mulher, foram aprovadas unanimemente. Falavam dos deveres e das qualidades da boa mãe e dona de casa. Citarei alguns trechos:

> 3) A boa dona de casa necessita saber como solucionar, preparar e servir a alimentação da família; como solucionar e cuidar da roupa; como conservar a casa limpa, bela e com condições higiênicas; como cuidar das crianças e dos velhos e doentes; como gastar o dinheiro com discernimento; como organizar e dirigir o trabalho, compreender a necessidade do recreio e da distração do espírito dos que nos auxiliam no nosso trabalho, assim como ser justa e razoável com os empregados que tem a seu serviço. [...]
>
> 5) Certas qualidades são necessárias à mulher que deseja ser mãe de família; boa saúde e saber como conservar-se em boas condições físicas. Precisa ser diplomata, agradável, paciente e bem equilibrada, hábil e sem nervos. Deve vestir-se de maneira elegante, recordando-se de que é mais importante parecer bem diante de sua família, do que diante de estranhos. Será cortês e polida com a família e os de fora, e necessita inteirar-se dos assuntos de seu marido e da comunidade.
>
> 6) A verdadeira mãe de família organiza o seu lar achando tempo para administração e direção da casa, para se dedicar a seu marido e a seus filhos, para com eles palrear e trocar impressões. Criados os filhos participa a mulher das atividades cívicas, sociais e políticas.
>
> 7) As condições da vida presente exigem que a mulher intervenha nos assuntos fora do lar, particularmente aqueles que influem sobre esse lar [...].

E a conclusão: "[...] torna-se necessário desenvolver o estudo da Economia Doméstica como base educativa para a mocidade e a população feminina nacional"[197].

Essa citação reflete uma ideologia não apenas de classe: a dona de casa retratada é a mulher de classe média e alta, a minoria absoluta da população, tomada como modelo e objetivo único tanto da ação feminista como de sexo: uma visão tradicional da mulher, cuja vida deve ser pautada pela de seu marido e seus filhos, mesmo quando participando dos "assuntos fora do lar". A origem de classe das militantes limitou o alcance do movimento, e a necessidade sempre presente de legitimá-lo ante os olhos masculinos impediu que surgisse qualquer questionamento quanto à função social da mulher. São duas ideologias, de classe e de sexo, atuando como elementos de contenção do potencial transformador.

Nem todas as militantes, entretanto, tinham ideias políticas conservadoras. Algumas entraram para o movimento como parte de uma ação política mais ampla, pois consideravam a obtenção do sufrágio um passo essencial nessa luta. A meta era "de que primeiro se devia conquistar o voto, devia-se ir por partes, e na época talvez fosse a única coisa possível", diz Elena Rocha, embora acreditasse que a igualdade da mulher viria como consequência de uma transformação social mais ampla. Segundo Maria Luísa, havia muitas mulheres com ideias de esquerda no movimento: ela própria, Arcelina Mochel, "Elena Rocha", Eneida de Morais e outras. Porém,

> não conseguimos nunca fazer um bloco. Um pouco pela consideração pessoal e amizade que tínhamos a Bertha Lutz. Não queríamos contrariá-la. Era temerosa de uma orientação de esquerda que ela pressentia. Tinha uma frase que eu considero modelar: "Esta República foi um presente dos quartéis. Os militantes são retrógrados, eles controlam e controlarão isso". Se você estuda História você vê que ela tem profunda razão. Ela tinha passado o golpe de 1930, quando havia uma estrutura realmente política e independente dos quartéis e soçobrou. Ela acompanhou aquele

---

197. *Jornal do Comércio*, 25 jun. 1931.

choque, ela ficou marcada por aquilo, psicologicamente. É como eu explico. Então daí para cá ela ficou temerosa que o movimento de emancipação feminina fosse envolvido [...] Nós compreenderíamos e evitávamos formar dentro da federação um grupo que pudesse atrair uma repressão, e então nós nos afastávamos.

A preocupação com a repressão não se limitava ao nível político-policial. Outra questão deixada em branco por razões de repressão – nesse caso, social – foi a do divórcio. Segundo alguns depoimentos, nunca foi discutida, nem em público, nem nas reuniões. Individualmente, as opiniões das entrevistadas tendem a ser favoráveis, porém não se manifestavam, "porque nós não podíamos prejudicar o movimento de uma maneira geral com as nossas ideias pessoais", diz Carmen Portinho. Em ambos os casos (com relação à atitude política e quanto ao divórcio) havia a preocupação constante com a legitimidade do movimento, com sua aceitação perante a opinião pública, e a consciência de que a campanha em si já significava um fator de ruptura com os padrões tradicionais do comportamento feminino, não se devendo, portanto, prejudicar os ganhos atuais por opções mais longínquas, que o próprio tempo viria solucionar. Existia sempre presente a ideia de que se deveria ir por etapas e de que a ambição exagerada redundaria no fracasso para as reivindicações imediatas que se estava prestes a alcançar.

Dentre as mulheres entrevistadas havia duas que, apesar de atuarem na mesma época, não pertenceram ao movimento liderado pela Federação Brasileira pelo Progresso Feminino. São mulheres com um posicionamento de esquerda, tendo participado politicamente dentro dos quadros do movimento operário organizado. Apesar de apoiarem o sufrágio feminino, e no caso de Elaine ter trabalhado ativamente nesse sentido, não buscaram qualquer ligação com a principal associação sufragista. Os comentários de Eva Salem Fausto vêm relatados na seção 4.2 deste livro. O que seria interessante retratar é o ambiente em que viveram essas mulheres, de origem social pequeno-burguesa (Eloísa Prestes, comerciária) e proletária (Eva Salem Fausto, operária). Para a primeira, o preconceito de sexo, ligado sobretudo ao moralismo, é uma presença muito marcante, sentida da mesma forma como o sentem as sufragistas, quando dizem, como Maria Luísa: "Também não compreendo aquela vida de que é proibido ir ao cinema, nem o fato de que lidar com sicrano que é solteiro e beltrano que é moço a gente é amante e namorada. O preconceito que cercava a atividade da mulher é absurdo, e precisava realmente acabar".

Eloísa Prestes, nascida em 1900, ficou órfã de pai muito cedo; a mãe era professora em escola noturna, para de dia cuidar dos filhos. Não pôde estudar, porque não havia escola pública para meninas. Só o irmão estudou, entrando para o Colégio Militar. Aos 18 anos começou sua carreira de comerciária.

> Não era bom a mulher trabalhar fora. Só em caso de necessidade. Eu trabalhei por necessidade. Às vezes não podia sair porque não tinha meias. Usava meias até em casa, aos 13 anos, por causa do irmão. O trabalho prejudicava moralmente. Esconderam até da família o fato de eu trabalhar. Minha mãe tinha vergonha. Fomos criadas de forma em que tudo era tabu [...] Entrávamos na puberdade completamente ignorantes. Útero, ovários, vagina, tudo isso não existia [...] Tenho uma velhice mais alegre do que foram minha infância e juventude. Fui criada ouvindo esta frase: "A honra da família quem defende são as moças". Mamãe dizia: "Moças pobres, sem pai, tem que zelar por sua honra". Sempre repetia: "Minhas filhas, quê que os vizinhos vão dizer". Eu respondia: "Mãe, no fim do mês as contas quem paga não são os vizinhos, somos nós" [...] Fazíamos tudo para ele [o irmão].

Tendo morado algum tempo na União Soviética, comenta:

> Lá ainda se mantém a imagem tradicional de que as responsabilidades domésticas são da mulher. Tem o jardim infantil. Mas se a criança adoece, manda para casa, e a mãe é que tem de faltar ao trabalho. [Mas para educação e emprego] na União Soviética está bem melhorado. Meninos e meninas têm as mesmas possibilidades.

Para Eva Salem Fausto, a consciência de sexo surge como apêndice a uma consciência de classe, e sua ligação com seu sexo se dá através de uma atitude política, em que "a mulherada", como ela diz, é vista como elemento a ser despertado e arregimentado. Não comenta, em sua entrevista, o peso extra que significa para a mulher operária a "dupla jornada de trabalho", e aceita a posição subalterna que ocupa seu sexo nos quadros da organização a que pertence: "A gente tinha aquele papel condizente com o nosso trabalho dentro de casa". Via a luta pelo voto como parte de uma luta econômica, não só do ponto de vista de "salário igual a trabalho" como também dentro do contexto da inflação:

> Representava muito porque era mãe, era esposa, era irmã e ela influenciava no voto. Mas para isso, eu sempre dizia, a mulher tem que ser educada politicamente. Sempre eu levantava esse problema, como uma política não partidária mas sim como uma política econômica, e que a mulher devia estar sempre junto com a política econômica, que estava dentro do lar dela. Começavam os aumentos, a carestia. E a gente sempre junto, lutando pelo voto e contra o aumento do custo de vida, e se fazia já uma luta anti-imperialista, um pouco espontânea.

Eloísa Prestes sentiu mais claramente o reflexo da opressão da mulher no nível psicológico, porque sua condição de pequeno-burguesa trazia toda a carga do moralismo exacerbado típico da mentalidade dessa classe social. Por isso é capaz de fazer a ligação entre os dois níveis de opressão: o econômico e o psicológico (ou ideológico), que lhe ficaram bem marcados por sua experiência de vida. Já Eva Salem Fausto, ligada desde cedo às atividades de organização de sua classe (disse que aos 12 anos leu *O capital*, explicado por um senhor seu vizinho, um anarquista que, paradoxalmente, apreciava a revolução de 1917), nunca refletiu sobre o problema da discriminação de sexo no seu nível psicológico. Assim, não chegou também a formular a consciência da dupla opressão que sofre seu sexo através da "missão de mãe", apesar de reconhecer que a despolitização das mulheres decorre dessa sua ligação com o lar e os filhos:

> A mulher deve adorar o lar mas não deve se escravizar ao lar. Tem que estar no lar, mas todo o momento que tiver um tempinho tem que sair na rua para estar em contato com as demais mulheres, em contato com a vida. Eu acho que a casa embrutece a mulher porque é um trabalho de fazer, de desmanchar que não acaba nunca. Mas nem muito lá, nem muito cá. Nem muito na rua, nem muito dentro de casa.

Em sua consciência está aparentemente um paradoxo, pois, ao expressar a luta unicamente no nível econômico, deixa de explicar a força com que o nível ideológico atua para oprimir e alienar a mulher. Porém existe latente em seu discurso a noção que sua própria experiência de mulher e de organizadora de mulheres lhe fornece, embora não conscientizada e explicitada, de que é no lar que se encontra a fonte dessa alienação. Perguntada sobre como "conseguiu conciliar a vida de dona de casa, a atuação política e o trabalho", disse:

> Eu sempre consegui conciliar primeiro porque eu tinha um marido que tinha ideias avançadas também. Isso é um fator, mas eu também sempre me impus, porque muito embora ele tivesse ideias avançadas, era um homem, e sempre o machão dominava. Mas eu dizia: "Não, desde o momento que eu cuide da minha obrigação você não tem nada com o que eu faço". Eu me desgastava para manter a casa. Sempre morei com a mamãe, e ela me ajudava.

Essa citação revela o paradoxo da vida da mulher, dividida entre a necessidade de participação política, a necessidade de trabalho e os deveres considerados típicos de seu sexo. No caso, não fosse a presença de sua mãe, Elaine certamente não teria tido a vida ativa e participante que pôde ter, e que hoje fez dela uma mulher segura, lutadora, ciente de seu potencial de ser humano, ligada a seu marido e aos homens em geral como companheira, em pé de igualdade. Em sua velhice é uma pessoa vibrante, que sabe que ao olhar o passado vê uma vida útil, em um campo de ação bem mais amplo do que aquele que é típico da maioria de seu sexo mesmo quando trabalhando fora de casa – pela opressão da "dupla jornada" e pela passividade que caracteriza o condicionamento aos papéis femininos.

* * *

Citei apenas partes de algumas das entrevistas, realçando as opiniões que permitem compreender melhor o quadro dentro do qual se desenvolveu o movimento e o que pensavam as militantes sobre suas atividades. No corpo da tese surgem outras citações, conforme foi necessário para ilustrar outros pontos. Contrastei com duas entrevistadas que não pertenceram à FBPF, mas cujo testemunho é também um retrato da época vivida por todas. Algumas entrevistadas são mais ricas do que outras, pela própria personalidade da entrevistada. Porém creio que a descrição da época feita, por exemplo, por Eloísa Prestes, quando reflete sobre os tabus que teve de enfrentar, é válida e seria aceita por todas as mulheres de sua geração, qualquer que fosse sua origem de classe. No nível da opressão psicológica e ideológica, não há diferenciação de classe, pois todas as mulheres a sofrem, quer disso tenham consciência, quer não.

É justamente no cruzamento dessas duas categorias analíticas – sexo e classe – que se encontra o problema da compreensão da opressão feminina. Apesar das diferenças sociais que separaram as sufragistas das operárias e de outras categorias de trabalhadoras, e que limitaram inclusive o alcance das reivindicações que as primeiras fizeram com relação à proteção da mulher no trabalho, a experiência da discriminação no nível ideológico e psicológico é a mesma. Eva Salem Fausto parece ignorá-la em seu discurso, porém descreve-a inconscientemente ao retratar sua experiência de vida cotidiana. Ela transparece sempre, de forma sutil ou declarada, em cada um dos relatos. Entretanto, nenhuma das entrevistadas, assim como ninguém no movimento sufragista brasileiro, chegou a analisar e questionar a ligação entre a mística da "missão primordial" da mulher e sua opressão econômica e ideológica.

Historicamente, era preciso passar pelo estágio das reivindicações parciais, para que o nível ideológico da opressão da mulher pudesse se tornar mais aparente e viesse então a fazer parte do discurso sufragista atual.

5
Conclusões

5.1 A ideologia liberal e o sufragismo

O movimento sufragista surgiu como um produto do liberalismo, ideologia legitimadora do modo de produção capitalista. Seus limites estão, dessa forma, contidos dentro dos limites desse modo de produção. O cunho meramente jurídico de suas reivindicações conjugava-se com o discurso liberal que havia fundamentado a ascensão da burguesia como classe dominante. Não é sem razão que Olympe de Gouges redigiu sua Declaração dos Direitos da Mulher e da Cidadã e Mary Wollstonecraft sua *Reivindicação dos direitos da mulher* no bojo da Revolução Francesa. Utilizavam-se das brechas abertas pelas premissas liberais, buscando incluir seu número entre o dos beneficiados. Naquele momento no entanto não interessava ao sistema abrir mais suas portas, e a burguesia recém-empossada eliminou os efeitos daquela nascente revolta. Sentia-se ainda bastante forte para responder com sarcasmo a esses rompantes de prepotência, tal como o fez John Adams à sua mulher, diante da ameaça de rebelião do sexo feminino:

> Quanto ao seu extraordinário Código de Leis, não posso senão rir-me. Temos ouvido dizer que nossa luta provocou em toda parte um esmorecimento da hierarquia do governo [...] que até os índios desprezam seus guardiães e os negros se tornaram insolentes para com seus senhores. Sua carta porém foi o primeiro indício de que uma outra tribo,

mais numerosa e mais poderosa do que as outras, está também descontente (Adams *apud* Rossi, 1974, p. 11)[198].

Já naquele momento começava a se esboçar uma luta que levaria a ideologia liberal ao esgotamento, revelando os limites da filosofia individualista para a formação de uma ordem social justa. Por todo o século XIX organizaram-se diversas frentes de luta, em repetidos choques com a burguesia. O operariado reivindicava o sufrágio universal, grande fantasma que parecia rondar a ordem constituída. Paralelamente a essa luta, também as mulheres passaram a exigir a extensão dos direitos políticos para seu sexo, ameaçando nesse caso a própria "célula básica da sociedade", a organização familiar.

Com relação à mulher, no entanto, tratava-se de um grupo que não podia ser considerado intrinsecamente ameaçador, ao contrário do que ocorria quanto ao operariado. De uma forma geral seu comportamento dócil, sua inclinação à prudência e ao conservadorismo – frutos de uma educação limitada – tornavam provável a cooptação de seus votos em favor do sistema. "A mulher votará com o padre" era uma acusação comum e de forte carga pejorativa, num momento em que os liberais lutavam por separar Igreja e Estado. Esse é um fator importante para a análise do contexto sociopolítico no qual se desenvolveu o movimento sufragista. O voto foi resistido durante décadas, enquanto se fortaleciam os princípios liberais, num aparente paradoxo, o qual se explica pelas próprias condições desse novo eleitorado em potencial: não seria prudente deixar penetrar o campo político por um grupo de pressão reconhecidamente tradicionalista, que jogaria sua força ao lado dos conservadores e dos elementos religiosos. É significativo que o voto só tenha enfim sido outorgado após o fim da Primeira Guerra, quando o espectro da revolução russa começa a rondar os governos liberais. A limitação do debate feminista às questões estritamente jurídicas atendeu aos interesses da burguesia num momento em que, com a crescente organização do operariado e o escalonamento

---

198. Cf. referências à carta de Abigail Adams na nota 135.

de suas reivindicações, tornava-se necessário reforçar por via parlamentar as bases de legitimidade do poder constituído. Por essa razão não se pode traçar uma linha coerente de demarcação entre liberais e conservadores com relação à questão do sufrágio feminino. Este é recusado, apesar da evidente justiça de sua argumentação, enquanto não se faz necessário para pesar ao lado da burguesia na balança das relações de poder. Na Inglaterra o Partido Liberal sofreu repetidas campanhas oposicionistas por parte das *suffragettes*, por ter-se recusado a endossar o voto feminino, na certeza de que este viria reforçar o eleitorado conservador. Assim se define um dos ministros do recém-empossado gabinete liberal, respondendo às *suffragettes*, em 1906: "*The time comes when political dynamics are far more important than political argument*" [Chegou o tempo em que a dinâmica política se tornou bem mais importante do que a argumentação política][199]. Os argumentos de conveniência utilizados pelo movimento americano[200] explicitam com clareza a linha conservadora, demonstrando aos políticos que suas mulheres desejavam contrabalançar a ameaça "vinda de baixo" contida no sufrágio universal masculino. Coerente com essa argumentação, o voto feminino é por fim outorgado quando se justifica oferecer um contrapeso conservador para fazer face aos avanços do operariado, que ameaça levar as premissas liberais às suas últimas consequências, forçando uma maior participação política e econômica.

No Brasil, o voto feminino é concedido em paralelo às medidas trabalhistas com que se coíbem os movimentos sindicais autônomos[201]. A força eleitoral feminina representou efetivamente um elemento conservador, ligado às posições da Igreja, manifestando-se inclusive de forma organizada através de grupos de propaganda eleitoral tais como a Liga Eleitoral Católica e a Aliança Eleitoral Católica.

---

199. Herbert Gladstone, citado por Christabel Punkhurst (*apud* Mackenzie, 1975, p. 73).
200. Referidos no capítulo 3, seção 3.1.3.
201. Cf. Oliveira (1975) para uma análise da política trabalhista e sua relação com o processo de acumulação de capital.

Limitando-se às reivindicações formais do liberalismo burguês, o sufragismo tinha sua dinâmica traçada pelo sistema capitalista. O voto feminino foi recusado enquanto supérfluo como força política conservadora e concedido quando assim interessou à classe dominante, em seu confronto com as massas urbanas que ameaçavam o equilíbrio do jogo político liberal.

As propostas dessa primeira etapa do feminismo esgotaram-se dentro dos limites do liberalismo e do modo de produção capitalista por ele legitimado. No entanto não se deve esquecer a dimensão ideológica das relações de sexo. O movimento feminista trazia um potencial de transformação de consequências imprevisíveis, que foi aliás logo reconhecido, quando se sufocou na nascente organização a expressão de um questionamento mais profundo. Optou-se pelo caminho menos contundente da luta em nível jurídico, deixando-se de lado as críticas contra a cultura patriarcal e as relações de poder dentro da família. Porém, apesar dessa opção "bem-comportada", a imprensa e os historiadores, representando seu papel conservador, empenharam-se em deformar a imagem do movimento, retirando-lhe sua significação, escondendo sua força. Era preciso deformar e restringir qualquer movimentação de mulheres, ridicularizando-a ou simplesmente ignorando-a, a fim de esvaziar seu potencial transformador, que colocava em perigo a estabilidade das relações de poder entre os sexos.

Por sua vez, a imprensa burguesa repete o mesmo processo de deturpação da imagem do movimento feminista, numa tentativa de sufocar a possibilidade de confronto e de transformação nele contidas. Contribuindo para maior incompreensão do significado desse movimento, alguns grupos de esquerda, impregnados da ideologia sexista, apoiam a posição conservadora dessa imprensa, tomando atitudes preconceituosas com relação à luta das mulheres (assim como também dos grupos étnicos). Essa é uma visão limitada, que tende a cercear o processo de conscientização dessas categorias sociais oprimidas. As contradições do modo de produção capitalista se situam não apenas a partir de uma divisão vertical na estrutura social, mas também através de uma clivagem localizada no interior das classes, entre categorias sociais étnicas, culturais e de sexo. Compreender essa realidade complexa significa ultrapassar a análise reducionista, que só reconhece uma única contradição: a de classes. Significa ampliar as frentes de luta.

O desenvolvimento do capitalismo monopolista marcou os limites da ideologia liberal, incapaz de promover a justiça social propagada em suas premissas. Os movimentos de libertação vêm desmistificar tais premissas, desvendando suas contradições. Essas lutas específicas superam por isso mesmo o seu aparente isolamento, colocando-se lado a lado na tentativa de formular uma nova ordem social. Trata-se de uma luta ao mesmo tempo paralela, na medida em que cada categoria social exprime uma especificidade própria, e conjunta, porque a libertação de uma implica a libertação de todas.

5.2 As propostas do movimento feminista atual

O movimento feminista surgiu em meados do século XIX em países que haviam passado por um acelerado processo de industrialização: Estados Unidos e Inglaterra. As transformações produzidas por esse processo afetaram profundamente a vida da mulher. Rompendo-se a unidade produtiva do sistema familiar rural, definiram-se com maior clareza os limites dos papéis sociais designados para cada sexo. O mundo da produção transferiu-se para fora do lar, tornando-se território tipicamente masculino, enquanto a mulher se fechou no isolamento doméstico. Ao mesmo tempo, à medida que o processo de acumulação de capital rebaixou os salários ao nível da sobrevivência, a mulher viu-se forçada a adicionar às suas funções domésticas o trabalho produtivo, penetrando aos poucos nesse "território masculino". Dessa forma, ao participar das relações de produção capitalista, tornou-se uma mão de obra tanto mais explorada quanto a própria ideologia de sexo dominante contribuía para a sua desvalorização. Porém foi esse mesmo contato com o mundo externo e com as discriminações de sexo que serviu de mola propulsora para a conscientização feminista. O movimento pode portanto ser considerado um dos produtos da Revolução Industrial.

As reivindicações que o movimento defendia nessa primeira fase (notadamente aquelas expressas pelo grupo de Nova York no jornal *The Revolution*) atingiam, por seu cunho amplo, as raízes da cultura patriarcal, questionando a posição da mulher dentro da família e denunciando a manipulação ideológica e a exploração na esfera produtiva. Esse pensamento crítico foi, entretanto, sufocado, mostrando-se avançado demais para a época. Era preciso encurtar o voo, pois os obstáculos a transpor eram grandes demais e o acirramento do conflito levaria o movimento ao fracasso, sem que se tivesse logrado obter as modificações mínimas de que carecia a mulher para iniciar o caminho de sua emancipação. Cerceada de todos os modos por uma legislação que não lhe reconhecia direito algum, era preciso começar por esse primeiro passo, dando-lhe certa dose de controle sobre suas decisões, em nível da legislação civil, e a possibilidade de defesa de seus interesses, no âmbito da legislação trabalhista e política.

Limitando-se o teor das críticas e o alcance das reivindicações, a ideologia do movimento, assim suavizada, exerceu grande apelo sobre as mulheres da classe média e da burguesia. As demandas de equiparação jurídica não feriam as suas suscetibilidades de classe. Quanto à legislação brasileira, sua defesa não ultrapassava os limites do sistema capitalista, logo não formava em si mesma um impedimento para a participação de mulheres dessas classes. Assim, identificadas com as ideias do movimento, tendo maior disponibilidade de tempo, mais preparadas intelectualmente, e conhecendo por sua própria posição social a ideologia e o comportamento dos homens da classe dominante, era natural que o sufragismo viesse a ser predominantemente composto por mulheres da classe média e da burguesia.

No entanto, essa característica contribui, numa espécie de círculo vicioso, para abafar o surgimento de uma teoria feminista que explicasse as causas da discriminação de sexo analisando o sistema capitalista e patriarcal e apresentando uma estratégia de luta para sua superação[202]. O que ocorreu com relação ao sufragismo foi que este sufocou o feminismo. Concentrando-se a luta na obtenção do sufrágio, impediu-se a evolução de um questionamento mais profundo do sistema capitalista e da cultura patriarcal o qual pudesse levar a propostas de transformação mais amplas.

Passadas várias décadas depois de atingidos os objetivos principais dessa primeira etapa do movimento feminista, é já possível aprofundar a análise, a partir da experiência de frustração que o próprio sucesso das reivindicações limitadas ao nível jurídico fez revelar. A permanência da discriminação apesar das conquistas legais deixou claro que não se havia tocado no verdadeiro cerne do problema das relações entre os sexos.

Entretanto, para que o feminismo posterior aprofundasse sua análise e elaborasse propostas de mudança revolucionárias de fato, era necessário que ele passasse pelo estágio das reivindicações parciais, que abriu as primeiras portas. Essa foi a etapa de transição, em que a maior participação da mulher no mundo antes exclusivamente masculino serviu como fonte de experiência e aprendizado. Sem essa passagem não teria sido possível às feministas de hoje a articulação de uma teoria que denunciasse as verdadeiras raízes da opressão da mulher: a cultura patriarcal, baseada na divisão de papéis de sexo e na permanência da condição primordial de reprodutora.

Entre o feminismo de uma e de outra épocas existe, portanto, uma ligação necessária e imprescindível. Se hoje podemos criar nossas intelectuais orgânicas, que elaboram a ideologia de sexo dominado, é porque existem condições históricas para a apreensão de suas teorias, criadas a partir da mudança na posição da mulher, que embora tenha sido apenas parcial permitiu-lhe alargar enormemente o seu campo de ação. Ingressando no mundo masculino, as contradições de sexo se exacerbaram, e os limites impostos à atuação da mulher se definiram com maior nitidez. O campo se torna

---

202. Ressalva feita às teóricas socialistas, cujos escritos não encontraram eco em sua época, devido justamente à força de penetração da ideologia de sexo dominante naquele momento histórico.

então mais fértil para a aceitação da mensagem de transformação radical que antes não havia encontrado eco, em razão do próprio atraso das relações de sexo. A mulher típica da primeira etapa do feminismo estava ainda por demais tolhida em sua experiência de vida, e havia internalizado a ideologia de sexo dominante a tal ponto que se tornara incapaz de criticá-la. Por isso não houve possibilidade de repercussão para as formulações de algumas pensadoras que conseguiram romper com essa ideologia e criar uma proposta revolucionária. Hoje, as teóricas do movimento encontram uma resposta cada vez maior entre as mulheres, e suas propostas repercutem de forma a levar à organização em âmbitos político e individual, bem como à criação de relações novas, em que se procura eliminar a distinção de papéis de sexo. Começa a se delinear uma consciência feminista que permitirá à mulher participar da luta de classes atuando como uma força social específica e independente. Só assim poderá ela encurtar o período de defasagem entre a superação da hierarquia de classes e a da dominação de sexos.

Apesar da ligação em termos históricos e evolutivos entre as etapas do movimento feminista, as propostas atuais significam na verdade uma ruptura ideológica qualitativa. Enquanto na primeira etapa se buscava integrar a mulher ao sistema sem a intenção de transformá-lo na sua essência, na segunda o feminismo nega que exista qualquer possibilidade de libertação mantendo-se as condições de funcionamento já existentes da sociedade. Em suma, a teoria feminista da segunda etapa elabora uma crítica à sociedade patriarcal, revelando a impossibilidade de adaptação do sexo feminino a este mundo masculino. A crítica analisa o capitalismo, embora não se esgote nesse sistema. Essa é talvez sua maior contribuição à análise da opressão de sexo[203], pois demonstra a sobrevivência da discriminação em nível ideológico mesmo em sistemas socialistas, pela manutenção da função primordial de reprodutora, base da sociedade patriarcal e da ideologia de sexo dominante.

---

203. E que pode ser extrapolada para a análise do racismo e de outros tipos de discriminação que penetram em nível superestrutural, perpetuando-se através da sobrevivência da ideologia.

5 Conclusões

Portanto, na análise feminista da segunda etapa, a palavra "integrar" não tem sentido, pois a experiência comprovou a falsidade dessa reivindicação, que atende apenas a um número restrito de mulheres. Estas servem inclusive como modelo utilizado pela ideologia de sexo dominante para maior mistificação, assim como os poucos negros que alcançaram uma posição de destaque na sociedade branca são apontados como exemplos da inexistência de racismo.

A ruptura ideológica ocorre com a publicação do livro de Simone de Beauvoir (1949) intitulado *O segundo sexo*. Acrescentando as análises feitas por Engels (1975) e Bebel (1971), o livro traz uma dimensão psicológica, que extrapola as limitações de uma explicação unicamente econômica. Estuda a fundo o desenvolvimento psicológico da mulher e os condicionamentos que ela sofre durante o período de sua socialização – condicionamentos que, ao invés de integrá-la a seu sexo, tornam-na alienada, treinada para ser mero apêndice do homem. O homem se afirma através de sua identificação com seu sexo, e essa autoafirmação, que o transforma em sujeito, é feita por sobre a sua oposição com o sexo feminino, transformado em objeto visto através do sujeito. Pela mulher ele se reproduz, e é justamente a função reprodutora que a mantém presa a ele, reflexo de sua subjetividade.

> Não se nasce mulher: torna-se mulher. Nenhum destino biológico, psíquico, econômico define a figura que tem no seio da sociedade a fêmea humana; é a totalidade da civilização que elabora esse produto intermediário entre o macho e o eunuco que se qualifica como feminino (Beauvoir, 1949, p. 13).

O livro precedeu quase 20 anos o ressurgimento do feminismo da década de 1980 e formou a base teórica que será retomada na década de 1960. Sua publicação ocorreu no momento em que os meios de comunicação projetavam a imagem da mulher doméstica para forçar seu retorno ao lar no pós-guerra. O poder da "mística feminina" assim alardeada através dos mecanismos de transmissão ideológica serviu de anteparo contra a mensagem do livro e dificultou sua penetração. A década de 1950 foi o intervalo entre a geração ativa dos anos da guerra, e aquela que começaria a se rebelar contra a "mística". Naqueles anos se intensificou a imagem do "eterno feminino", da mulher sedutoramente frágil e submissa, procurando-se esconder sob os condicionamentos culturais a imensa frustração que se acumulava. Ao se negar a existência de qualquer problema de sexo, mantinha-se o culto à mística, que afetava tanto a mulher de classe média quanto a operária, na medida em que a desvalorização de todo o sexo contribui para o rebaixamento dos salários femininos e a manutenção da dupla jornada de trabalho.

Uma década e meia depois de publicado *O segundo sexo* surge o livro que seria o ponto de partida para a segunda etapa do feminismo: *A mística feminina*, de Betty Friedan. Nele Betty Friedan parte para a "desmitificação da mística", buscando explicar o que chamou de "mal que não tem nome": que espécie de angústia era aquela que assolava as mulheres da classe média americana, as mais invejadas do mundo capitalista, aquelas que podiam viver a mística em toda a sua plenitude? Por que motivo enchiam-se as salas dos psicanalistas de mulheres frustradas, cheias de neuroses, consumidoras de barbitúricos, calmantes, álcool?

Betty Friedan faz essa pergunta de uma forma crítica, buscando a resposta nos testemunhos das próprias mulheres: entra nas casas confortáveis com seus gramados, crianças, automóveis, eletrodomésticos. Faz o que os psicanalistas, penetrados pela ideologia de sexo dominante, não haviam sido capazes de fazer: ir às raízes, àqueles lares que pareciam o modelo perfeito do ideal de família criado pela sociedade, e ouvir as histórias individuais, contadas informalmente, e que somadas denotam a existência de um mal comum. A causa da frustração é a própria mística feminina, que obriga a mulher a buscar sua realização através da dedicação à família. Tira-lhe o direito a uma vida própria, a uma identidade, a uma autonomia. Pertencendo à comunidade familiar, ela não pode se conhecer e avaliar, tornando-se, como diz Beauvoir (1949), um "objeto", e não um "sujeito". Para encher sua vida vazia, dedica-se

5 Conclusões

com maior afã aos trabalhos domésticos, que complica cada vez mais, apesar dos aparelhos elétricos que diminuem seu esforço físico. Entretanto, o "mal" se agrava, principalmente porque olha à sua volta e só vê a vida perfeita idealizada pelos valores sociais em que acredita: casa, carro, marido, filhos. Pensa ser somente seu o problema, a insatisfação. Está isolada em sua cozinha, em seu gramado, na rua tranquila do subúrbio americano.

Betty Friedan recolhe depoimentos que comprovam a permanência e a generalidade desse "mal". Mostra como a propaganda se utiliza da mulher para seus próprios fins. Faz um histórico das revistas femininas desde a Segunda Guerra e compara os contos, os anúncios. Antes, incentivando a participação da mulher na produção; depois, com a volta dos homens, a tônica passa a ser, novamente, a da "rainha do lar". E as mulheres obedecem. Mostra que a mística feminina faz da mulher a maior força de consumo da sociedade industrial. Consumo principalmente do supérfluo, apelando para o sonho do lar repleto de inutilidades sempre renovadas. Sonho também da figura ideal de mulher, sempre na moda, moldada à imaginação de seus criadores. A mulher usada e manipulada, motor do desenvolvimento industrial.

Apesar das limitações seu livro foi um importante testemunho de desmitificação, vindo chocar-se de encontro ao invólucro de proteção que impedia a mulher de ver, através da ideologia, a realidade do mito do "feminino".

A década de 1960 nos Estados Unidos marcou-se pelo ressurgimento ou pela reformulação de vários movimentos de libertação. Começam a se fazer sentir as consequências do desenvolvimento neocapitalista altamente tecnológico, que não oferece oportunidade de emprego e cria uma mão de obra supérflua e obsoleta. O número de desempregados e de elementos marginalizados do mercado de trabalho é sempre crescente e tende a intensificar-se. Evidentemente, são os não especializados, as camadas mais baixas da população, que sofrem de maneira mais dura os resultados do desenvolvimento tecnológico. São as mulheres e as raças não brancas que formam a maioria desses "deserdados da Terra", para usar a expressão cunhada por Frantz Fanon. Torna-se claro que as reivindicações de integração são inúteis, já que a própria tendência do sistema neocapitalista é a expulsão cada vez maior da mão de obra não especializada[204].

É nessa década carregada de contradições que se exacerbam que o movimento negro toma um cunho de radicalização, afastando-se da corrente moderada de Luther King para aproximar-se de uma análise revolucionária, antissistema. Influenciados pela força desse movimento assim reformulado, começam a se organizar os outros grupos étnicos que constituem a parte mais explorada da classe trabalhadora daquele país. São os mexicanos da Califórnia (*chicanos*), que sob César Chávez fundam o United Farm Workers; os porto-riquenhos de Nova York, que criam o grupo de esquerda radical dos Young Lords; os indígenas, que passam a se autointitular orgulhosamente de Native Americans; e os latino-americanos em geral, que, sob a denominação fluida de La Raza, buscam, como todos esses grupos étnicos, a revolução de sua cultura.

O desenvolvimento tecnológico tornou claro que a sociedade capitalista havia evoluído pela exploração não apenas da classe operária mas também dos grupos étnicos e do sexo feminino, cuja desvalorização contribuía nitidamente para maior acumulação de capital. Com a mobilização desses nos grupos nos Estados Unidos, ficou evidente que o processo revolucionário não se reduz à organização proletária e que outras forças devem ser incluídas. Não é no operário branco especializado, elite de classe cooptada pelo capitalismo, que reside a oposição revolucionária nos Estados Unidos. Ela está concentrada nos movimentos étnicos e no movimento feminista, pois são estes os que não têm possibilidade de integração ao sistema, os que sofrem mais diretamente as crises do mercado de trabalho.

---

204. Cf. a este respeito Willhelm (1971, p. 186-222).

Paralelamente à reformulação dos movimentos étnicos, os *campi* universitários agitaram-se, mobilizados pelo recrudescimento da guerra do sudeste asiático. É mais especificamente desse movimento estudantil que surge a ala radical de esquerda do feminismo americano. Participando junto com seus companheiros marxistas do Students for a Democratic Society, organização que se espalhou pelas universidades e foi uma das principais mobilizadoras do movimento estudantil da época, as mulheres estudantes sentiram a discriminação sexista mesmo entre aqueles que partilhavam ideias políticas de libertação e igualdade. Todas as tarefas importantes dentro do movimento eram monopolizadas pelos homens, enquanto a elas cabia o dever de "fazer o cafezinho", mimeografar e distribuir panfletos e outras atividades subalternas. A decisão, a redação, a estratégia eram trabalhos masculinos. Para essas militantes de esquerda, o reconhecimento da existência de sexismo em meio a seus próprios companheiros foi um choque que serviu para abrir-lhes os olhos a uma visão política diferente. Compreenderam que não havia apenas uma contradição no sistema capitalista, mas que tal contradição se revelava e se reforçava através de diferentes tipos de contradições convivendo num só sistema de exploração. Essa própria convivência era a origem de confusão que permitira restringir a análise a um só tipo de exploração: a de classes. Mas a experiência do sexismo mesmo entre companheiros de luta fez ver a essas militantes que não bastaria à mulher auxiliar o homem na superação da sociedade de classes se não estivesse simultaneamente preparada para levar avante a sua própria luta de superação do sexismo[205].

Kate Millett publica, no fim da década, o livro que iria trazer de volta a discussão para o caminho apontado por Simone de Beauvoir: as raízes culturais da opressão da mulher. Em *Sexual politics* a autora discute a universalidade do sistema patriarcal, que se realiza através do processo de socialização de ambos os sexos e se prolonga

---

205. Cf. a este respeito Freeman (1973), especialmente p. 37-40.

na ideologia e nas instituições que o perpetuam de geração em geração, apesar das mudanças ocorridas em nível das relações de produção. Aplica o conceito de colonização interna, pelo qual explica a interiorização, por parte das próprias mulheres, da desvalorização que lhes é impingida culturalmente:

> É interessante notar que muitas mulheres não se reconhecem como vítimas de discriminação; não existe melhor prova da totalidade de seu condicionamento (Millett, 1971, p. 55, nota de rodapé).

Desde então muito se tem publicado sobre a opressão da mulher e em poucos anos o processo de tomada de consciência se acelerou, ganhando escala mundial.

No feminismo não existe uma resposta pronta, ou um caminho claro, já definido e traçado, que possamos seguir com tranquilidade. Tudo está apenas esboçado, e as questões estão levantadas para um debate amplo. Esse é o maior movimento político da História. Nenhuma causa pode se vangloriar de englobar potencialmente 50% da humanidade. É, pois, um movimento que traz uma possibilidade de transformação social quase impossível de ser avaliada.

O movimento feminista se caracteriza por uma particularidade que o distingue de qualquer outro movimento político: a sua forma. Utiliza como elemento de conscientização o veículo psicológico, relegado a segundo plano pelos movimentos de classe. Parte-se da premissa de que, ao se entender que problemas pessoais nada mais são do que o resultado de uma condição comum de opressão, cria-se uma base de solidariedade e a possibilidade de "limpeza" ideológica, sem as quais não se concretiza a ruptura cultural que levará à superação do sexismo. É um movimento criado a partir de pequenos grupos espontâneos e informais, nos quais se toma consciência de que os problemas que antes se pensava individuais são na verdade uma consequência da inferiorização de que sofrem todas as mulheres. Essa etapa de autoconhecimento e valorização precede a análise das causas profundas da discriminação de sexo e

5 Conclusões

leva à reformulação de toda uma maneira de pensar. A ação prática é o resultado da mudança de mentalidade, é o fruto do processo da conscientização. A revolução de sexos começa dentro de casa, no âmbito pequeno mas potencialmente enorme de cada vida, de cada relação entre mulheres e homens.

É impossível calcular o número desses grupos pelo mundo afora e medir os seus efeitos. Surgindo desses grupos, numa segunda etapa, formam-se outros maiores, estruturados em torno de objetivos de ação concreta: creches, jornais, editoras, comunidades diversas de auxílio mútuo (psicológico, jurídico, acadêmico, médico etc.), grupos de pressão política para reivindicações específicas (mudanças trabalhistas, jurídicas, libertação do aborto, atuação comunitária etc.).

Uma das críticas que se fazem ao feminismo diz respeito à sua origem de classe: foi um movimento que surgiu nas classes médias dos países centrais e, como tal, suas propostas de reformulação do papel da mulher na família são consideradas reivindicações de um grupo de mulheres.

Esse tipo de crítica é mais um exemplo do sexismo, da dominação masculina da cultura. Os problemas da mulher não são considerados importantes e supõe-se que podem ser resolvidos mais tarde, quando todos os outros tiverem sido solucionados. Essa é uma atitude automatista, que só reconhece a existência de uma contradição nas sociedades de classe e recusa-se a admitir a contradição intrínseca entre o homem e a mulher, fruto do patriarcalismo que caracteriza essas sociedades. Espero haver colocado algumas questões a esse respeito no corpo da tese. Deixo falar agora uma mulher cubana, que participa de uma sociedade em que se está debatendo de forma clara e honesta o problema:

> É um problema ideológico [...] você sabe, ainda existe muita gente hoje, inclusive os revolucionários, que pensa que o lugar da mulher é em casa e não na rua. De certo modo, para dizer a verdade, *os homens são o único obstáculo para a total libertação da mulher*. Enquanto não penetrarmos na

massa dos trabalhadores e não confrontarmos os homens com esse problema, não avançaremos nessa área. Agora começamos discussões nos locais de trabalho, debates com os homens, pedindo suas opiniões. *É um problema ideológico.* Temos que fazer um bom trabalho com as massas (Randall, 1974, p. 30, grifo nosso)[206].

A mulher, seja qual for a sua origem de classe, pela limitação de sua vida – produto da desvalorização de seu sexo na sociedade masculina –, é massa de manobra para a perpetuação do *status quo*. Enquanto não houver um movimento que a conscientize, que lhe dê prática política, ela continuará a atuar como um freio às mudanças, um elemento tradicionalista que será um obstáculo no caminho do movimento revolucionário. A recusa em reconhecer a força de transformação contida no movimento feminista é um reflexo da própria desvalorização da mulher na sociedade patriarcal, é um produto sutil da ideologia de sexo dominante.

---

206. Entrevista com Digna Syres, diretora da Frente Feminina da Confederação dos Trabalhadores Cubanos.

Posfácio

A reedição de *Ideologia e feminismo: a luta da mulher pelo voto no Brasil* é muito oportuna por ser uma obra pioneira que, de certa forma, marca o início dos estudos mais voltados para o tema de mulheres e política no país. Publicado em 1980, o livro aborda processo que culminou na conquista do direito ao voto em 1932. Passaram-se quase cinco décadas entre o contexto investigado e a primeira edição desta obra. No período foram escassas as publicações sobre o tema da participação política das mulheres e da luta sufragista, tanto em se tratando do movimento internacional quanto, e sobretudo, do processo local. E de modo particular, publicações e estudos que se baseassem em abordagem claramente alinhada com o feminismo como perspectiva teórica e analítica.

Pode-se afirmar que a tese de Branca Moreira Alves, e posteriormente o livro, foi a primeira sistematização mais ampla desse processo. Debruçou-se sobre o contexto nacional e, ao mesmo tempo, desenvolveu minuciosa análise comparativa com as lutas ocorridas na Inglaterra e nos Estados Unidos em torno do direito ao voto, notadamente em relação a este último país. Nesse sentido, inscreve-se também no rol dos primeiros trabalhos a fazer aproximação analítica entre a luta sufragista e os movimentos feministas que eclodiram em torno dela, movimentos que a historiografia identificou como os da primeira onda do feminismo.

Há registros de trabalhos acadêmicos anteriores que trataram dessa temática, porém, sem a característica de estudo sistemático e abrangente do processo, envolvendo seus aspectos histórico, político, jurídico e ideológico, tal como o produzido pela autora. Vale mencionar dois que antes do período da publicação da obra em lume exploraram questões da luta sufragista, ou que a tangenciaram ao abordar temas mais amplos. Rachel Soihet, em sua dissertação de mestrado apresentada no curso de história da Universidade Federal Fluminense (UFF) em 1974, intitulada: "Ascensão social da mulher, 1919-1937", focou na figura e no papel de Bertha Lutz para analisar a emergência da ação política feminina. Ao reexaminar a trajetória de Bertha, Soihet se inscreve no rol das pioneiras em se tratando de contribuição para a análise da luta das mulheres pela cidadania política. Moema Toscano foi outra autora que abordou o tema, ainda que de forma mais geral, em sua pesquisa para a tese de livre-docência, intitulada "Mulher, trabalho e política: caminhos cruzados do feminismo", apresentada na Pontifícia Universidade Católica do Rio de Janeiro (PUC-Rio) em 1976.

Logo após a publicação de *Ideologia e feminismo: a luta da mulher pelo voto no Brasil*, outros estudos focados no tema da participação política da mulher no Brasil foram publicados, entre eles um da própria Moema junto com Fanny Tabak intitulado *Mulher e política*, lançado em 1982 pela editora Paz e Terra. Vale mencionar que Fanny Tabak foi uma das principais referências de estudos sobre esse tema ao longo da década e foi a fundadora do primeiro Núcleo de Estudos sobre Mulheres na PUC-Rio, também no início dos anos de 1980. Desde então muito tem sido produzido em torno da questão. E entre referências e citações o livro é menção constante, o que, de partida, depõe a respeito de sua relevância.

É necessário entender o contexto político e suas repercussões na vida acadêmica e no ambiente intelectual quando da publicação da obra, o que contribui para esclarecer a originalidade do trabalho. No final dos anos de 1970 e início da década de 1980, o Brasil ainda se encontrava em luta pela redemocratização. A ditadura que se instalara no ano de 1964 perseguiu seus oponentes, impediu a circulação de ideias e obrigou muitos brasileiros a se exilarem. A universidade, e o que ela representava em termos de pensamento crítico e oposição à ditadura, foi um dos espaços mais atingidos. E se os estudos sobre mulheres ainda eram incipientes no país, devido ao peso da cultura conservadora e, provavelmente, do ingresso tardio de mulheres em carreiras acadêmicas – considerando que, por diversas razões eram (e são) elas que, sobretudo, mais se interessavam pelo tema –, a ditadura foi um fator decisivo para sufocar ou, no mínimo, atrasar o florescimento desse campo, que nos Estados Unidos e na Europa se desenvolvera bastante entre as décadas de 1960 e 1970.

Diante disso, os estudos sobre mulheres e, posteriormente, estudos de gênero só vieram a se desenvolver de modo mais amplo a partir da eclosão das lutas por redemocratização. Por consequência, tais estudos foram devedores do pensamento feminista europeu e americano, por meio, também, de inserção de muitas mulheres que retornaram do exílio e assumiram ou reassumiram seus lugares na academia, bem como do surgimento de organizações marcadamente feministas, estimuladas por esse contexto local e a decretação do Ano Internacional da Mulher pela Organização das Nações Unidas (ONU) em 1975 e a realização da I Conferência Mundial da Mulher.

A escassez de estudos nacionais prévios se revela, por exemplo, nas referências bibliográficas trazidas na obra, tanto em seu item sobre feminismo quanto naquele identificado como historiográfico (conforme organização temática da bibliografia deste livro). Tais referências, é provável, não refletem apenas escolhas teóricas da autora, mas essa debilidade de pesquisas e publicações sobre mulheres no país, notadamente sobre mulheres e política, decorrentes desse ambiente intelectual árido e cerceado.

É ainda com referência a esse contexto que cabe destacar as pesquisas de Heleieth Saffioti, que vem a ser a orientadora de Branca. Saffioti foi – e continua a ser – um dos grandes nomes dos estudos feministas e acadêmicos no país. Sua filiação teórica é marxista, mas incorporou em sua obra as contribuições e críticas que as chamadas feministas radicais faziam ao marxismo. Em 1976 publica pesquisa também pioneira sobre as desigualdades entre homens e mulheres e as imbricações entre "classe e sexo", intitulada *A mulher na sociedade de classe: mito e realidade*, pela Editora Vozes, e fruto de sua tese de doutorado defendida em 1967. Suas pesquisas se voltavam para a compreensão da chamada "questão da mulher" a partir de temas relacionados com a exploração do trabalho feminino, a divisão do trabalho doméstico e família, com foco na imbricação entre sexo e classe. Estão presentes também os debates críticos feministas que começavam a se disseminar sobre a chamada "primazia da classe sobre o sexo", focados nas concepções muito enraizadas no marxismo – nas vertentes teórica, partidária e de estado – do risco que o feminismo poderia representar como elemento de divisão da luta operária e dos demais grupos oprimidos em prol da revolução socialista (ou comunista). E, como Branca discute em seu livro, essa crítica se dirigia ainda à concepção "etapista" predominante, ou seja, de que o fim da exploração capitalista via revolução socialista seria o primeiro e fundamental passo para a transformação social e o fim da "opressão de sexo", crítica estimulada por experiências então em curso nos países ditos socialistas.

É marcante a influência de Saffioti na obra de Branca, nas referências teóricas e conceituais acionadas ao longo do livro e na presença de problematizações relacionadas com as múltiplas opressões e suas manifestações na sociedade brasileira, notadamente, a articulação entre classe, sexo (gênero) e raça; por meio de abordagens que, posteriormente, foram analisadas sob a ótica da diversidade, do reconhecimento ou ainda das identidades e, atualmente, sói aparecer sintetizadas (há também quem a considere simplificadas) via categoria da interseccionalidade.

Vale ressaltar que o período que compreende parte da década de 1960 até finais da década de 1980 ficou conhecido, na classificação feita por parte da literatura, como o "feminismo da segunda onda". Lá estavam as liberais lutando por direitos civis e outras agendas de direitos relacionados ao trabalho, assim como o chamado feminismo radical, tributário do marxismo, porém, questionador da primazia mencionada acima e demarcando agenda contra a exploração e opressão a partir de suas especificidades. E é nessa via que registro outra contribuição do trabalho escrito por Branca e que também explica sua recepção no contexto acadêmico e intelectual da época no país: perpassa todo o trabalho o diálogo com vasta literatura internacional que, à época, iniciava essa reflexão sobre o que veio a ser entendido como as múltiplas e imbricadas opressões. Esse diálogo, como pode ser notado pelo leitor, é claramente alinhado com a perspectiva marxista, porém, em esforço teórico e analítico de dar voz à produção desse feminismo radical, mas sem desprezar o feminismo liberal de então, notadamente o americano. Nele estão presentes, como bem observa Branca, referências voltadas para construir uma teoria feminista que desse conta da então chamada "opressão de sexo", "dominação patriarcal", sem descolar de compromisso com a causa da igualdade e do combate à exploração de classe.

Trata-se, portanto, de trabalho de pesquisa publicado em ambiente intelectual que aportava novas questões e trazia novos ventos para o debate feminista, ventos esses relacionados a dois tipos de críticas. Primeiro, a crítica aos limites da democracia liberal para fazer valer um projeto igualitário no que diz respeito ao gênero, ou melhor aos sexos. Tais limites remetiam sobretudo às desigualdades observáveis no mercado de trabalho e ao papel da mulher no âmbito doméstico, e se faziam presentes também no feminismo liberal, que pretendia melhorar as condições das mulheres que já se encontravam no mercado e estimular o ingresso daquelas ainda fora dele. Segundo, a crítica das feministas radicais à esquerda marxista tradicional, aí incluídos o arcabouço geral da teoria e da filosofia marxista, os partidos e as experiências socialistas vigentes. A opressão da mulher, sem dúvida, estava associada com a exploração e reprodução do capitalismo, mas a transcendia e, portanto, necessitaria ser pensada sob novos ângulos. Pela esquerda advogava-se, então, além de agendas relacionadas aos direitos trabalhistas e direitos reprodutivos, a revisão das hierarquias nas lutas entre classe e sexo. Em ambas, um ponto comum a costurar a subordinação feminina e presente ao longo do livro: a casa e a família, ou seja, o mundo privado, assentado na dominação masculina e em lógicas patriarcais que sustentavam o mundo público dos homens.

Em referência ao contexto, resta uma última e necessária observação para entender o conteúdo da obra. Só ao final da década de 1980 ocorre o processo que ficou conhecido como a derrocada do socialismo, marcado, simbolicamente, pela queda do muro de Berlim em 1989 e, posteriormente, pela decretação do fim da União Soviética em 1991. Assim se perpassam em todo o texto aspectos que evidenciam a tensão entre feminismo e socialismo, por meio de menções críticas à subestimação da especificidade feminina e de sua transversalidade de classe em se tratando da opressão de sexo, bem como as menções à problemas com a autonomia das mulheres e desrespeito aos seus direitos detectados nas experiências socialistas em curso; também se fazem presentes, como recursos analíticos, conceitos e categorias caras à tradição marxista mais clássica, bem como exemplos de casos empíricos que revelam intervenções políticas em prol da igualdade e da redução da dupla jornada, entre outras ações políticas. A busca desse equilíbrio, ou já: dessa tensão, se expressa pelas referências a Marx, Engels, Mao-Tsé-Tung, Lenin, por um lado, e a pensadores emergentes em busca de articulação mais apropriada entre as relações materiais e a subjetividade, que, no século XX, enriqueceram tal tradição; por outro, acompanhado das referências às feministas radicais, como por exemplo Kate Millett, Juliet Mitchell e Sheila Rowbotham, entre outras. É também frente a esse contexto que se pode entender a presença, ou ausência, do debate sobre e a importância do voto e de eleições para a democracia[207]. A atualidade da obra, sua contribuição, reside, também, na oportunidade de propiciar ao leitor um olhar sobre essas tensões, notadamente aquela entre feminismo e marxismo e sua época.

* * *

---

207. Karl Mannheim, Nicos Poulantzas, entre outros, além de referências não alinhadas a esse campo, como o próprio Freud.

Ideologia e feminismo: a luta da mulher pelo voto no Brasil não é trabalho meramente descritivo sobre a história da luta das mulheres pelo voto no Brasil, da atuação da Federação Brasileira pelo Progresso Feminino (FBPF) e de suas lideranças, com destaque para a sua fundadora: Bertha Lutz. O empreendimento de refazer esses percursos históricos em suas dimensões jurídica, política e ideológica é acompanhado pelo empenho em compreendê-lo à luz do contexto político da época e das forças em jogo nas disputas pelo poder de Estado. É a partir da articulação entre descrição do processo, cercando-o por diferentes dimensões por meio de suas fontes, e a busca por sua compreensão, que a autora nos oferece um trabalho pioneiro, denso e inovador. Daí outra relevância.

A análise sobre o ponto central da tese, a ideologia patriarcal que sustenta a exclusão das mulheres da política e subjaz nas demandas da época por sua inclusão, é cuidadosamente construída de modo a demonstrar essa presença nos fundamentos e justificativas explícitas para negar e para justificar o voto feminino. A costura permite-nos compreender o que na gramática acadêmica dos estudos feministas correntes é denominado de dimensões do público e do privado, bem como suas imbricações essenciais para a reprodução da subordinação da mulher. Nos registros documentais e vozes das e dos informantes da autora, estão presentes peças importantes para a compreensão das bases ideológicas e políticas da dominação masculina e das desigualdades de gênero, então desigualdades entre os sexos: os papéis sexuais socialmente construídos mas percebidos como naturais, transcendentes aos contextos sociais e históricos e destino inescapável; a arquitetura patriarcal que tem como ancoragem espaços separados para homens e mulheres e o aprisionamento destas últimas no ambiente da família e da casa e na reprodução e criação de filhos. E se nos dias que correm, o confinamento da mulher para aludir ao dado da sua ausência numérica do mercado de trabalho já não se aplica, não há como não identificar nos debates atuais sobre divisão sexual do trabalho doméstico e dos cuidados no âmbito da reprodução social a linha de continuidade que mantém atual o problema das desigualdades de gênero (entre os sexos) no mercado de trabalho, da sobrecarga do trabalho doméstico e do estresse e desgaste emocional causados por recorrências e permanências durante as décadas de 1920 e 1930, em 1980 e no século XXI, ainda que com nuances e tímidas mudanças.

Com efeito, à luz da perspectiva analítica adotada, surge como aspecto relevante à compreensão da ação política das ativistas não apenas as estratégias discursivas, mas, de fato, a própria ideologia presente no discurso das sufragistas, ou de sua maior parte. De onde não havia como propor revisões de papéis sexuais ou rupturas com a forma como a família era compreendida. Tratava-se, sobretudo, de buscar conciliar esses papéis. E as mulheres, se empenhavam em demonstrar as sufragistas, poderiam fazê-lo muito bem. Mais ainda, poderiam transformar esse novo estatuto – de cidadãs participativas da política – em investimento moral e social em prol do aprimoramento da própria família e das lides domésticas. Foi por essa via que o feminismo "bem-comportado" de Bertha e suas companheiras de ação se desenvolveu, como bem conclui a autora, e trabalhos posteriores sobre a luta pelo voto e o sufrágio vieram a reforçar[208].

O intuito de Branca Moreira Alves foi olhar esse processo através da contenda entre aquela que se tornou a principal organização em prol do sufrágio – a FBPF – e suas lideranças e os atores jurídicos e políticos da época. Logo, é sob esse foco que a autora chega às suas conclusões. Posteriormente, trabalhos com foco na ação política dessas agentes – sufragistas – exploraram com mais afinco as diferenças entre algumas dessas lideranças, com suas distintas estratégias para tentar mobilizar a sociedade e conseguir o direito ao voto, como os casos de Leolinda Daltro, que antecede a atuação de Bertha Lutz e de Maria Lacerda de Moura, parceira de Bertha na FBPF[209].

A tese que resultou no livro *Ideologia e feminismo: a luta da mulher pelo voto no Brasil* não propunha uma comparação minuciosa

---

208. Cf., entre outras referências: Pinto (2003); Karawejczyk (2013); Hahner (2003); Prestes (2021).
209. Cf.: Leite (1994); Pinto (2003); Marques (2004).

com o período anterior à atuação de Bertha, mas trouxe elementos suficientes para analisar as estratégias adotadas pelas sufragistas e a ação da FBPF, mostrando como a estratégia dessas mulheres era a mais viável. Vale ressaltar que essa opção, assumida no contexto político da época, terminou por se tornar vencedora.

Tal estratégia, por sua vez, se apoiava em experiência exitosa, que Branca nos mostra com detalhes em uma rica análise comparativa entre o processo brasileiro e o americano, este último já então referência para as sufragistas brasileiras da FBPF. Entre as similitudes e diferenças, a autora destaca a semelhança com as origens de classe das ativistas, a propaganda e afirmação da conciliação e não da ruptura com os papéis sexuais socialmente esperados e a opção pela estratégia de sensibilização "por cima", via *lobby*, nos Estados Unidos, ou via contatos próximos que as origens sociais das ativistas possibilitavam no Brasil. Quanto às diferenças, a autora observa que enquanto nos Estados Unidos havia uma cultura política de ação coletiva, ainda que de origem religiosa, permitindo que a luta do sufrágio fosse marcada por amplo movimento de massa; no Brasil, a ausência dessa cultura, somada ao contexto político e eleitoral vigente, desde o advento da República e por toda a chamada República Velha, foi importante fator a impossibilitar que tal cenário se tornasse prática de pressão. A opção da elite de mulheres pela pressão via elite política, portanto, se mostrou mais eficaz.

Merece ainda registro uma das importantes conclusões do livro relativa aos posicionamentos ideológicos das forças políticas – agrupados pela autora em liberais e conservadores. Segundo argumenta, não houve uma linha demarcatória clara entre o alinhamento dos políticos liberais com a defesa do direito ao voto, de um lado, e dos conservadores com posições contrárias ao voto, de outro. Os registros apresentados mostram políticos contrários e favoráveis à causa pertencentes a ambos os lados "ideológicos". As razões para tanto, segundo a própria autora, se encontram em suas preocupações políticas com as consequências imediatas do voto feminino, ou seja, com o efeito sobre o equilíbrio de poder das forças em jogo.

Assim, entre os liberais contrários ao voto havia preocupações de que estes fossem engrossar o lado conservador, em razão de suposta tendência das mulheres em votarem de acordo com as determinações de seus maridos, ou pais. Entre os conservadores que se mostraram favoráveis ao voto, alguns dos quais com defesas brilhantes nesse sentido, há registros de discursos em defesa da capacidade das mulheres de fazerem suas opções sem risco de descuidarem de suas atribuições precípuas (a família e a criação dos filhos). Em outras palavras, embora a ideologia servisse de fundamento para sustentações jurídicas e ações legislativas, o pragmatismo político e a preocupação eleitoral de curto prazo teria sido, nas conclusões da própria Branca, um vetor fundamental na definição das posições contrárias e a favor no debate legislativo que precedeu o momento da conquista do voto.

Essa conclusão da autora nos estimula a refletir sobre a relação entre política e ideologia a partir de dois ângulos. Primeiro, em relação à capacidade teórica do conceito de ideologia de explicar a ação política, quer seja ela da direita ou da esquerda. A ideologia – ou os valores – explicam parte da ação desses atores políticos, mas seus interesses imediatos, pragmáticos por assim dizer, parecem transcender seus receios morais ou seus compromissos emancipatórios. Segundo, e mais afeito ao tempo presente, essa conclusão nos convida a refletir sobre a luta feminista atual em prol da ampliação da presença das mulheres nos espaços legislativos de representação. Por mais surpreendente que nos pareça, passado quase um século da conquista do voto, as brasileiras ainda não alcançaram o percentual médio de 20% de presença nos parlamentos nacional e estaduais no país. E ainda, passados 30 anos de iniciativas de ação afirmativa – políticas de cotas de candidaturas – para ampliar essa presença, quando se trata de fazer valer a política de forma mais incisiva, a ideologia do compromisso com a igualdade parece, mais uma vez, ceder vez aos interesses mais imediatos e, por assim dizer, pragmáticos da política...

* * *

Como obra escrita há mais de 40 anos, muitas expressões e categorias são fruto de seu tempo. Algumas são enriquecidas, outras caem em desuso e outras, ainda, seguem válidas em sua acepção ou dimensão conceitual. Assim, embora este espaço não comporte maiores digressões, convém fazer breves registros a respeito de alguns termos adotados à época e suas possíveis adequações ou ressignificações, os quais também expressam a riqueza do processo de conhecimento operado no campo dos estudos sobre feminismo e gênero ao longo dessas décadas.

Dessa maneira, atualmente usa-se recorrentemente a expressão "estudos de gênero" na academia, ou "relações de gênero" em geral, para reportar ao que anteriormente era designado por "estudos sobre mulheres" ou, em termos gerais, "relações de sexo" e "questão da mulher". O problema histórico e sociológico em busca de teoria está presente já desde as percussoras do feminismo, como Mary Wollstonecraft na Inglaterra e Olympe de Gouges na França, citadas por Branca, passando também por importantes contribuições no século XX, como a socialista Clara Zetkin e, de modo especial, por Simone de Beauvoir na década de 1940 com o seu *O segundo sexo*, obra marcante para pensar a dimensão cultural e o papel da socialização na construção da subordinação e da subjetividade feminina. Nesse percurso, outro marco dos esforços então desenvolvidos em busca de categoria que desse conta da articulação entre o sexo biológico e as percepções sociais sobre ser homem e ser mulheres, assim como da dualidade entre natureza e cultura, é o texto de Joan Scott, publicado em 1986 e intitulado "Gender: a useful category of historical analysis", na *The American Historical Review*; e no Brasil com o título de "Gênero: uma categoria útil de análise histórica", publicado originalmente em 1995.

Necessário registrar que o conceito de gênero não remete apenas a relações entre homens e mulheres ou ao significado atribuído ao ser homem e ser mulher. Sua acepção é mais ampla e comporta estudos e dimensões da sexualidade e da diversidade das identidades sexuais e orientação sexual, enriquecida, também, desde a sua publicação. Desde então, o gênero foi amplificado, estudado e criticado. No campo "específico" dos estudos sobre desigualdades entre homens e mulheres, há quem prefira a expressão "relações sociais de sexo", de tradição francesa[210], por entender que o conceito de gênero é excessivamente contaminado pela dimensão da cultura e perspectiva "desconstrucionista" e pouco ancorado na materialidade das relações sociais. Ou seja, não obstante a expressão "gênero" seja hoje de uso corrente e reconhecida em termos analíticos e políticos, permanecem muitos debates em torno de seu emprego conceitual. De todo modo, fica o registro de sua ampla aceitação para reportar a relações sociais mais gerais entre homens e mulheres. De onde é possível compreender palavras, expressões ou conceitos usados no livro, tais quais "especificidade de sexo", "relações de sexo", "sexismo", à luz das "relações de gênero" "construções de gênero", "relações desiguais de gênero" ou outras referências como remetendo a questões e significados similares.

A raça não é categoria central no objetivo da obra, mas a autora destaca e discute, ainda que de forma breve, a necessidade de considerar essa dimensão como dado relevante para a compreensão das desigualdades e situações de exploração e subordinação que estruturam a sociedade brasileira, marcada, conforme registra, pelo "sexismo" e pelo "racismo", além da exploração de classe. Kimberlé Crenshaw formulou, no ano de 1989, o conceito de *interseccionalidade* para dar conta das diferentes formas de opressão vivenciadas pelos sujeitos sociais. Tratava-se, na época, de ressaltar a imbricação das três dimensões – classe, gênero e raça –, mas também de tecer uma crítica ao "feminismo da segunda onda" que, no seu embate para afirmar a relevância da "especificidade das relações de sexo" e conferir o mesmo *status* analítico e político para classe e gênero (ou sexo), não teria considerado a diversidade *intraclasse* e *intergêneros*, em especial com a dimensão da raça. Neste livro, as categorias são mencionadas e se apresentam de formas distintas, não apenas

---

210. Cf., por exemplo, Devreux (2005).

em razão do objeto de estudo – as mulheres –, mas também pelo fato de outras teorias e conceitos tais como o da *interseccionalidade* emergirem posteriormente no ambiente acadêmico e de ação política. Conquanto essa categoria tenha se tornado referência analítica predominante, há formulações alternativas que buscam dar conta das imbricações que constituem o sujeito socialmente situado, seja na sua posição de classe, gênero e raça ou outras, a depender dos contextos. Esse é o caso, por exemplo, da "consubstancialidade", categoria formulada por Daniele Kergoat (2010). Em suma, tal como registrado em relação ao termo gênero, convém assinalar a inexistência de consenso sobre o uso da interseccionalidade como categoria de articulação entre as dimensões de gênero, raça e classe, mas a sua atual disseminação e ampla aceitação.

Seguindo a linha desses registros, resta observar que palavras ou categorias como "mulher" e "feminismo" perdem sua conotação unívoca, deixam de ser empregadas no singular e, pouco a pouco, cedem lugar ao plural "mulheres" e "feminismos", em consequência desses desenvolvimentos teóricos e empíricos posteriores em torno da ideia de diversidade social.

Finalizo estes registros com o conceito que dá título ao livro e é central na obra de Branca Moreira Alves, junto com o patriarcado e a divisão sexual do trabalho, a ideologia. Não me proponho aqui a discutir sobre sua validade analítica ou abrangência de aplicação no campo acadêmico e intelectual do qual ele é devedor: o marxista; ou mesmo a refletir sobre os possíveis caminhos de se abordar a dimensão dos valores e da cultura na vida social, uma vez que muito da literatura contemporânea faz referência aos valores, às percepções ou às visões de mundo não necessariamente associados com a palavra ideologia. O intuito é bem mais modesto. Almeja, unicamente, estimular o leitor a refletir sobre um caminho específico por onde a obra se mostra atual e a ideologia pode ser acionada como referência concreta sobre percepções de mundo e valores predominantes na sociedade do século XXI. Em termos bem sucintos, pode-se propor que valores de gênero remetem a sentidos comuns, relacionados a construções culturais, percepções baseadas em socializações e valores que, de certo modo, escondem ou invertem o "real", dado que se formaram, e se formam, por meio de anos de camadas de percepções e crenças circunstanciais. Tais camadas, ou propriedades similares, nos fazem perceber o que é próprio da cultura como dado da natureza, ou transcendentes, moldando relações e instituições a suas imagens e tornando-os hegemônicos e dominantes. Correndo o risco de simplificação excessiva, sugiro sintetizar assim a densa análise presente neste livro a respeito do sentido de demonstrar como a ideologia opera em torno das "relações entre os sexos".

Pois bem, podemos pensar como esse conceito, que estruturou esta obra escrita há mais de quatro décadas e que dá título ao próprio livro, tem sido acionado de maneira ideológica pela direita conservadora para sintetizar uma de suas lutas mais centrais em relação aos valores: aquela contra o sentido mutável do gênero, logo, o sentido ameaçador às instituições religiosas e da família, por exemplo, percebidas como imutáveis e centrais na ordenação da vida social. Sentido ameaçador há um século, quando as parcelas conservadoras acreditavam que o direito ao voto, ou a presença política das mulheres, faria ruir o edifício patriarcal e levaria de roldão os papéis sexuais, a família e a subordinação das mulheres; e ameaçador atualmente, mais uma vez, via a crença da ameaça à família, mas, desta feita não mais com um e sim dois atores coletivos perigosos: o feminismo e os movimentos LGBTQIAP+. É nesse sentido que a expressão "ideologia de gênero" se presta à reflexão sobre a validade do próprio conceito de ideologia. Tomando-se a ideia bem geral de que esse conceito remete à inversão do real, ou a uma espécie de acobertamento do real ou ainda à sua falsificação, pode-se refletir sobre a medida em que um processo político se apropria de uma produção de conhecimento que também tem sido uma luta, com o objetivo de desqualificá-la. Os esforços da produção acadêmica e da luta feminista têm sido no intuito de demonstrar que não há, na vida social, aspectos associados aos "atributos" de homens e de mulheres que sejam da esfera do natural. Os papéis socialmente esperados, assim como os lugares sociais e institucionais, são construções culturais, porque fruto da socialização humana, das percepções, nesse sentido, de seus valores e orientações. Logo, mutáveis e nada transcendentes. Ora, atualmente essas premissas tornam-se objeto de ideologização, na medida em que a estratégia de seu enfrentamento político é a de buscar inverter e desqualificar um percurso de produção de conhecimento que atravessou o século XX e chegou robusto ao século XXI, rotulando-o de "ideologia de gênero".

A ideologia é, assim, reapropriada por segmentos conservadores que invertem os termos da questão e passam a combater um acervo baseado em pesquisa e evidências, requalificando-o, ou melhor, desqualificando-o sobre o rótulo de ideológico. Ao mesmo tempo os espaços ameaçados nessa equação são transferidos para dimensões religiosas: a família como instituição criada por Deus, os papéis e lugares de homens e mulheres como transcendentes e a-históricos e a sexualidade como algo a ser exercido apenas em contextos de relações heterossexuais, sob a justificativa da reprodução. Em suma, temos um discurso ideológico sobre a "ideologia de gênero". Sugiro, pois, que de partida esse embate reafirma a validade de trazer o tema da ideologia para a cena por meio deste livro, uma vez que seu empreendimento central é mostrar como a ideologia, aqui remetida à ideologia patriarcal, sustentou a negação do direito ao voto e à participação política das mulheres E, parece, continua a tentar mantê-las em posição subordinada.

Clara Araújo

Bibliografia

Feminismo

BABCOX, D.; BELKIN, M. (ed.). *Liberation now*: writings from the women's liberation movement. Nova York: Dell, 1971.

BALLAN, D. *Feminism and marxism*. 2. ed. Nova York: World View, 1976.

BARRENO, M. I.; HORTA, M. T.; COSTA, M. V. da. *Novas cartas portuguesas*. Lisboa: Futura, 1974.

BEAUVOIR, S. de. *Le deuxième sexe*. Paris: Gallimard, 1949.

BELOTTI, E. G. *O descondicionamento da mulher*. Tradução de Efraim Ferreira Alves. Petrópolis: Vozes, 1975.

BENSTON, M. *The political economy of women's liberation*. São Francisco: Bay Area Radical Education Project, s.d.

BROYELLE, C. *La Moitié du Ciel* : le mouvement de libération des femmes en Chine. Paris: Denoël-Gonthier, 1973.

Cadernos de Pesquisa, São Paulo, n. 15, dez. 1975.

CASTRO, Fidel. *La Revolución tiene en las mujeres cubanas hoy dia una impresionante fuerza política*. Havana: Editorial de Ciencias Sociales, 1974.

CHESLER, P. *Women and madness*. Nova York: Avon Books, 1972.

COULSON, M.; MAGAS, B.; WAINWRIGHT, H. The housewife and her labor under capitalism. *New Left Review*, n. 89, jan./fev. 1975.

COYE, M. J.; LIVINGSTON, J. (ed.). *China yesterday and today*. Nova York: Bantam Books, 1975.

CURTIN, K. *Women in China*. Nova York: Pathfinder Press, 1975.

DALLA COSTA, M.; JAMES, S. *Le pouvoir des femmes et la subversion sociale*. Genebra: Librairie Adversaire, 1973.

FIGES, E. *Patriarchal attitudes*: the case for women in revolt. Greenwich: Fawcett, 1970.

FIRESTONE, S. *The dialectic of sex*: the case for feminist revolution. 6. ed. Nova York: Bantam Books, 1970.

FRIEDAN, B. *Mística feminina*. Tradução de Áurea B. Weissenberg. Petrópolis: Vozes, 1971.

GARDINER, J. Women's domestic labour. *New Left Review*, n. 89, jan./fev. 1975.

GIFFIN, F. C. (ed.). *Woman as revolutionary*. Nova York: New American Library, 1973.

GILMAN, C. P. *Women and economics*: the economic factor between man and woman as a factor in social revolution. Nova York: Harper and Row, 1966.

GORNICK, V.; MORAN, B. K. (ed.). *Woman in sexist society*: studies in power and powerlessness. Nova York: New American Library, 1971.

HOLE, J.; LEVINE, E. *Rebirth of feminism*. Nova York: Quadrangle Books, 1974.

HUBER, J. (ed.). *Changing women in a changing society*. Chicago: Chicago University Press, 1973.

KERGOAT, D. Dinâmica e consubstancialidade das relações sociais. *Novos Estudos CEBRAP*, São Paulo, v. 86, p. 93-103, 2010.

KOEDT, A.; LEVINE, E.; RAPONE, A. *Radical feminism*. Nova York: Quadrangle Books, 1973.

LAFER, B. M. Em busca do feminismo. *Cadernos de Opinião*, Rio de Janeiro, n. 1, p. 57-60, 1975.

LENIN, V. I. *The emancipation of women*. 4. ed. Nova York: International Publishers, 1966.

Les Temps Modernes : Les femmes s'entêtent, Paris, n. 333/334, abr./maio 1974.

MEAD, M. *Macho e fêmea*: um estudo dos sexos num mundo em transformação. Tradução de Margarida Maria Moura. Petrópolis: Vozes, 1971.

MILLETT, K. *Sexual politics*. 2. ed. Nova York: Avon Books, 1971.

MILLETT, K. The debate over women. *In*: VICINUS, M. (ed.). *Suffer and be still*: women in the Victorian Age. Bloomington: Indiana University Press, 1972.

MITCHELL, J. *Woman's estate*. 2. ed. Nova York: Vintage Books, 1973.

MORGAN, R. *Sisterhood is powerful*: an anthology of writings from the Women's Liberation Movement. Nova York: Vintage Books, 1970.

Nacla's Latin American and Empire Report, Nova York, v. IX, n. 6, set., 1975.

PARTIDO COMUNISTA DE CUBA. Departamento de Orientación Revolucionaria. *Sobre el Pleno Ejercicio de la Igualdad de la Mujer*. Havana, Departamento de Orientación Revolucionaria, 1976.

Persona, Buenos Aires, n. 2, nov. 1974.

Persona, Buenos Aires, n. 3, dez. 1974.

Persona, Buenos Aires, n. 4, jan./fev. 1975.

PINTO, C. R. J. *Uma história do feminismo no Brasil*. São Paulo: Fundação Perseu Abramo, 2003.

PRADO, D. *O que é família*. São Paulo: Brasiliense, 1981.

PRESTES, A. (org.). *100 anos da luta das mulheres pelo voto na Argentina, Brasil e Uruguai*. Porto Alegre: Instituto E Se Fosse Você?, 2021.

RANDALL, M. *Cuban women now*. Canadá, The Women's Press, 1974.

REED, E. *Problems of women's liberation*. 5. ed. Nova York: Pathfinder Press, 1970.

ROWBOTHAM, S. *Fidden from History*: rediscovering women in History from the XVIIth century to the present. Nova York: Vintage Books, 1976.

ROWBOTHAM, S. *Woman's consciousness, man's world*. 2. ed. Inglaterra: Penguin Books, 1974.

ROWBOTHAM, S. *Women, resistance and revolution*: a history of women and revolution in the modern world. Nova York: Vintage Books, 1972.

RUBENSTEIN, D. R. *How the Russian Revolution failed women*. Massachusetts: New England Press, s.d.

SAFFIOTI, H. *A mulher na sociedade de classes*: mito e realidade. São Paulo: Quatro Artes, 1969.

SAFFIOTI, H. Aspectos gerais do problema da mulher. *Cadernos do Centro de Estudos Rurais e Urbanos*, São Paulo, n. 6, p. 5-106, jun. 1973.

SAFFIOTI, H. Relaciones de sexo y de clases sociales. In: *La Mujer en America Latina*. México: Secretaria de Educación Pública, 1975.

SAFFIOTI, H. Women, mode of production and social formations. *Latin American Perspectives*, v. IV, n. 1-2, p. 27-37, Winter-Spring 1977.

SAINT GEORGE, G. *Our Soviet sister*. Nova York: Robert B. Luce, 1973.

SULLEROT, É. *A mulher no trabalho*: história e sociologia. Tradução de Antonio Teles. Rio de Janeiro: Expressão e Cultura, 1970.

SULLEROT, É. *Woman, society and change.* Nova York: McGraw-Hill Book, 1971.

TOSI, Lucia. A criatividade feminina na ciência. *Cadernos de Opinião,* Rio de Janeiro, n. 2, p. 43-50, 1975.

VICINUS, M. (ed.). *Suffer and be still:* women in the Victorian Age. Bloomington: Indiana University Press, 1972

WOLLSTONECRAFT, M. *A vindication of the rights of woman.* Nova York: W. W. Norton, 1967.

Women, A Journal of Liberation, v. 1, n. 3, Spring 1970.

Women, A Journal of Liberation, v. 1, n. 4, Summer 1970.

Women, A Journal of Liberation, v. 2, n. 1, Fall 1970.

Women, A Journal of Liberation, v. 2, n. 2, Winter 1971.

Women, A Journal of Liberation, v. 2, n. 4, Summer 1971.

História

ALBUQUERQUE, M. S.; PINHO, Z. *Homenagem aos 80 anos da Dra. Bertha Lutz.* Rio de Janeiro: Graphos, 1914.

AUSTREGÉSILO, A. *Perfil da mulher brasileira:* esboço acerca do feminismo no Brasil. Rio de Janeiro: Livraria Francisco Alves, 1923.

AZEVEDO, F. de. *Canaviais e engenhos na vida política do Brasil.* Rio de Janeiro: Instituto do Açúcar e do Álcool, 1948.

BASBAUM, L. *História sincera da República.* 4. ed. São Paulo: Alfa-Ômega, 1968.

BELLO, J. M. *História da República.* São Paulo: Editora Nacional, 1972.

BITTENCOURT, M. L. D. *Trabalho feminino.* Rio de Janeiro: [s. n.], 1938.

CÂMARA, A. da. *História de Nísia Floresta.* Rio de Janeiro: Irmãos Pongetti, 1941.

CAMARGO, A. A. de. Autoritarismo e populismo: bipolaridade no sistema político brasileiro. *Dados,* Rio de Janeiro, n 12, p. 22-44, 1976.

CARONE, E. *A República Velha:* evolução política. São Paulo: Difusão Europeia do Livro, 1974.

CARONE, E. *A República Velha:* instituições e classes sociais. 3. ed. São Paulo: Difel, 1975.

CARONE, Edgard. *A Primeira República*. 2. ed. São Paulo, Difusão Europeia do Livro, 1973.

COELHO, M. *Evolução do feminismo*: subsídios para sua história. Rio de Janeiro: Imprensa Moderna, 1933.

COTT, N. (ed.). *Roots of bitterness*: documents of the social history of American women. Nova York: E. P. Dutton & Co., 1972.

CRESCENTI, M. T. C. *Mulher e libertação dos escravos*. Trabalho apresentado no III Simpósio de História do Vale do Paraíba, 1976.

DUARTE, D. O. Nísia Floresta e o sentimento nacional. *Revista do Instituto Histórico e Geográfico do Rio Grande do Sul*, Porto Alegre, v. 21, n. 84, p. 337-51, dez. 1941.

FAUSTO, B. (ed.). *O Brasil republicano v. I*: estrutura de poder e economia. São Paulo: Difel, 1975.

FAUSTO, B. *A Revolução de 1930*: historiografia e história. 2. ed. São Paulo: Brasiliense, 1972.

FEDERAÇÃO BRASILEIRA PELO PROGRESSO FEMININO (FBPF). *Estatutos da FBPF*. Rio de Janeiro: Oficinas Gráficas do Jornal do Brasil, 1942.

FEDERAÇÃO BRASILEIRA PELO PROGRESSO FEMININO (FBPF). *O voto feminino perante a Justiça*: alguns julgados. Rio de Janeiro: FBPF, 1929a, n. 9.

FEDERAÇÃO BRASILEIRA PELO PROGRESSO FEMININO (FBPF). *Os direitos políticos da mulher*: Jurisprudência. Rio de Janeiro: FBPF, 1929b, n. 10.

FLEXNER, E. *Century of struggle*: the woman's rights movement in the United States. 2. ed. Nova York: Atheneum, 1974.

FLORESTA, N. *Opúsculo humanitário*. Rio de Janeiro: Typographia de M. A. Silva Lima, 1853.

FRANCO, A. A. de M. *Rodrigues Alves*. São Paulo: Ed. da Universidade de São Paulo, 1973.

FRANCO, A. A. de M. *Um estadista da República*: Afrânio de Melo Franco e seu tempo. Rio de Janeiro: Livraria José Olympio, 1955.

FRANCO, V. de M. *Outubro, 1930*. Rio de Janeiro: Schmidt, 1931.

FREEMAN, J. The origin of the Women's Liberation Movement. *In*: HUBER, J. (ed.). *Changing women in changing society*. Chicago: University of Chicago Press, 1973.

FREYRE, G. *Casa-grande & senzala*: formação da família brasileira sob o regime de economia patriarcal. 4. ed. Rio de Janeiro: José Olympio, 1943.

KISNER, A. *The lives and writings of notorious Victoria Woodhull and her sister Tennessee Claflin*. Washington: Washington Times Change Press, 1972.

KRADITOR, A. S. *The ideas of the woman's suffrage movement*: 1890-1920. 2. ed. Nova York: Anchor Book, 1971.

LEAL, V. N. *Coronelismo, enxada e voto*: o município e o regime representativo no Brasil. 2. ed. São Paulo: Alfa-Ômega, 1975.

LIMA SOBRINHO, A. J. B. *A verdade sobre a Revolução de Outubro – 1930*. São Paulo: Alfa-Ômega, 1975.

LIMA, O. Nísia Floresta. *Revista do Brasil*, v. 12, n. 48, p. 291-300, 1919.

LOVE, J. Autonomia e interdependência: São Paulo e a Federação Brasileira, 1889-1937. In: FAUSTO, B. (ed.). *História Geral da Civilização Brasileira v. III*. São Paulo: Difel, 1975.

LUTZ, B. *A nacionalidade da mulher casada*. Rio de Janeiro: Irmãos Pongetti, 1933a.

LUTZ, B. *Treze princípios básicos*: sugestões ao anteprojeto da Constituição. Rio de Janeiro: FBPF, 1933b.

LUTZ, B. *Homenagem das senhoras brasileiras*. Rio de Janeiro: Tipografia do Jornal do Comércio, 1925.

LUTZ, B. *O trabalho feminino*: a mulher na ordem econômica e social. Rio de Janeiro. [S. l.]: Imprensa Nacional, 1937.

MACKENZIE, M. (ed.). *Shoulder to shoulder*. Nova York: Alfred A. Knopf, 1975.

MURRAY, J. S. On the equality of the sexes (1970). In: ROSSI, A. (ed.). *The feminist papers*. Nova York: Norton & Co., 1967.

NAZÁRIO, D. N. *O voto feminino e feminismo*. São Paulo: [s. l.], 1923.

O'NEILL, W. *The woman movement*: feminism in the US and England. 2. ed. Nova York: Quadrangle Books, 1971.

OLIVEIRA, F. de. *Crítica à razão dualista*. São Paulo: Brasiliense; CEBRAP, 1975.

PINHEIRO, P. S. *Política e trabalho no Brasil*. Rio de Janeiro: Paz e Terra, 1975.

RODRIGUES, J. B. C. *A mulher brasileira*: direitos políticos e civis. Fortaleza: Imprensa Universitária do Ceará, 1962.

ROSSI, A. (ed.). *The feminist papers*: from Adams to Beauvoir. 3. ed. Nova York: Bantoom Books, 1974.

SCHNEIR, Miriam. *Feminism*: The essencial historical writings. Nova York: Vintage Books, 1972.

SOARES, G. A. D. *Sociedade política no Brasil*. São Paulo: Difusão Europeia do Livro, 1973.

TANNER, L. B. (ed.). *Voices from Women's Liberation*. Nova York: New American Library, 1970.

TOSCANO, M. *Mulher: trabalho e política*: caminhos cruzados do feminismo. 1976. Tese (Livre Docência) – Pontifícia Universidade Católica do Rio de Janeiro, Rio de Janeiro, 1976.

TRINDADE, H. *Integralismo*: o fascismo brasileiro na década de 30. São Paulo: Difusão Europeia do Livro, 1974.

VALADÃO, A. A campanha e a imprensa defensora dos direitos da mulher. *Mensário do Jornal do Comércio*, v. 16, n. 2, p. 477-483, 1941.

VIDAL, B. *Precursoras brasileiras*. Rio de Janeiro: A Noite, s.d.

WILLHELM, S. M. *Who needs the Negro?* Nova York: Anchor Books, 1971.

Ideologia

ALTHUSSER, L. *Lenin and philosophy and other essays*. Tradução de Ben Brewster. Nova York: Monthly Review Press, 1972.

AXELOS, K. *Marx, pensador de la tecnica*. Tradução de Enrique Molna. Barcelona: Fontanella, 1969.

BEBEL, A. *Woman under Socialism*. Nova York: Schoken Books, 1971.

BERGER, P.; LUCKMANN, T. *A construção social da realidade*: tratado de sociologia do conhecimento. Tradução de Floriano de Souza Fernandes. Petrópolis: Vozes, 1974.

BOGGS, C. *Gramsci's Marxism*. 2. ed. Londres: Pluto Press, 1976.

BOURDIEU, P. *A economia das trocas simbólicas*. Tradução de Sergio Miceli *et al*. São Paulo: Perspectiva, 1974.

CARDOSO, M. L. *Ideologia do desenvolvimento*: Brasil: JK-JQ. 1972. Tese (Doutorado em Sociologia) – Universidade de São Paulo, São Paulo, 1972.

ENGELS, F. *A origem da família, da propriedade privada e do Estado*. Tradução de Leandro Konder. Rio de Janeiro: Civilização Brasileira, 1975.

ENGELS, F. Letter to Joseph Bloch. *In*: FEUER, L. (ed.). *Marx Engels*: basic writings in politics and philosophy. Nova York: Doubleday, 1959.

FEUER, L. (ed.). *Marx and Engels*: basic writings on politics and philosophy. Nova York: Doubleday, 1959.

FREUD, A. *El Yo y los mecanismos de defensa*. Buenos Aires: Paidós, 1949.

GRAMSCI, A. *Os intelectuais e a organização da cultura*. Rio de Janeiro: Civilização Brasileira, 1968.

HARNECKER, M. *Los conceptos elementales del materialismo histórico*. 6. ed. México: Siglo Veinteuno 1971.

LAMOUNIER, B. *Ideology and authoritarian regimes*: theological perspectives and a study of the Brazilian case. Universidade da Califórnia, Los Angeles.

LENK, K. *El concepto de ideología*: comentario crítico y selección sistemática de textos. Tradução de José Luis Etcheverry. Buenos Aires: Amorrortu, 1971.

LUKÁCS, G. *Historia y conciencia de classe*. 2. ed. Tradução de Manuel Sacristán. Barcelona: Grijalbo, 1975.

MACCIOCCHI, M. A. *Pour Gramsci*. Paris: Editions du Seuil, 1974.

MANNHEIM, K. *Ideologia e utopia*. Tradução de Sergio Magalhães Santeiro. Rio de Janeiro: Zahar, 1972.

MARX, K. *Prefácio à crítica da economia política*. Lisboa: Estampa, 1971.

MARX, K.; ENGELS, F. *L'idéologie Allemande*. Paris: Éditions Sociales, 1972.

MEMMI, A. *The colonizer and the colonized*. Boston: Beacon Press, 1965.

MERTON, R. K. *Social theory and social structure*: toward the codification on the theory and research. Glencoe: Free Press, 1951.

PIOTTE, J.-M. *La pensée politique de Gramsci*. Paris: Anthropos, 1970.

POULANTZAS, N. *As classes sociais no capitalismo de hoje*. Tradução de Antonio Roberto Neiva Blundi. Rio de Janeiro: Zahar, 1975.

POULANTZAS, N. *Poder político e classes sociais*. Tradução de Francisco Silva. Porto: Portucalense, 1971.

TSÉ-TUNG, M. On contradiction. *In*: TSÉ-TUNG, M. Selected works. Pequim: Foreign Language Press, 1965.

Jornais citados

A Cruz

A Defesa

A Esquerda (Rio de Janeiro)

A Manhã (Rio de Janeiro)

A Noite (Rio de Janeiro)

A Notícia (Rio de Janeiro)

A Pátria (Rio de Janeiro)

A República (Rio de Janeiro)

A Vanguarda (Rio de Janeiro)

A Voz Feminina (Diamantina, MG)

Anais do Congresso Nacional (Rio de Janeiro)

Avante (Recife)

Beira-Mar

Correio da Manhã (Rio de Janeiro)

Diário da Noite (São Paulo)

Diário de Notícias

Folha da Manhã (São Paulo)

Folha da Noite

Gazeta de São Paulo (São Paulo)

Jornal do Brasil (Rio de Janeiro)

Jornal do Comércio

O Diário do Povo

O Globo (Rio de Janeiro)

O Imparcial (Rio de Janeiro)

O Jornal

O País (Rio de Janeiro)

Publicações da Federação Brasileira pelo Progresso Feminino

Revista de Semana (Rio de Janeiro)

Rio Jornal (Rio de Janeiro)

Referências usadas na apresentação e no posfácio

BECK, U. The cosmopolitan society and its enemies. *Theory, Culture and Society*, Thousand Oaks, v. 19, p. 17-44, 2002.

BOTELHO, A (org.). *Essencial sociologia*. São Paulo: Companhia das Letras, 2013.

CALVINO, I. *Os nossos antepassados*. São Paulo: Companhia das Letras, 1997.

DEVREUX, A-M. A teoria das relações sociais de sexo: um quadro de análise sobre a dominação masculina. *Sociedade e Estado*, Brasília, DF, v. 20, n. 3, p. 561-584, 2005.

ELIAS, N. *A peregrinação de Watteau à ilha do amor*. Rio de Janeiro: Jorge Zahar, 2005.

HAHNER, J. E. *Emancipação do sexo feminino*. A luta pelos direitos da mulher no Brasil, 1850-1940. Santa Cruz do Sul: Edunisc, 2003.

KARAWEJCZYK, M. *As filhas de Eva querem votar. Dos primórdios da questão à conquista do sufrágio feminino no Brasil (c.1850-1932)*. 2013. 398 f. Tese (Doutorado em História) – Universidade Federal do Rio Grande do Sul, Porto Alegre, 2013.

LEITE, M. L. M. Maria Lacerda de Moura – imagem e reflexo. *In*: BARROSO, C.; COSTA, A. de O. (org.). *Mulher, Mulheres*. São Paulo: Cortez, 1994.

MARQUES, T. C. de N. Elas também desejam participar da vida pública: várias formas de participação política feminina entre 1850 e 1932. *Gênero*, Niterói, v. 4, n. 2, p. 149-169, 2004.

CLÁSSICOS BRASILEIROS DAS CIÊNCIAS SOCIAIS

VEJA OUTROS TÍTULOS DESTA COLEÇÃO EM

LIVRARIAVOZES.COM.BR/COLECOES/CLASSICOS-BRASILEIROS-DAS-CIENCIAS-SOCIAIS

Conecte-se conosco:

f   facebook.com/editoravozes

⊙   @editoravozes

✕   @editora_vozes

▶   youtube.com/editoravozes

◯   +55 24 2233-9033

www.vozes.com.br

Conheça nossas lojas:

www.livrariavozes.com.br

Belo Horizonte – Brasília – Campinas – Cuiabá – Curitiba
Fortaleza – Juiz de Fora – Petrópolis – Recife – São Paulo

  Vozes de Bolso

EDITORA VOZES LTDA.
Rua Frei Luís, 100 – Centro – Cep 25689-900 – Petrópolis, RJ
Tel.: (24) 2233-9000 – E-mail: vendas@vozes.com.br